Diesseits der Semperoper. *Ein Dresden-Lesebuch.*

IMPRESSUM

Herausgeber: Frank Fröhlich, Jörg Stüdemann
Lektorat: Anke Fröhlich
Titelbild: Peter Barczewski
Einband- und Layoutgestaltung: Katrin Grella
Gefördert durch das Kulturamt Dresden
FRÖHLICH-Verlag, Dresden, 1996
Johann-Meyer-Straße 14
01097 Dresden
ISBN: 3-9804702-2-9

FRÖHLICH-VERLAG

DIESSEITS

der Semperoper

INHALTSVERZEICHNIS

DIESSEITS DER SEMPEROPER. EIN DRESDENBUCH.

Die Herausgeber

Das Selbstbewußtsein des Buchtitels ist Programm. Welche Stadt im Osten Deutschlands hat sieben Jahre nach der »Wende« schon diese kulturelle Vielfalt aufzuweisen – ein jährliches Filmfest solcher Größenordnung, den mit Abstand aktivsten Jazzklub Ostdeutschlands, eine eigene Bunte Republik Neustadt, ein deutschlandweit erfolgreiches statt-Theater, ein Zentrum für junge Medien... – ? Vieles blühte in Dresden nach 1989 erst richtig auf, wie die seitdem stetig wachsende Anzahl der Dresdner Bands, die zahlreichen Galeriegründungen oder die unvergleichlichen Parties von WATERLOO Produktion zeigen. Daß die Wurzeln dafür dennoch jeweils in DDR-Traditionen – sowohl autonomen als auch offiziellen – verankert sind, zeigen unter anderem die Beiträge von Andreas Körner und Bistra Klunker in diesem Buch.

Die kulturelle Aus-Strahlung der Stadt lebt nur zum Teil durch die »Leuchttürme«: die Musikfestspiele, das Schauspielhaus oder die Kunstakademie. Die Semperoper steht pars pro toto – sowohl als architektonisches Meisterwerk aus einer vergangenen glanzvollen Epoche der Stadt wie als Stätte qualitätvoller Operninszenierungen – für die Hochkultur, auf die viele Dresdner zurecht so stolz sind und auf die zahlreiche Besucher der Stadt ihre Erwartungen richten. Mit dem vorliegenden Buch haben wir uns vorgenommen, jene Kultur zu beleuchten, die sich diesseits davon abspielt – das dichte Geflecht aus Kunst- und Medienwerkstätten, Kultur- und Literaturbüros, Clubs und soziokulturellen Zentren, Festivals, Installationen; vor allem aber sollen die Persönlichkeiten vorgestellt werden, von deren Willen und Einsatz die Verwirklichung von Ideen abhängt. Ihnen – den Diplomatischen und den Einzelkämpfern, den Beharrlichen und den Einfallsreichen, den Künstlern und ihrem Publikum – widmen wir dieses Buch.

LAUTE FESTE
STATT LAUEN ENTERTAINMENTS

Andy Dallmann

Wo andere Städte Hallen, Säle, Rock-Paläste haben, machen sich in Dresden bröckelige Straßenzüge, Wiesen und ausrangierte Russen-Kasernen breit. Und in absehbarer Zeit wird sich daran nicht viel ändern. Große Konzerte sind also selten, große Ideen gibt's dafür zuhauf. Diese lassen kurzerhand die Not zur Tugend werden, sprich: keine europaweit operierenden Konzertveranstalter unterhalten die Dresdner mit Pop-Massenkost, die basteln sich ihre kulturellen Highlights größtenteils selbst und feiern laute, schrille, alternative, familiäre und barocke Feste. Als Kulisse dient, was die Stadt zu bieten hat, eben bröckelige Straßenzüge, Wiesen und Russen-Kasernen.

Im Frühjahr 1990 gab es einen der ersten Impulse für derartige Initiativen: die Bunte Republik Neustadt verwandelte für ein Wochenende den gleichnamigen Dresdner Stadtteil in ein Festgelände. Schon zu DDR-Zeiten hatte das marode Gründerzeit-Viertel junge kreative Leute angelockt, und die wollten nun im ersten Frühling nach der Wende ihren Frühlingsgefühlen freien Lauf lassen. Die frisch etablierten Szene-Kneipen, das städtische Kulturzentrum Scheune und etliche eben erst gegründete Vereine mühten sich um eine organisatorische Klammer für ein Riesen-Spektakel, das dennoch von Spontanität geprägt war.

Damals gab's zu diesem Fest die erste Währungsunion im Osten, für zwei D-Mark schoben die zahlreichen Wechselstuben-Betreiber jeweils eine BRN-Mark über die Schaltertresen, für die Alu-Mark galt der Tauschkurs 1:1. Das Symbol mit der grinsenden Mickey-Mouse inmitten eines Ährenkranzes überdauerte die Jahre ebenso wie die Bunte Republik Neustadt. Obwohl nach den 1993er Krawallen viele den Grabgesang auf diese Institution anstimmten, gab es nach einer Miniatur-Ausgabe 1994 im Folgejahr 1995 das gewohnt gigantische Open-air-Fest. Trotz des Ausmaßes der BRN machten und machen sich die Neustädter in erster Linie ihr Fest selbst. Einträchtig betreiben Jung-Autonome ihren improvisierten Getränkehandel neben der Mutter, die Dritte-Welt-Produkte anpreist. Rocker gackern über den Uraltwitz der Oma, die ihnen ofenwarmen Kuchen direkt vom Blech verkauft, und klatschen artig Beifall, wenn der weltfremde Liedermacher auf der Mini-Bühne einen seiner

Geldschein der Bunten Republik Neustadt von 1990

weinerlichen Songs zu Ende gebracht hat. Ganze Familien walzen durch die schmalen Straßen, die durch das Fest-Gewühl stellenweise unpassierbar werden. Wer angerempelt wird, flucht nicht, er feixt den Rempler an, schließlich feiert man ein Fest, der Alltag hat ein Wochenende lang Einreiseverbot für die Neustadt.

Abends schaffen sich an vielen möglichen und unmöglichen Orten Musiker, die meisten träumen noch vom großen Erfolg. Aber wen juckt's an diesem Abend schon, wenn nicht jeder jeden Ton trifft. »Wichtig ist die Vielfalt im Programm, da kann man getrost auf Stars verzichten«, erklärt Chester Mueller, der als Chef-Booker der Scheune zu den Mitorganisatoren der 95er BRN gehörte. »Außerdem wollen und sollen die Leute nichts serviert bekommen, sondern Eigeninitiative entwickeln.«

Wer also einen Kaffee-und-Kuchen-Stammtisch für Harley-Davidson-Freaks vermißt hat, soll den im Folgejahr gefälligst selber auf die Beine stellen. »Möglich ist fast alles, man muß es nur tun«, so Mueller. Einzige Ausnahme: der Kommerz, denn der wurde aus dem BRN-Konzept gejagt. »Ob Würstchen grillen, Bier zapfen oder Kaffee kochen – alles können die Einheimischen selbst, dazu brauchen wir keine professionellen Anbieter.« Und es funktioniert: Niemand wird bei diesem Fest etwas vermissen, was andere Stadtfeste haben; dafür gibt's als Bonus die Garantie, daß kein Besucher zum Freiwild für Abzocker wird. Torsten Schöder vom städtischen Kulturamt ist dabei ganz auf der Linie der BRN-Organisatoren. »Unzählige Veranstalter rannten uns die Büros ein und priesen ihre Ideen für Altstadtfeste usw. Diese inhaltlich beliebigen und straff kommerziell orientierten Projekte würden dem kulturellen Image der Stadt aber eher schaden. Da uns die Entwicklung einer eigenständiger Fest-Szene wichtig ist, fördern wir diese, so gut es geht, und halten kommerzielle Anbieter raus.«

Und die Dresdner sind noch lange nicht am kreativen Ende, nahezu regelmäßig startet irgendwo ein Fest. »Inzwischen haben wir uns in dieser Hinsicht tatsächlich einen Sonderplatz erfeiert«, so Torsten Schöder. »Vergleichbare Städte präsentieren möglicherweise spektakulärere Konzerte, aber kein annähernd so buntes Spektrum an Volksfesten.«

Das hat sich mittlerweile auch außerhalb rumgesprochen. Zum Elbhangfest beispielsweise, das seit 1991 regelmäßig am letzten Juniwochenende – überwiegend auf Wiesen – stattfindet, rücken Besucher von sonstwoher an. In der Sächsischen Zeitung vom 27. Juni 1994 waren dieses Statements zu lesen: Eugene Levebre, Tourist aus Strasbourg: »Ein Fest von europäischer Dimension, denn bei aller Historie ist vieles international angehaucht. Immerhin gab es auch Stände mit französischen Weinen.« Gustav Engler, Rentner aus Kaltenkirchen: »Seit drei Jahren arbeitet meine Tochter in Dresden. Sie hat mich extra zu diesem Fest eingeladen, weil sie meinte, ich habe so etwas noch nie erlebt. Und damit hatte sie recht.« Berrit Dennergen, Studentin der TU Dresden: »Ich habe noch kein Elbhangfest versäumt. In diesem Jahr machte mir zwar die Hitze zu schaffen, also mußte ich zwangsläufig kleinere Erfrischungspausen einlegen, sonst hätte ich einen Sonnenstich gekriegt.« Gisela Mayenhoff, Weinverkäuferin aus der Pfalz: »Für uns war's ein Riesenspaß. Ich hätte nur gern mehr Zeit gehabt, um selbst noch mehr sehen zu können.« Jörg Gebauer, Elektriker aus Cotta: »Das Besondere an diesem Fest ist für mich gleichzeitig das Beschwerlichste: Durch die vielen Veranstaltungsorte bin ich hier und heute mehr gelaufen als sonst in einer ganzen Woche.« Jürgen Heumann aus Chemnitz: »Ich bin speziell wegen der Drachenboot-Wettkämpfe gekommen. So etwas kriegt man schließlich nicht alle Tage zu sehen.« Siegmar Schnabel, Lehrer aus Zürich: »Ich bin eigentlich nur zufällig in Dresden, aber dieses Spektakel begeistert mich sehr. Wenn ich es mir einrichten kann, werde ich im nächsten Jahr vielleicht mit meiner ganzen Familie wiederkommen.« Statistische Superlative sprechen außerdem für dieses Spektakel: Das Fest-Areal dürfte durch seine Ausdehnung vom Blauen

Wunder bis nach Pillnitz zu den weltweit größten und die Bewohner entlang dieser Strecke zu den tolerantesten Hausbesitzern gehören. Schließlich walzen Tausende Neugierige zwei Tage lang fast rund um die Uhr durch ihre Vorgärten. Statt diese Leute vom Hof zu jagen, werden sie fast überall bewirtet. Hauptsächlich Elbtalwein kommt dann auf die ins Freie geräumten Wohnzimmertische, schließlich fühlt sich jeder Elbhangbewohner der Winzertradition der Gegend verpflichtet. In den malerischen Parks entlang der Pillnitzer Landstraße wird Wert auf gepflegte Unterhaltung gelegt, klassische Musik überwiegt. Dafür rocken nach Sonnenuntergang Nachwuchs- und Profi-Bands gemeinsam auf dem Schulhof, blasen Blaskapellen open air ihre Märsche, toben Schauspieler durch den Pillnitzer Schloßgarten, knallen zum Abschluß des Festes Böller in den Nachthimmel über der Elbe.

Der ist auch Kulisse für die Filmnächte am Königsufer, die seit fünf Jahren das kulturelle Hochsommerloch bestens ausfüllen. Der Name hält, was er verspricht, in erster Linie werden auf der Riesenleinwand gegenüber der Brühlschen Terrasse Filme gezeigt. Neben aktuellen Hollywood-Werken treiben die Organisatoren für ihr Programm auch immer wieder Kopien von ausgefallen, kultigen oder längst vergessenen Zelluloidprodukten auf. Stummfilm-Klassiker wie »Metropolis« oder »Berlin, Sinfonie einer Großstadt« wurden mit aufwendiger Orchestrierung serviert, der 70er Jahre-DEFA-Knaller »Heißer Sommer« sorgte dagegen pur für Entzücken bei den durchschnittlich tausend Besuchern. Ein paar mehr kommen zu den inzwischen traditionellen Partys vor der Leinwand. »Die Elbwiesen sind für riesige Open-air-Feste wie geschaffen«, sagt Jörg Polenz, dessen Filminitiative Dresden das Spektakel 1992 aus der Taufe hob und seither mit steigendem Anspruch organisiert. »Und für uns ist es eine Herausforderung, dort jedes Jahr neue Ideen zu realisieren.« Honigmondnacht, Cocktail-Party mit Mega-Tresen, Techno-Spektakel und ein Dauerfeuer brasilianischer Rhythmen brachten die Freifläche bereits zum Beben, setzten die Luft über der heiligen Barock-Skyline der Stadt in Brand. »Auch wenn es bisher jedes Jahr Querelen um die Filmnächte gab, sollen sie inklusive der Konzerte und Parties eine feste Institution werden«, verspricht Polenz. »Pläne haben wir schließlich noch für etliche Projekte.«

Elbhangfest 1993

Gleiches erklärt Steffen Grosche, der zusammen mit seinem Kompagnon Stephan Gräber unter dem Decknamen Waterloo-Produktion Feste ganz andere Art inszeniert. Einst zerrten beide eine ehemalige russische Panzergarage lautstark aus dem Sumpf schleichenden Verfalls und gaben ihrem ersten Fest auch den Namen ihres Unternehmens (oder umgekehrt). Am 7. und 8. Oktober 1994 zelebrierten sie »WATERLOO«, ein Fest mit Musik jenseits des Üblichen, mit szenischen Collagen und vielen Lichtspielereien. Seither überraschen sie die Kulturszene Dresdens in schöner Regelmäßigkeit mit gewagten Projekten. »Für uns macht gerade das den Reiz aus«, erklärt Grosche. »Keine herkömmlichen Konzerte, keine musikalischen Fertigprodukte anzubieten, sondern Gewohntes auf den Kopf zu stellen.« Also entstaubten sie den stillgelegten Ballsaal des Parkhotels, stellten zum Faschingsauftakt den üblichen Papp-Nasen-Exzessen ihren Hutball entgegen, ließen das Jubiläum der Dresdner Stadtillustrierten »Sax« mit einer »Karambolage« im Alten Schlachthof feiern, und auch der Frühlingsanfang 1996 ging auf ihre Kosten: Die Tambours du Bronx malträtierten im Waterloo-Auftrag ihre Stahlfässer beim Lenztrommeln, erst vor der Semperoper, dann im Panzerhof.
Genauso wie die Waterloo-Macher ständig eingetretene Veranstaltungspfade fliehen, setzen sie auch bei der Umsetzung ihrer Projekte auf neue Ideen: Die

Bunte Republik Neustadt, Alaunstraße

Produktion wird auf viele Schultern verteilt, keiner muß das Gesamtrisiko der Veranstaltung tragen. Dadurch wird aber auch die Inszenierung selbst spannend, reiben sich die Vorstellungen der Beteiligten solange aneinander, bis am Ende ein optimales Ergebnis steht. Ähnlich reibt sich die Kulturszene der Stadt ständig an den vorhandenen Möglichkeiten. Schiebt, drängelt, welkt, wächst – bewegt sich. Bröckelige Straßenzüge, Wiesen und Russen-Kasernen sind also doch zu etwas nütze. Zumindest in Dresden.

Albrechtstraum | Blasewitzer Kinder-und Familienfest | Brennofen-Fest an der Kümmelschänke | Bunte Republik Neustadt | Dixielandfestival | Drehorgeltreff | Dresdner Umweltfest | Elbhangfest | Familienfest zum 1. Mai | Familienhoffest am Club für Dich | »Fantasia Italiana« | Filmball | Filmnächte am Elbufer | Hutball | Internationales Straßenaktionsfest Spieltour | Karambolage (5 Jahre SAX) | Kinder-Kultur-Kunst-Fest im Großen Garten | Kreativmarkt Zschertnitz | Kunstfest | Leutewitzer Windmühlenfest | Lieder-Park im Großen Garten | 925 Jahre Dresden-Löbtau | Nickerner Schloßfest | Park der Sinne | Pieschener Hafenfest | Pieschener Stadtteilfest | Prohliser Kultursommer | Sommerfest Zschertnitz | Sommerfilmfest | Stollenfest | Straßentheaterfest GOR-BAUZ | Studententage | Tanz den Mai am Kulturhaus Pentacon | Waterloo | Wanderkino im Zirkuszelt | Wilsdruffer Vorstadtfest

Stephan Gräber & Steffen Grosche, WATERLOO *Produktion*

GLOBALE AKTIVITÄTEN

Ich selbst halte mich für global. Ich verstehe mich als Teilnehmer an globalen Aktivitäten: In Automobilen sitzen, mit Maschinen reden, kleine geometrische Mahlzeiten einnehmen und die Wählerstimme per Telefon abgeben. So entschloß ich mich spontan, Chemie zu studieren. Eine Wissenschaft von den Stoffen, ihrem Aufbau, ihren Eigenschaften und den Reaktionen, bei denen andere Stoffe entstehen. Am Anfang war es eher chaotisch, und Unwissenheit plagte mich. Langsam lernte ich die Elemente und ihre Verbindungen kennen. Alsbald erkannte ich eine Ordnung, ein System, in dem alle Stoffe und Elemente den ihnen bestimmten Platz einnehmen. Später untersuchte ich die ersten Bewegungen dieses Systems, die Zusammensetzungen und die Vereinigungen von Elementen zu Verbindungen. Dabei entstanden neue Materialien und Ideen mit anderen Eigenschaften, die immer wieder einen neuen Reiz auf mich ausübten. Ich erkannte, daß alles aufeinander reagiert, zueinander und miteinander, mal laut, mal leis, kalt oder heiß, und immer bewegte sich irgend etwas. Ein besonderer Zustand, den ich beobachtete, war das Gleichgewicht, welches sich zwischen der Hin- und

Rückreaktion einstellen kann. Mich interessierten die Bedingungen, unter welchen sich ein solches dynamisches Gleichgewicht einstellt. Jede Veränderung der äußeren Bedingungen führt zu einer Verschiebung des Gleichgewichts, die der Veränderung entgegenwirkt. Auf dem Weg zu einem harmonischen Gleichgewicht als Ideal, lernte ich die Stoffe bzw. Personen kennen, welche als Katalysatoren die Einstellzeit des Gleichgewichts verkürzen können. Der Wunsch nach dieser Ausgewogenheit vermischte sich mit der Frage nach dem Sinn eines abgeschlossenen Systems bzw. einer geschlossenen Gemeinschaft, der Freiheit von äußeren Einflüssen und ständig gleichbleibenden Reaktionsbedingungen. Global gesehen war alles an mir, über, unter mir Chemie; Chemie als Zusammensetzung aus meinen Vorstellungen und den äußeren Einflüssen. Auf der akademisch-ironisch verrückten Suche nach der Balance zwischen Alltag und Chaos stellte ich fest, daß alles austauschbar, umkehrbar und relativ ist. Keine Hochschule, keine Universität, keine Dozenten, keine Referenten, sondern ein Dorf, ein Herrenhaus mit Türmchen, Freunde und Gäste lehrten und formten mich, mit der Chemie im Alltag ästhetisch umzugehen und Eigenschaften, Verbindungen und Zusammenleben nach den einfachsten Regeln und Prozessen der Natur zu erkennen. In der Natur gibt es keine konstanten Gleichgewichte, sondern nur ständig sich verschiebende labile Verhältnisse in Bewegung, die als organisch sich entwickelndes System selbst ein Eigenleben gewinnen. Chaos und Alltag sind die Pole. Balance ist das Ziel. Inspiration aus der Unermeßlichkeit der Möglichkeiten statt Fremdbestimmung, Phantasie, Sensibilität, Mut und Engagement statt Passivität, Ein- und Anpassung. Bewegung als Artikulation von Träumen, Wünschen, Phantasien und Widerstandsbedürfnissen.

WATERLOO Produktionen 1993 bis 1996: **1993** 300 Jahre Schloß Nickern »Märchen-Haft«. **1994** Filmball. Schauspielperformance »Krafträume« im Heizkraftwerk Cotta. **I** »WATERLOO« – Konzertperformance und Initiativprojekt im Panzerhof. **1995** »fontana symphonie« – im Parkhotel »Weißer Hirsch«, illustriertes Konzert von Michael Nymen. **I** »Perpetuum Mobile dritter Art« im Panzerhof. **I** Fünf Jahre SAX – »Karambolage« im Alten Schlachthof. **I** »Violinismus« – Konzert mit dem Balanescu-Quartett und mit Jon Rose im Schloß Nickern. **I** Soloperformance von Diamanda Galas im Alten Schlachthof zum Kunstfest. **I** »Hutball« und Party zum Ball mit dem Palastorchester im Parkhotel »Weißer Hirsch«. **1996** Solo-Piano-Performance von Philipp Glass im Hygienemuseum. **I** »Theater der Welt« – das ZENTRUM am Königsufer.

KABARETT IN DRESDEN

Rudolph Scholz

Kabarett war in den realsozialistischen Jahrzehnten hierzulande für viele Menschen mehr als nur eine schöne Nebensache. Angesichts der Tatsache, daß die wachsenden Widersprüche der Gesellschaft immer weniger von den Medien und dem verordneten öffentlichen Bewußtsein wahrgenommen wurden, beschränkte sich Kabarett auch nicht schlechthin darauf, ein Ventil für Unzufriedenheit und angestauten Unmut zu sein. Es war zugleich mit seinen besten Leistungen Artikulation kritischen Selbstbewußtseins und Training des aufrechten Ganges.

In der Stadt Dresden waren nicht nur zahlreiche Spielstätten, in denen Kabarett stattfand, konzentriert. Mit der »Herkuleskeule« verfügte sie auch über ein Kabarett-Theater, das neben der Berliner »Distel« sowie den »Academixern« und der »Pfeffermühle« in Leipzig das Spitzenniveau der DDR auf dem Gebiet der politischen Satire prägte. Es verband sich mit dem Namen solcher Autoren wie Manfred Schubert, der zugleich einer der Gründungsväter der »Herkuleskeule« war, mit Wolfgang Schaller und Peter Ensikat, mit Kabarettistenpersönlichkeiten wie Giesela Grube, Hans Glauche, Fritz Ehlert und Werner Knodel. Nah an den Alltäglichkeiten und politischen Widersprüchen, mit hintergründigem Humor und den schlitzohrig-bissigen Pointen scharfer Zeitsatire bot es Ensemble-Kabarett, das die Herzen der Dresdner eroberte. Von seiner Professionalität, seiner fachlichen Kompetenz und kritisch-ermutigenden Haltung gingen vielfältige Anregungen für das Amateurschaffen aus.

Durch die Wende entstand auch für die Kabarettisten – für die Profis ebenso wie für die Amateure – eine neue Situation. Dadurch daß nunmehr die verwirrende Vielfalt der politischen Ereignisse und Skandale, die bislang nur allzuoft verschwiegenen Alltagskonflikte und Zumutungen in der Tagespresse Einzug hielten und für auflagenträchtige Schlagzeilen sorgte, schien das Kabarett für viele Menschen zumindest vorübergehend seine ursprüngliche Attraktivität einzubüßen. Dazu kam die Erfahrung, daß die Politiker aller Couleur mit ihren parteipolitischen Machtspielen und Eskapaden oft selbst die dramatischste Realsatire produzieren, die von den Kabarettisten kaum zu übertreffen ist. Welche Funktion würde in diesem neuen gesellschaftlichen

Umfeld das Kabarett haben? Würden sich bisherige Traditionen fortsetzen lassen? Würden die künstlerischen Angebote auch künftig vom Publikum angenommen werden? Würden die notwendigen Zugeständnisse und Kompromisse mit den eigenen kreativen Intentionen noch vereinbar sein? All diese Fragen werden sich auch künftig immer wieder neu stellen und auf Antwort drängen. Doch ein die Nachwende umfassender, notwendigerweise unvollständiger Rückblick, wie die Kabarettkunst in Dresden auf die neuen Herausforderungen reagierte, zeigt, daß sie bei allen zu verzeichnenden Defiziten nicht nur ihre Lebenskraft bewies, sondern auch – oft unter dem Diktat der neuen Zwänge – im Begriff ist, eine nuancenreiche Vielfalt auszubilden und die differenzierter gewordenen kulturellen Bedürfnisse des Publikums zu erfüllen.

Auch unter diesem Aspekt vermag die »Herkuleskeule« als die prominenteste Kabarett-Adresse in der Stadt Dresden signifikante Auskünfte zu geben. Zu recht darf konstatiert werden, daß das Team unter Wolfgang Schaller (künst-

lerischer Leiter) und Rainer Petrovsky (Geschäftsführer) es geschafft hat, die Kontinuität seiner Arbeit auch unter den neuen Bedürfnissen fortzusetzen. Ausdruck dafür sind Programme wie »Bar aller Illusionen«, »Genie und Rinderwahnsinn«, »Perlen vor die Säue«. Standen anfangs spezifisch ostdeutsche Probleme und Befindlichkeiten nach der Wende im Mittelpunkt, zeigt sich nun zunehmend die Tendenz zur gesamtdeutschen Thematik, ohne die eigenen Wurzeln zu leugnen. Das Selbstverständnis, auch weiterhin ein linkes, ostdeutsches, politisches Kabarett zu sein, verbindet sich mit der Absicht, neben der bissigen Satire auch Unterhaltung anzubieten, damit dem Publikum das Lachen nicht im Halse steckenbleibt.
Für die Umsetzung dieses Konzepts wurden seit der Wende wichtige Voraussetzungen erarbeitet. Um eine größere Flexibilität und wirtschaftliche Effizienz zu sichern, wurde 1993 eine GmbH gegründet. Die Zahl der Ensemblemitglieder wurde von zwanzig auf neun verringert – sechs Akteure auf der Bühne sowie drei Musiker, zu denen sich, damit die als Markenzeichen der »Herkuleskeule« geltende musikalische Qualität auch künftig erhalten bleiben kann, weitere zwei Freiberufler gesellen. Die Tradition des Ensemble-Kabaretts – für die ostdeutsche Kabarettszene ein Wesensmerkmal – wurde fortgesetzt, das Ensemble jedoch in zwei unabhängig voneinander agierende Teile gegliedert, um bei auswärtigen Verpflichtungen die Bespielbarkeit des Hauses zu garantieren und eine größere Disponibilität zu sichern. Auch der Verwaltungsaufwand wurde wesentlich reduziert. Schließlich wurde mit der 1994 durchgeführten Renovierung nicht nur eine zuverlässige Kapazität von Zuschauerplätzen geschaffen, sondern auch der Service verbessert. Zu den Initiativen, die Palette attraktiver Angebote zu erweitern, zählen die Kabarett-Tage, die auch gemeinsam mit dem »Podium«, dem »theater 50«, und »Dresdner Brettl« organisiert werden, der Wettbewerb um das jeweils beste sächsische Berufs- und Amateurkabarett sowie die Verleihung der »Rostigen Raspel« an Politiker. Schließlich wurde mit »Gäste im Haus« eine Veranstaltungsreihe begründet, in der sich bereits die gesamte kabarettistische Prominenz aus Ost und West ein Stelldichein gab. Doch um keine Zweifel aufkommen zu lassen: Alle sich auch finanziell auszahlenden Eigeninitiativen werden die Kommune auch künftig nicht der Pflicht entheben, entsprechende Subventionen bereitzustellen.

Dreharbeiten zu »Ostalgie« mit Uwe Steimle und Tom Pauls

Nicht minder bedeutsam für das kabarettistische Profil Dresdens ist es, daß die Stadt mit »theater 50« und »Dresdner Brettl« zwei weitere Spielstätten besitzt, wo regelmäßig Kabarett auf dem Programm steht. Auch hier analoge Bemühungen um zeitgemäße Effizienz. Einen dramatischen Zuschauereinbruch erlebt das 1986 offiziell eröffnete »theater 50« nach der Währungsunion. Auch von Restitutionsansprüchen wurde das vormals »kleinste Theater der Stadt« betroffen. Der Umzug ins »Haus der Kultur und Bildung« bot eine Chance zum Überleben und zur Kapazitätserweiterung. Doch noch immer bleibt die Perspektive ungewiß. Das ist der Kontinuität der Arbeit kaum förderlich. Dennoch: Olaf Böhmes »Betrunkener Sachse« sowie das »Schloß im Wörtersee« und »August der Schwache« stehen unverändert hoch in der Publikumsgunst.
Eine Attraktion besonderer Art: das »Dresdner Brettl« auf seinem aus einem alten Flußschleppkahn entstandenen Theaterschiff. Zu den kabarettistischen Leckerbissen dieses »Theaters für Cabaret, Musik und Literatur« zählt unter anderem das »Ostalgie«-Programm, in dem Uwe Steimle und Tom Paul als Ilse Bähnert und Günter Zischong brillierten. Für einen bezeichnenden Eklat,

auf den die betroffene Öffentlichkeit mit Empörung reagierte, sorgte das MDR-Fernsehen, als es im Dezember 1995 die Dreharbeiten der 10. Folge der »Ostalgie«-Reihe für den »Sachsenspiegel« mit der Begründung zu unterbrechen versuchte, keine politische Satire in seinem Programm dulden zu wollen.

Für Dresden als Stadt des Kabaretts im wiedervereinigten Deutschland ist nicht weniger wichtig, daß hier weitere Kabarett-Profis ansässig sind, ohne jedoch eine eigene Spielstätte zu besitzen. Unter ihnen erfreut sich Wolfgang Stumph, bekannt auch als ursächsisches Original in »Go Trabi Go« und »Salto Postale«, gesamtdeutscher Präsenz. Gemeinsam mit Gunter Antrak und Detlef Rothe stellt er den »ANTRAK auf STUMPHsinn« in seiner Heimatstadt nur bei gelegentlichen Gastspielen. Dafür sind die drei inzwischen auf den bekanntesten Kleinkunstbühnen Deutschlands zu Hause. Ebenso das »Duo Sonnenschirm« mit den »Brachialromantikern« Dieter Beckert & Jürgen Wolff, von der Presse als Einmaligkeit auf der gesamtdeutschen Brettl-Szene gefeiert. Nicht zu vergessen das komische Entertainment »Duoluo«, als das sich mit einer »verrückten Mischung aus Artistik und Nonsens« der Artist-Jongleur Gerhard Leßmann und der Musikclown Peter Neidel präsentieren. Schließlich Peter Grohmann mit seinem politisch-literarischen Kabarett. Aus Stuttgart nach Dresden übergesiedelt, gab er hier Anfang 1993 mit seinem Programm »Vom Stasi zum Aldi« seinen kabarettistischen Einstand, seither als »Anstifter« mit allerlei Initiativen und Projekten auf sich aufmerksam machend. Seinem Anliegen, auf einer der »Freien Spielstätten« der Stadt als ständiger Gast integriert zu werden, bleibt ebenso Erfolg zu wünschen wie dem Plan, in Klotzsche eine hauseigene Mini-Bühne zu etablieren.

Zeigt entsprechend diesem bilanzierenden Rück- und Überblick die gegenwärtige Dresdner Szene der Kabarett-Profis eine durchaus optimistisch stimmende Tendenz, so scheint es um das Amateurschaffen weniger erfreulich bestellt zu sein. Sechzehn Amateurkabaretts besaß die Stadt Dresden in der Vorwendezeit. Die Förderung durch Betriebe und staatliche Institutionen, Leistungsvergleiche etc. ermöglichten neben einer volkskünstlerischen Vielfalt eine zum Teil beachtliche Qualität. In der Nachwendezeit änderte sich diese Situation auf besorgniserregende Weise. Nur wenigen gelang es zu überleben. Zu ihnen zählt die »Lachkarte«, Dresdens erfolgreichstes Amateurkabarett. Mit der Abwicklung des Kombinats Robotron büßte es – wie die meisten anderen auch – seinen Trägerbetrieb ein, der bis dahin die Kosten für Probenräume und technische Ausstattung übernommen und die Honorare für die künstlerische Arbeit getragen hatte. Fördermittel der Stadt ermöglichten es, die ersten Schwierigkeiten der Nachwendezeit zu überstehen. Jetzt jedoch muß sich das Team als eingetragener Verein aus eigenen Einnahmen finanzieren. Das ist bisher mit großem persönlichen Einsatz aller Mitglieder gelungen. Ein neues Probendomizil wurde im Saal einer Kirche gefunden. Doch die Auftrittsmöglichkeiten haben sich trotz der Bemühungen um neue Kontakte verringert. Nicht auszuschließen, daß sich die neuen Zwänge auch auf die künstlerische Qualität auswirken. Einer ähnlichen Situation sehen sich die anderen Amateur-Kabaretts der Stadt gegenüber: »Die Dresdner Hofnarren«, »Die Kaktusblüte«, »Die Pfefferlinge« sowie »Die Ladenhüter«. Letztere befinden sich insofern in einer vergleichsweise günstigeren Lage, als sie mit der Karstadt AG und der »Sächsischen Zeitung« gleich zwei Sponsoren gefunden haben. Kein Zufall, daß Anfang 1995 gerade von den Amateurkabaretts die Initiative zur Gründung des »Kabarettverbandes Sachsen e.V.« ausging. Ziel desselben ist es, für ein unterhaltsames, politisch-satirisches Kabarett eine breitere Öffentlichkeit zu gewinnen und kommunale Kulturpolitik mitzugestalten.

Eine betrübliche Entwicklungstendenz auch beim Kinder- und Jugendkabarett. Zwanzig Gruppen gab es vormals. Eine einzige existiert davon heute noch: »die pieker«. Ihr Domizil: das Freizeitzentrum »Louise«. Doch auch hier ist die Situation so, daß mangels Förderung jetzt fast alles aus der eigenen Tasche bezahlt werden muß.

Angesichts dieser Gesamtbilanz besteht, um die Situation des gegenwärtigen Kabaretts weiter voranzubringen, für die Verantwortlichen durchaus Handlungsbedarf.

EIN GESPRÄCH MIT DER B-SEITE IM ICH.

Dieter Beckert

Weisheiten zum Schwarzärgern über das Thema Kleinkunst macht auch Mist beziehungsweise Kleinvieh macht auch Kunst.

A Fortschritt ist die Erfindung des Kulturbeutels. Kultur ist die Benutzung der Zahnbürste. Und Kunst ist es, wenn man einen Rahmen um die Zahnbürste macht und sie an die Wand hängt.

Interessant, aber spätestens seitdem Marcel Duchamp sein Klo ausgestellt hat, wissen wir: Kunst ist Wille und Vorstellung. B

A ...und wie ist das mit malenden Katzen...

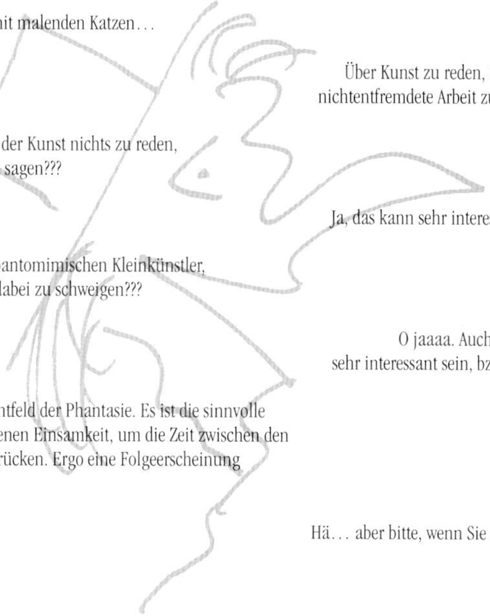

Über Kunst zu reden, heißt über nichtentfremdete Arbeit zu reden... B

A Und wie ist das, mit der Kunst nichts zu reden, ohne dabei etwas zu sagen???

Ja, das kann sehr interessant sein. B

A Oder die Kunst der pantomimischen Kleinkünstler, alles zu sagen und dabei zu schweigen???

O jaaaa. Auch das kann sehr interessant sein, bzw. neiiiin. B

A Kunst ist ein Schlachtfeld der Phantasie. Es ist die sinnvolle Verwendung der eigenen Einsamkeit, um die Zeit zwischen den Orgasmen zu überbrücken. Ergo eine Folgeerscheinung von Langeweile.

Hä... aber bitte, wenn Sie so wollen. B

A Ja, ich will.

Ja was denn nun? Kann man Kunst eigentlich wollen oder können oder müssen oder was? Braucht man da nicht wenigstens eine göttliche Inspiration, einen Musenkuß? B

A Küsse sind immer gut! Im Anfang war der Kuß, dann kam das Sitzfleisch und später die Blasen und das alles...

Ich habe mal gehört, Kunst sei die Kultivierung des Fragezeichens? B

A Hä... Ich verstehe nicht! Wieso Fragezeichen?

Ich denke, Kunst ist Dünnschiß an Nagel hängen. B

A Auch intreressant, dann wäre in dieser Ihrer Methapher Kultur, wenn man sich hinterher die Hände wüsche?

Wüsche? – interessante Verbeugung – Ja, könnte sein? Muß aber nicht sein? Je nachdem? **B**

A Muß, muß... mein Opa hat immer gesagt: Sterben muß man. Sonst nix.

Aha, interessant; in dem Sinne wäre dann der Tod der Fortschritt, und das Leben entspräche der Kunst? Hmmm... oder doch nur Kultur? ... Also verstehst du, ich meine Beutel im mehr allgemeineren Sinne. **B**

A Das erscheint mir doch ein wenig an den Haaren herbeigezogen???

Kunst ist an den Haaren herbeigezogene Wirklichkeit, und jeder Künstler ist ein Friseur. **B**

A Figaro!

Bitte. Er heiratet seine Schere und protestiert mit einem selbst kreierten Haarschnitt gegen die real existierende Welt und die anderen sogenannten Künstler, die da auch alle rummachen. Brrrrrr... **B**

A Mir stehen die Haare zu Berge.

So nach dem Spruchband: Wenn es einen Gott gibt, wie ertrage ich es, keiner zu sein... **B**

A Ach hör doch auf, so hochtrabend daherzureden.

Es geht auch anders. Neulich sah ich ein kleines Kind, das machte Kopfstand und krähte: Mama, ich kann Kunst. Das ist eine schöne Methapher. **B**

A Dieses Bild ist mir zu fern.

Na ja es sind eben Metha fern. **B**

A Wenn die Weisheit fremd geht, bringt sie lauter kleine Blödheiten zustande.

Hä, ich verstehe nicht?? **B**

A Dann liegst du genau richtig. Bzw. ich. Ein kluger Mann meinte irgendwo: Ein Künstler ist ein Mensch, der eine Antwort in ein Rätsel verwandeln kann. Und die brauchen wir nach der Jahrtausendwende dringender denn je.

??? **B**

DIE STADT DER TOTEN DICHTER?

Was fällt mir ein zum Stichwort Literatur in Dresden? Trauerspiel mit komischen Bildern? Gereimtes aus dem Selbstverlag? Spitzelprosa im Aktenschrank? Das alles, freilich.

Aber da war mehr. Und da ist jetzt viel mehr, was wiederum die Hoffnung begründet, daß sich unsere Stadt in literarischer Hinsicht besinnen und öffnen möchte. Auch, weil es das hier schon einmal gab: Autoren, Verlage, Presse sogar. Ein literarisches Klima mithin, dem durch die beiden deutschen Diktaturen jede geistige und wirtschaftliche Grundlagen entzogen wurde.

Dresden hatte sich nach 1949 gefälligst um Malerei (möglichst realistisch) und Oper zu bemühen. Bücher wurden in Leipzig verlegt, oder, was noch zentraler war, in Berlin. Es mußte alles seine Ordnung haben im Dreibuchstabenländchen.

Geschrieben aber wurde! Braun, Czechowski, Mickel. Daß von denen keiner mehr hier lebt, ist Indiz nicht nur für den Zentralisierungswahn, der diesen Teil Deutschlands über vierzig Jahre hinweg beleidigen durfte. Denn es kann getrost als dresdnerische Angelegenheit gelten, daß sich Künstler aller Genres prächtigst nähren konnten auf den barock umstellten Elbweiden. Und diese alsbald verließen. Doch bereits in den 70er Jahren erhob sich ein vor allem lyrisches Elbtalgemurmel, es rosenlöcherte und wüstefeldete so unüberhörbar, daß die fernen Verlage ihre Lektoren in die Spur schickten. Was wiederum zur Folge hatte, daß Scharen schreibender Bezirkspoeten ein trotziges »Das kann ich auch!« sprachen. Und man traf sich, mehr beobachtet als beachtet, in den Warteräumen der staatlichen Nachwuchsförderung oder traktierte die (ebenfalls fernen) Redaktionen von TEMPERAMENTE und neue deutsche literatur mit dicken Kuverts. Lese ich heute die Absagen von dort, kann ich nur müde lächeln; und ich kann endlich darüber grinsen, daß Stasi-Oberstleutnant Richter meine Gedichtbriefe nach Dortmund unter der Rubrik PUT (Politische Untergrund-Tätigkeit) sammelte. Wollte er etwa eine Gesamtausgabe herausbringen?

Meine ersten Veröffentlichungen erlebte ich im kirchlichen SONNTAG und in klassenfeindlichen Szeneblättern. Aber auch die hauptstädtischen Redakteure hatten nach und nach ein Einsehen; ergo begann ich, mich auf eine 30jährige Laufbahn als deutscher demokratischer Jungautor einzurichten, was immerhin der Spatz in der Hand zu werden versprach.

Aber da kam – potzflitz! – die Wende, und ich stand da. Mangels DDR konnte ich nun kein DDR-Autor mehr werden und mußte mir notgedrungen den alten Traum vom Büchermachen erfüllen: Ich stieg in Dirk Fröhlichs Kleinverlag BUCHLABOR ein, was vor allem Nerven und Lehrgeld kostete und Spaß und Erfüllung brachte.

Mein (prosaischer) Erstling »Das Treffen in C.« erschien im 1990 gegründeten Hellerau-Verlag in der dort editierten YESS-Reihe für junge Literatur aus Sachsen. Und die nun stellt dank der wesentlichen Unterstützung des

hiesigen Ministeriums für Wissenschaft und Kunst (in dieser Reihenfolge!) einen Glücksfall besonderen Ausmaßes dar: Junge und nicht mehr ganz junge Autoren und (noch viel zu wenige) Autorinnen haben die Möglichkeit einer eigenständigen Publikation. Auf mittlerweile 18 Bändchen hat es dieses Unterfangen gebracht, und man kann nur hoffen, daß ein Ende nicht abzusehen ist. Aber noch mehr Wundersames geschah: Plötzlich gibt es ein Literaturbüro, und in dem wird ganze Arbeit geleistet, nicht nur, weil Erich Kästner auf der Königsbrücker ein kleiner Junge war, oder weil Schiller mit Körner sen. in Loschwitz gern beim Weine saß. Sondern weil Dresden seit 1990 wieder in der Welt ist und also auch die Welt hier.
Und ich? Bin auch noch da, lasse geneigten Körpers Butterbemmen ins Elbwasser flutschen und hätte gern Zeit, um an meinem dritten Buch zu arbeiten. Gehe statt dessen aber meistens als Geschäftsführer (wie stolz das klingt!) des Verlages DIE SCHEUNE einher. Von dem, so sei versichert, neben – dero Reihe DRESDEN KRIMI und dem neustadt lese buch SCHOKOLADENBRUCH noch so manche Sache schwarz auf weiß zu erwarten steht, die man getrost nach Hause tragen kann.

Holger Oertel: geboren **1964** in Dresden **I** Matrosenlehrling bei der Handelsflotte **I** Lehre als Drucker in Dresden **I** Hausmeister im Zwinger **I** Museumsführer in Pillnitz **I** Essenträger bei der Volkssolidarität **I** Wirt einer Szenekneipe in der Neustadt **I** Apothekenhausmeister **I** seit 1993 freier Schriftsteller und Verleger **I** Veröffentlichungen: »Dresdner Material«, Lyrikanthologie; »Das Treffen in C.«, Erzählung; »Kartenspiel«, Kriminalroman; »Verliebt in eine Stadt«, Stadtführer; zahlreiche Veröffentlichungen in Anthologien und Presse **I** Herausgeber des BUCHLABOR-Kalenders **I** Stammautor des Stadtmagazin SAX

IN DER FREIEN LITERATURSZENE WIRD NACH KRÄFTEN GERUDERT

Andrea Werchau

Es liest doch sowieso kein Mensch mehr! geht seit 1990 die Klage um und: Wer soll sich denn noch auskennen im Bücherdschungel? Der Dresdner Autor konstatiert, wie auch seine Artgenossen anderswo, daß er vom Schreiben nicht mehr leben kann. Die Konkurrenz ist übermächtig, überall und vor allem in Leipzig/Berlin. Aber dennoch – es gibt sie, die Literatur in Dresden, und sie kämpft tapfer um ein Plätzchen auf dem Prachtschiff der Künste. Bislang wird in der hiesigen Wortkunst noch gerudert. Besonders die freie Szene fährt im Schaukelgang, tatkräftig zwar, aber ohne stimmiges HAU-RUCK und ohne Anfeuerung durch tosende Massen.

Mit von der Partie ist eine bunte Mischung an Literaturveranstaltern, freien und privaten Trägern, die sich alle im weitesten Sinne der Literaturförderung verschrieben haben. Bereits seit Anfang der 90er Jahre legen sich die beiden Autorenvereine Unabhängige Schriftsteller Assoziation Dresden und Förderkreis für Literatur in Sachsen nebeneinander ins Zeug. Markante Unterschiede zwischen diesen beiden Ruderkollegen bilden Altersgefälle, Arbeitsablauf und Zielpublikum. Beide verfügen sie über ein Aufgebot an 40–60 Mann (Frauen auch, allerdings wie üblich in der Minderzahl), aber während der Förderkreis insgesamt etwa viertausend Jahre an Alters- und Verbandserfahrung besitzt und mit jährlich 200 Lesungen in Sachsen lebender Autoren den gesamten Regierungsbezirk Dresden versorgt, dort auch die festen Reihen »Bücherfrühling« und »Bücherherbst« stattfinden läßt, zielt die ASSO mit ihren vergleichsweise jugendlichen Mitgliedern in kleinen Veranstaltungsreihen oder Einzellesungen eher auf die Dresdner Nachwuchsgenerationen ab 15 Jahren. Auch um die sprießenden Talente junger Schriftsteller bzw. solcher, die es werden möchten, wird sich in vierteljährlich stattfindenden Prosa-, Lyrik- und ab 1997 auch Dramatikwerkstätten gekümmert. Und publizistisch sind ASSO-Mitglieder ebenfalls tätig: bis 1992 wurde die Zeitschrift »Wendeblätter«, 1991–1993 »Lesebogen«, seit Herbst 1994 wird »Ostragehege« herausgegeben. Außerdem ediert ASSO die Yess-Reihe im Hellerau-Verlag, eine pfiffige, mehrbändige, aufgrund des Einzelumfanges auch für leicht ermüdende Leser geeignete »Anthologie« sächsischer Autoren mit

Prosa, Lyrik und essayistischen Beiträgen. Bisher sind 19 Bände erschienen. Einen besonderen Arbeitsschwerpunkt der ASSO bildet die Kooperation mit Polen. Mit Unterstützung polnischer Kulturschaffender wurden 1993 die Sächsisch-Polnischen Literaturtage in Dresden ausgerichtet. Seither finden nahezu vierteljährlich Lesungen mit polnischen Autoren statt. Mitgewirkt hat die ASSO auch an der 1995 in Breslau erschienenen Edition »Die Grüne Grenze«. Seit 1994 sitzt nun noch ein dritter Autorenverein im Boot: die Literarische Arena, hervorgegangen aus jener ASSO, vorrangig zuständig für die Gestaltung von »Ostragehege«, engagiert für die polnisch-deutsche Annäherung und gleichfalls aktiv in der Ausrichtung von Einzellesungen und Literaturtagen. Da alle drei Vereine ihre Mitglieder vorwiegend unter freischaffenden Autoren rekrutieren, die ihren Lebensunterhalt, wenn überhaupt mit schriftstellerischen Aktivitäten, am ehesten durch Lesungen bestreiten können, die ja bekanntlich gleichermaßen reich und berühmt machen, steht die Veranstaltung dieser Arbeitsgelegenheiten im Mittelpunkt.
Anders sieht es dagegen bei den sogenannten Literatur- und Kulturvereinen aus, deren primäres Interesse eher der Verbreitung des Literaturgutes denn der Unterstützung des Urhebers gilt.
Seit 1994 gibt es die Sächsische Literaturgesellschaft e.V., deren geplante Projekte sich der wissenschaftlichen Erschließung und der publikumswirksamen Darstellung der Literatur und Kulturgeschichte Sachsens und ihrer Wirkung widmen. Vorträge, Lesungen, Kolloquien, Ausstellungen, Publikationen in Bild und Schrift sollen veranstaltet werden. Dem Selbstverständnis gemäß findet eine intensive Verknüpfung mit den benachbarten Künsten und über Nationalgrenzen hinweg statt. Gearbeitet wird an einem Jahrbuch mit Aufsätzen, Rezensionen und Berichten. Grundlegend für das Selbstverständnis des Vereins ist die Besinnung auf die große kulturelle Vergangenheit.
Zu nennen wäre ferner die Deutsch-Tschechische Dobrovsk-Gesellschaft für Gelehrsamkeit und Künste e.V., Dresden, gegründet zunächst als Zusammenschluß von deutschen und tschechischen Wissenschaftlern mit dem Ziel einer »institutionellen« Kooperation. Dargestellt werden sollen die wissenschaftlichen und die künstlerischen Leistungen beider Völker in ihrem jahrhundertelangen Zusammenleben. Dieses Anliegen der Verständigung wurde bisher umgesetzt in der Projektreihe »Tschechische Dichter in Dresden«, in-

nerhalb derer sich prominente Intellektuelle wie Pavel Kohout und Jiri Grusa vorstellten. Zielgruppe ist ein geschichts-, kultur- und literaturinteressiertes Publikum aller Altersstufen. Ab 1996 soll ein deutsch-tschechisches Jahrbuch erscheinen. Besonders hervorheben will man die Bedeutung Sachsens und Dresdens als Brücke zum slavischen Nachbarn.
Auch weibliche Ruderer haben die Dresdner an Bord: der Bücherfrauen e.V., Städtegruppe Dresden, gegründet 1993, setzt sich überwiegend aus Buchhändlerinnen, Bibliothekarinnen, freien Lektorinnen und Verlagsmitarbeiterinnen zusammen. Die »Dresdner Bücherfrauen« sind eine von 14 bundesweit agierenden, nach englischem Vorbild gegründeten Städtegruppen, die im Sinne eines Netzwerkes und Berufsverbandes die Interessen von Frauen vertreten, die rund ums Buch tätig sind. Weltweit gibt es ca. 600 Mitglieder, die Dresdner Gruppe hat mittlerweile 15. Ziele sind ein regelmäßiger Erfahrungsaustausch, Vermittlung von nationalen Kontakten und internationalen Branchenkontakten, Einsatz für frauenspezifische Interessen, die stärkere Vernetzung von Produktion, Distribution und Rezeption der Literatur. Zu diesem Zweck gibt es Seminare und Fortbildungsveranstaltungen zu allen Haupt- und Nebenbereichen der Buchwelt, aber auch öffentlich veranstaltete Literaturprojekte. Zweimal jährlich erscheint die Vereinszeitschrift, der »Newsletter«.

Gemischtgeschlechtlich, wenngleich von weiblicher Hand geleitet, ist der Neue Sächsische Kunstverein e.V., gegründet 1990 als »Erbe« des 1828 gegründeten und 1946 aufgelösten Sächsischen Kunstvereins. Er hat mittlerweile über 800 Mitglieder und widmet sich der Förderung zeitgenössischer Leistungen in allen Künsten. Der Verein operiert sachsenweit, sieht sich Künstlern wie Kunstinteressierten verpflichtet. Für jede Kunstsparte wurde eine Arbeitssektion gebildet; Ziel ist jedoch auch die Verknüpfung der Künste. Im Bereich der Literatur ist der Kunstverein bisher besonders hervorgetreten durch die in Zusammenarbeit mit dem Deutschen Literaturfonds Darmstadt ausgerichtete Reihe »Vorgestellt«, innerhalb derer die durch den Fonds geförderten Autoren – in der Regel sind dies die namhaftesten, die die Bundesrepublik zu bieten hat – in Dresden präsentiert werden.

Ein weiterer Typ von Bootsbewohner ist für das Gelingen des gesamten Betriebes von immenser Wichtigkeit: nämlich der verkaufende Literaturmensch. Legt man als Maßstab für die Qualität einer Buchhandlung deren Angebot an Büchervielfalt, aber auch an Veranstaltungen zugrunde, so muß man in Dresden besonders zwei Buchhandlungen hervorheben: Zum einen wäre da die traditionelle christliche Verlagsbuchhandlung C. L. Ungelenk Nachf., die 1887 in der Dresdner Innenstadt gegründet wurde und als wahrscheinlich älteste bestehende Buchhandlung der Stadt seither ununterbrochen tätig ist. Seit 1944/45 arbeitete die Buchhandlung im Auftrag der Sächsischen Landeskirche über 40 Jahre als christliche Buch- und Kunsthandlung. Schon damals fanden regelmäßig Ausstellungen, Lesungen und Gesprächsabende statt. Zu DDR-Zeiten betrieb die Firma auch eine umfangreiche Antiquariatsabteilung. Seit 1994 befinden sich die Geschäftsräume in der Kreuzstraße 7. Auch hier bemüht sich die Buchhandlung durch Autorenlesungen und Buchpremieren um die Verbreitung von Literatur, von Toleranz und weltoffener Gesinnung und ist damit ein kleiner geistiger Kristallisationspunkt in der Stadt.

Zum anderen Richters Buchhandlung: sie wurde von ihrem Inhaber Wolfgang Richter 1990 gegründet. In den fünf Jahren ihres Bestehens sind zum Stammgeschäft in der Förstereistraße (Schwerpunkt Belletristik, Kinderbuch, Kunst, Reise) nach dem Gewinn einer bundesdeutschen Ausschreibung zwei Kunstbuchhandlungen im Zwinger und im Albertinum hinzugekommen sowie Buchverkaufsstellen im Schloß, Schloß Pillnitz, dem Schauspielhaus und der Rüstkammer. Von Anbeginn an verstand sich Richters Buchhandlung auch als Forum für Lesungen. Es finden im Stammhaus oder anderen repräsentativen Räumlichkeiten der Stadt ca. 30 literarische Veranstaltungen im Jahr statt. Neben unbekannteren und einheimischen Schriftstellern ist regelmäßig auch literarische Prominenz zu Gast. Daneben finden immer wieder Verlags- und Buchpräsentationen statt. Die Zahl der Veranstaltungsbesucher bewegt sich jährlich zwischen 1500 und 2000. Richters Buchhandlung unterstützt auch Lesungen anderer Veranstalter mit Büchertischen; es besteht eine enge Zusammenarbeit mit den Städtischen Bibliotheken, den Dresdner Schulen und dem Theaterkahn Dresdner Brettl.

Neben diesen beiden im kulturellen Leben der Stadt fest etablierten Buchhandlungen gibt es noch weitere Häuser, deren Öffentlichkeitswirksamkeit im Entstehen begriffen ist. Zu nennen wäre Die Pusteblume, gegründet im September 1995 mit Sitz in der Neustadt als Buchhandlung für Frauen und Kinder. Breiten Raum im Sortiment nehmen Bücher zu den Themen Feminismus, Frauenpolitik, Familie, Erziehung, Gesundheit etc. ein. Das Belletristik-Angebot umfaßt mit wenigen Ausnahmen Autorinnen. Neben Bilderbüchern, Märchen und Erzählungen für Kinder und Jugendliche werden Lernspiele und Sachbücher angeboten. Gleichzeitig soll Die Pusteblume ein Anlauf- und Treffpunkt für Frauen der Neustadt sein; es gibt monatliche Veranstaltungen, darunter Lesungen und kreative Nachmittage für Kinder.

Zur Förderung des literarischen Lebens durch Autoren- und Buchvorstellungen in kleinerem Umfang tragen ebenfalls die Buchhandlung Rubikon und das Buchhaus Loschwitz bei.

Als für Genüsse aller Art zuständiges Besatzungsmitglied muß unbedingt das Café Donnersberg vorgestellt werden. Nach fünfjähriger Vorbereitungszeit im Dezember 1990 von dem literaturinteressierten Ehepaar Lohse in der Rähnitzgasse 7 in einem renovierten Barockgebäude eröffnet, gilt die Örtlichkeit laut SAX-Umfrage als das beliebteste Café des Jahres 1994. Es gehört zur Konzeption des Cafés, neben ausgewählten, aber erschwinglichen Speisen und Getränken ein vielfältiges Kulturprogramm anzubieten. Neben Ausstellungen, Diskussionen, Vorträgen und Konzerten finden regelmäßig Lesungen statt. Gab es 1991 lediglich fünf Veranstaltungen, so ist die Zahl bis

1995 auf 27 angewachsen. Die Inhaber richten eigene Veranstaltungen aus und überlassen ihre gemütliche Räumlichkeit darüber hinaus regelmäßig dem Förderkreis für Literatur in Sachsen, der ASSO, dem Hellerau-Verlag, der Deutsch-Polnischen Gesellschaft, der Anstiftung und seit Herbst 1995 auch dem Dresdner Literaturbüro. Grundlegend ist das Bestreben, dem Publikum eine breite Streuung an Literaturen, Nationalitäten und Geisteshaltungen zu offerieren.

Ein weiteres Mosaiksteinchen im literarischen Rund bilden natürlich die Buchverlage. Das älteste, noch existierende Haus ist der Verlag der Kunst. Er wurde 1952 in Dresden gegründet und entwickelte sich zu einem der führenden, international anerkannten Verlage der DDR. 1991 wurde er durch die internationale Verlagsgruppe Gordon and Breach (UK) unter Beibehaltung des Kunstbuchprogrammes übernommen. Der Verlag hat ein erlesenes Angebot u.a. in den Bereichen Bildende Kunst, Architektur und Geschichte;

auch die Belletristik ist im Programm vorgesehen. Mit Veranstaltungen ist der Verlag der Kunst bisher kaum in die Öffentlichkeit getreten.
Als Verlag für Regionalliteratur hat sich der Hellerau-Verlag bereits einen Namen gemacht. Im Zentrum der Publikationstätigkeit stand zunächst die berühmte Gartenstadt Hellerau; mit den Reihen »Kleine Sächsische Bibliothek«, »Dresdner Miniaturen« und »Yess« sowie einigen Einzelbänden hat sich das kulturgeschichtliche und belletristische Spektrum mittlerweile erweitert.
In der Dresdner Neustadt hat das von Autoren betriebene Buchlabor seit einigen Jahren seine Heimat. Dieser ohne Gewinn arbeitende Verlag produziert vornehmlich Belletristik, darunter viel Lyrik, und Literaturkalender. Letztes Jahr erschien die Anthologie »Warteräume im Klee«.
Ende 1995 hat sich Die Scheune GbR gegründet, ein Verlag, der auf anspruchsvolle, aber unterhaltende Art und Weise Stadtliteratur präsentieren will. Bereits erschienen sind die ersten beiden Bände einer Reihe Neustadt-Krimis sowie das Neustadt-Lesebuch »Schokoladenbruch«. Neben Aktuellem soll durch Literaturführer und ein Neustadtbilderbuch auch städtische Spurensuche betrieben werden. Alle drei Verlage haben sich dem interessierten Publikum bereits mit Lesungen und Buchpräsentationen vorgestellt und führen auch im zweiten Halbjahr 1996 Interessantes im Schilde.
Ein weiteres, im Erstarken begriffenes Mitglied des Literaturbetriebes in Dresden sind die sogenannten freien Bibliotheken. Erfaßt sind bisher acht bis elf dieser Bibliotheken in freier Trägerschaft, die jeweils über Bestände zwischen 500 und 1000 Bänden verfügen. Hauptsächlich ist das Sachbuch vertreten, Belletristik wird jedoch auch geführt. Diese Bibliotheken sind bisher Kulturvereinen oder soziokulturellen Zentren angegliedert; die Vereinsmitglieder müssen die anfallenden Arbeiten also zusätzlich leisten, gesonderte Räume für die Buchbestände sind meist (noch) nicht vorhanden. Problematisch ist auch die ungeklärte Stellung dieser Bibliotheken im Verhältnis zu den öffentlichen Häusern. Es hat sich 1995 ein Arbeitskreis freie Bibliotheken gegründet, der u.a. nach gemeinsamen Finanzierungsmöglichkeiten sucht. Kontaktstelle ist das Büro für Freie Kulturarbeit im Pentacon.
Neben diesen ständig mit der Materie beschäftigten Vollprofis rudern dann von Zeit zu Zeit, in verläßlichem Rhythmus, noch andere Literaturtäter mit.

Zu fassen sind sie am ehesten unter dem Begriff »soziokulturelle Zentren«. Da gibt es den Frauenbildungszentrum »Hilfe zur Selbsthilfe« e.V., hervorgegangen 1991 aus der Frauenbewegung der DDR. Er bietet für Frauen von Frauen Hilfe zur Selbsthilfe, Begegnungs- und Bildungsmöglichkeiten durch Kurse und Seminare in vielfältigen Bereichen. In der Sparte Literatur werden Kurse »Kreatives Schreiben« angeboten sowie Vortragsreihen zu Literatur und Lesungen. Auch über eine kleine Bibliothek verfügt das FBZ.
Ferner wären an dieser Stelle zu nennen die Kreativitätsschule Dresden, eine Freizeiteinrichtung für Kinder, Jugendliche und Erwachsene, deren Ziel es ist, die allseitige Entwicklung der Persönlichkeit auf musischem Gebiet zu fördern und beispielsweise durch das Kursangebot »Ich schreibe mein Buch« zu eigenen Aktivitäten anzuregen, sowie das Kreativ Studio Zschernitz, das im Rahmen seines »Literaturzentrums Dresden« durch Lesungen, Werkstatttage sowie Autoren- und Buchvorstellungen zur Verbreitung von Literatur beiträgt.
Auf den meisten muskelkraftbetriebenen Wasserfahrzeugen gibt es ja zur Vereinfachung auch noch den Steuermann, und einen solchen hat sich Ende 1994 dann auch die Dresdner Mannschaft ins Boot geholt. Der Dresdner Literaturbüro e.V. wurde gegründet als Entwicklungs- und Kooperationszentrum des literarischen Lebens in Dresden von Vertretern der Kulturverwaltungen auf Landes- und Kommunalebene, der Autorenvereine, der Städtischen Bibliotheken Dresden, des Dresdner Buchhandels und der Universität Dresden. Ziel des Literaturbüros ist es, die literarischen Aktivitäten in der Region Dresden zu bündeln und gegebenenfalls zu begleiten, den Stellenwert der Literatur im öffentlichen und privaten Lebensraum zu erhöhen, ein anregendes Forum für jedermann zu schaffen und Anlaufstelle für gestandene wie für beginnende Autoren zu sein. So wird seit Februar 1996 in Kooperation mit weiteren Literaturveranstaltern im Verlag Die Scheune ein monatlicher Veranstaltungskalender herausgegeben, der die literarischen Aktivitäten in der Stadt im Überblick darstellt. Ein regelmäßig stattfindender, öffentlicher Autorenstammtisch ist ebenfalls geplant. Neben der Steuertätigkeit packt der Verein aber auch beim Rudern mit an: die Projekte des Literaturbüros sollen Schriftsteller und Literaturinteressierte gleichermaßen ermuntern und fördern sowie Einblicke in die zeitgenössische Literaturwelt bieten.

Seit September 1995 gibt es eine Reihe »Stipendiaten lesen in Sachsen«, innerhalb derer im bundesdeutschen Raum geförderte Autoren – meist internationale Newcomer unterschiedlichster couleur – vorgestellt werden. Ende 1995 wurde eine Veranstaltungsreihe »Autorenaustausch« in Zusammenarbeit mit den Literaturbüros in Nordrhein-Westfalen begonnen. Seit 1996 richtet das Literaturbüro im Zweijahresturnus in Kooperation mit sächsischen Autorenvereinen, mit weiteren Literatur- und Kulturvereinen, mit den Städtischen Bibliotheken, öffentlichen und privaten Stiftungen, der Dresdner Stadtverwaltung, dem Sächsischen Staatsministerium für Wissenschaft und Kunst, dem Deutschen Literaturfonds, Dresdner Theaterhäusern, polnischen und tschechischen Einrichtungen der Kultur und der Literatur u.a.m., federführend die Erich-Kästner-Tage, die Deutsch-Polnischen-Literaturtage und einen binationalen Lyrikwettbewerb für Dichter aus je einem osteuropäischen Nachbarland und der Bundesrepublik aus. Darüber hinaus sollen langfristig ein »Talentschuppen« für Schreib- und Erzählbegeisterte sowie eine Literatursendung im Regionalfernsehen ins Leben gerufen werden.
Man sieht, es wird gerudert, aber das Boot ist klein. Für die Olympischen Spiele besteht noch keine Qualifikation, doch die Mannschaft trainiert hart. Es muß daran erinnert werden, daß die Quelle und die Hauptlast allen Literaturvergnügens, nämlich die Hervorbringung der Texte, im Bereich der

BUCHLABOR Prießnitzstraße 19 01099 Dresden

GEDENKMINUTE FÜR MANFRED STREUBEL (1932–1992)
Herausgegeben von Wulf Kirsten, Rudolf Scholz und Michael Wüstefeld
68 Seiten, mit einem Foto und zwei Grafiken von Klaus Drechsler
Broschur, 18 x 25cm, ISBN 3-929693-00-3, DM 19,80

Jens Wonneberger OHORN Roman
2. Auflage 1996, 288 Seiten, mit einem Foto
Leinen mit Schutzumschlag, 14 x 20 cm, ISBN 3-929693-01-1, DM 34,-

Hadayatullah Hübsch EUROPA STÖRUNGSFRIEDEN drei Langgedichte
Leporelloalbum, Pappeinband, 17 x 26 cm,
100 Exemplare, numeriert und signiert, DM 26,- Bezug nur über Verlag

Susanne Altmann FREMDE SONNEN Gedichte 1988 bis 1993
72 Seiten, mit einem Foto, vier Grafiken von Stefan Voigt
Leinen mit Schutzumschlag, 14 x 20 cm, ISBN 3-929693-04-6, DM 24,-

LIEFERBARE BÜCHER

Olaf Velte NIEDRIGER ACKERGANG Gedichte
64 Seiten, mit einem Nachwort von Günter Ohnemus
Leinen mit Schutzumschlag, 14 x 20 cm, ISBN 3-929693-08-9, DM 24,-

Anna Gudera, Hadayatullah Hübsch VOM RICHTIGEN UMGANG MIT LICHT
Gedichte und Collagen, 64 Seiten, Leinen mit Schutzumschlag
14 x 20 cm, ISBN 3-929693-02-X, DM 30,-

andreas s. berndt: von regen von erinnerung von ursachen systematische poesie
144 Seiten, mit einer Leseanleitung, Leinen mit Schutzumschlag
14 x 20 cm, ISBN 3-929693-09-7, DM 30,-

Caroline Hartge PTOLEMAIN / DIE NARRATIVE MASCHINE zwei Fragmente
144 Seiten, Leinen mit Schutzumschlag,
14 x 20 cm, ISBN 3-929693-06-2, DM 30,-

Jens-Uwe Sommerschuh DAS BUCH AMASIS Kolumnen
2. Auflage 1996, 180 Seiten, mit einem Foto, Broschur
11,5 x 19 cm, ISBN 3-929693-05-4, DM 18,-

Jens-Uwe Sommerschuh CARCASSONNE Roman
240 Seiten, Festeinband mit Schutzumschlag
14 x 20 cm, ISBN 3-929693-10-0, DM 32,-

ASCHE Die Antworten des Tronje Wagenbrant Roman
Herausgegeben von Viktor Kalinke, 208 Seiten, Leinen mit Schutzumschlag
14 x 20 cm, ISBN 3-929693-07-0, DM 30,-

ZEITSCHRIFT FÜR ANGEWANDTES ALPHABET UND KUNST
Herausgegeben von Theo Köppen und Peer Schröder
Nachdruck der Buchstaben A bis Z, 736 Seiten mit Register
Leinen, 15 x 21 cm, ISBN 3-929693-11-9, DM 64,-

WARTERÄUME IM KLEE Anthologie der Unabhängigen-Schriftsteller-Assoziation (ASSO)
Herausgegeben von Holger Oertel, Volker Sielaff und Norbert Weiß
272 Seiten, Broschur, 14 x 20 cm, ISBN 3-929693-03-8, DM 19,80

IN VORBEREITUNG

Thomas Kupsch TENDENZEN IM SCHAFFEN DER JUNGEN DRESDENER KOMPONISTENGENERATION Essay und Interviews
Leinen, 14 x 20 cm, 80 Seiten, 3-929693-12-7, DM 24,-

Andreas Hegewald, Lutz Fleischer, Petra Kasten LEITWOLFVERLAG 1983–1996
14 x 20 cm, 238 Seiten, Leinen mit Schutzunschlag, 3-929693-13-5, DM 33,-

Dieter Krause VERGLEICHEN SIE IHRE GOLDGELBE HAUT IM SPIEGEL
Gedichte, 64 Seiten, mit vier Grafiken von Markus Retzlaff
14 x 20 cm, Leinen mit Schutzumschlag, 3-929693-14-3, DM 24,-

Anna Gudera, Hadayatullah Hübsch DIE TIEFEN SIND NUR DEM DUNKEL DER ANGST HAT IN SIE EINZUTAUCHEN Texte und Collagen
104 Seiten, 21 x 27 cm, japanische Blockbindung, 3-929693-15-1

freien Szene liegt. War es den Angehörigen der schreibenden Zunft zu DDR-Zeiten noch möglich, den Lebensunterhalt mit ihrer Kunst zu verdienen, so ist der heutige »Durchschnittsautor« gezwungen, entweder einer anderen Hauptbeschäftigung nachzugehen oder als konsequenter Berufsschriftsteller nach Stipendien, Arbeitsbeihilfen, Lese- und Publikationshonoraren u.a. zu jagen. Sich selbst zu verkaufen geht nicht jedem leicht von der Hand. Selbst mit verlegten Büchern hat ein Autor finanziell nicht viel gewonnen. (Die Gewinnspanne im Buchgeschäft – vor allem für den geistigen Urheber – ist wegen des Materials und der Verbreitungsmöglichkeiten sehr niedrig.)
Wer grundsätzlich einen Sinn dafür hat, welche Schlüsselfunktion der Literatur bei der Persönlichkeits- und Gesellschaftsbildung, bei der zwischenmenschlichen Kommunikation und dem Transport wesentlicher Werte zukommt, der muß angesichts dieser sozialen, zeitlichen und damit auch künstlerischen »Streßfaktoren« auf Ausgleich bedacht sein. Ohne existentielle Mindestsicherheiten kann es keine fruchtbare Literaturproduktion geben, und ohne diesen Nukleus natürlich langfristig auch keine nennenswerte literarische Präsentation und Distribution.
Aufgabe einer lebendigen Kulturstadt ist es, einen stabilen Literaturmarkt zu schaffen, der einheimischen Schriftstellern Entwicklungsmöglichkeiten bietet und gleichzeitig Anziehungspunkt ist für auswärtige, unbekannte und prominente Autoren, für Buchhandel und Verlage. Die Konkurrenz durch die Bücherstadt Leipzig hat sicherlich von jeher eine große Erschwernis dargestellt; dennoch kann und muß eine aufblühende, im Mittelpunkt vielfältiger kultureller Interessen stehende Stadt wie Dresden Möglichkeiten finden, der Wortkunst neben den Geschwisterkünsten ihren verdienten Stellenwert einzuräumen. Ein wesentlicher Faktor ist hierbei die Verknüpfung von der freien Szene mit öffentlicher Hand und Privatwirtschaft. Förderungs- und Imagefaktoren könnten – durchaus in Zusammenarbeit mit Stiftungen, kulturinteressierten Firmen, Banken und Versicherungen etc. – beispielsweise städtische Stipendien oder Arbeitsbeihilfen für Schriftsteller oder Druckkostenzuschüsse sein. In diesem Sinne wird zum 1. Juli 1996 erstmals eine Stadtschreiberstelle für Dresden ins Leben gerufen, auch um frischen Wind ins Haus zu bringen. Unterstützt werden sollte das Zur-Verfügung-Stellen von Arbeits- und Präsentationsräumen für Autoren und Veranstalter, von

Wohnraum für auswärtige schreibende Gäste sowie das Einrichten einer ausschließlichen Autorenberatungsstelle, wo redaktionelle, juristische und verlegerische Fragen geklärt und Kontakte vermittelt werden können.
Essentiell für Lebendigkeit und Entwicklung ist die Sicherung von Reise- und Austauschmöglichkeiten für Autoren. Auch dem Leser/ Zuhörer kann nicht zugemutet werden, in ständiger Wiederholung nur »Regionalprodukte« live angeboten zu bekommen. Hiesige Schriftsteller sollten ebenso auswärts sammeln und repräsentieren gehen, wie Einflüsse und literarische Reichtümer von außen nach Dresden geholt werden müssen.
Um weiter dem gewünschten Abnehmerkreis für Literatur, ohne den die öffentliche Unterstützung ihrer Herstellung nicht ausreichend sinnvoll sein kann, das Gebotene schmackhaft machen und Schwellenängste nehmen zu können, muß Raum für eine effiziente Lobby- und Öffentlichkeitsarbeit geschaffen werden. Dieser Raum sollte zum einen bei der Kommune selbst, zum anderen bei den Autoren-, Literatur- und Kulturvereinen vergrößert werden. Mittel für kurzfristige Werbefeldzüge vor Veranstaltungen reichen nicht aus, um den Wert und die Vielfalt von Literatur, ihre Bedeutung in jedermanns Leben überzeugend darlegen und somit den Rezipientenkreis beständig erweitern zu können. Die Vereine/Veranstalter müssen über die zeitlichen, d.h. personellen, die räumlichen und die finanziellen Mittel sowie über ausreichende Planungssicherheit verfügen, um diese wichtige Arbeit kontinuierlich verfolgen zu können.
Die freie Szene leistet mehr und mehr das Ihre, um kostensparend ein florierendes literarisches Leben zu etablieren. Man bemüht sich, historisch bedingte Dissonanzen und schädliches Konkurrenzverhalten zugunsten des gemeinsamen Zieles und der Allgemeinheit auszuräumen; ebenso versucht man, durch Kooperation und straffere Organisation ein qualitätsvolles, abwechslungsreiches Literaturangebot zu gewährleisten. Die schönste Belohnung für diese Mühen wäre natürlich ein weiteres Anwachsen des Publikumsinteresses. Und wenn eines Tages, vom Ruderboot zu einem dieser weißen Prachtdampfer gewechselt, der benachbarten Hochkultur kollegial zugewunken werden kann, dann sind die Träume vieler Literaturliebhaber in Erfüllung gegangen.

SIE SIND NOCH DA… VON HASEN UND IHREM RIECHER…

Andreas Körner

Auf den ersten Blick ist es schon ungewöhnlich, daß mein erster Gedanke, nachdem ich vom Buchprojekt »Diesseits der Semperoper« erfahren habe, denen galt, die schon seit einigen Jahren in dieser Stadt im besten Sinne Off-Kultur, Szene-Kultur oder wie immer man es bezeichnen will, organisiert und diesem kräftigen Zweig das Grün eingehaucht haben. Was seit '89 neu in dieser Stadt entstanden ist, kann bestenfalls eine Seite sein, sozusagen 45 Grad des Blickwinkels.

Und doch habe ich ein Problem, ein Problem mit den Namen. Nicht, daß ich sie nicht nennen könnte, beileibe nein, nur möchte ich keinen vergessen, möchte nicht das eine gegen das andere, womöglich noch den einen mit dem anderen aufwiegen, eigentlich nicht Vergleichbares gegeneinander antreten lassen. Ich mag es erst recht nicht, wenn man schreibt: »… stellvertretend seien genannt«.

Lassen wir es einfach so im Raum stehen: Namen sind wichtig und auch wieder nicht. Vielleicht werden sie sogar wichtiger, wenn man sie an dieser Stelle nicht nennt, es gibt ja das Buch… Auch wenn es einige nur ungern glauben mögen: Die Zeitrechnung begann in dieser Stadt nicht erst 1989, auch nicht szene-kulturell.

Eine Stadt hält auf ihre Tradition. Dresden weiß, wie man das macht. Doch nicht alle wollten unter der barocken Dunstglocke schwitzen. Das war eigentlich immer schon so, speziell jedoch in den 80er Jahren, als sich wieder einmal private Initiativen zu regen begannen, als sie ein Eigenleben entwickelten, ohne groß zu fragen nach dem Wie und Was-wird-werden – ein Stamm an Leuten in Kunst, Film, Medien, Veranstaltungswesen, ein Stamm, der heute noch steht. Kein Bäumchen, sondern ein Baum. Und die Macher hatten das, was man in den Zeiten damals genauso wie heute braucht: Hartnäckigkeit, gute Zähne zum Durchbeißen, Luchsaugen für das Suchen und Finden von Nischen, harte Schalen, weiche Kerne.

Da wäre noch eine Dresdner Besonderheit, die ich glaube, entdeckt zu haben: Um ein Multiplizieren von Ideen durch die (zumeist kleinen) Medien brauchten sich die – bleiben wir mal bei – »Macher« keine großen Sorgen zu machen. Man hing zusammen. Und einige von denen, die einst Konzerte, Filme, Performances organisierten, machen heute selbst Zeitung, Stadtmagazin und ähnliches. Andersrum: Leute, die nur »geschrieben und geredet« haben damals, sind heute in einer gänzlich anderen Spur. Aber sie sind noch in der Spur.

Einfach war es nie in dieser Stadt, die Kräfte zu bündeln. Da gab es Lethargie und Eigenbrötlerei, beileibe nicht nur das gemeinsame Ziel. Diese Zerfaserung hatte aber auch ihr Gutes, Dresden hat heute das, was man wohl »Vielfalt« nennen kann. Dresden ist nicht die Stadt, nicht jene Stadt. Das ist gut so. Schwierig war es immer mit dem Menschenschlag hier, der nie ganz offen für Neues und Provokantes war, so schien oder scheinen wollte. Vieles entwickelt sich langsamer, fast könnte man sagen behäbiger. Richtige Feuer brannten nur selten, oft war es ein Glimmen oder ein neues Aufflackern. Einige Wende-Glücksritter von anderswo – beispielsweise unter den Veranstaltern – waren darüber einigermaßen entsetzt. Sie meinten mit flinker Zunge, diese Stadt sei träge, die Leute satt, wo sie doch eigentlich hungrig sein müßten. Die Geduldigen wissen jetzt Bescheid, hier »frißt« man eben nicht alles... Nur wenige »Importe« haben das Leben der Stadt wirklich bereichert, letztlich waren es immer die Dresdner selbst, denen nicht die Puste ausgegangen ist, die den längsten Atem hatten. Und doch kann man leichte Verwunderung darüber nicht verbergen, daß keinesfalls – wie vielleicht erwartet – in den 90ern all jene plötzlich auftauchten und vor Energie aus der Jacke fielen, die angeblich die Jahre zuvor »nie durften«, weil »nie was ging« und alles »verhindert wurde«. So viele waren das am Ende nicht. Geschafft haben es zumeist die alten Hasen, die mit ihrem Riecher einige junge in die Spur geschickt haben. Oder eben gleich »the next generation«.

Man hat mich immer wieder gefragt, ob ich nicht auch weg wolle aus dem »Tal der Ahnungslosen«. Nein, ich hatte da so eine Ahnung... Entgegnet habe ich fast immer den selben Spruch: Es sind die Leute, das Häuflein, der Stamm – solange die noch da sind, bleibe ich auch, denn so fühle ich mich wohl. Und heute gehe ich ins Kino, ins Rockkonzert, zum Jazz, in die Galerie – und sie sind da. Sie machen's noch, und ich auch – diesseits der Semperoper...

MAN ARBEITET ZUSAMMEN

Als im Oktober 1989 die Mauer fiel, war ich einer der Auslandsdeutschen, die in Amsterdam lebten. Den ganzen Morgen ging das Telefon. Den Fernseher schalteten wir nicht mehr aus. Keiner meiner deutschen Freunde ging an diesem Tag zur Arbeit. Blödsinnigerweise standen mir konstant die Tränen in den Augen, und ich fühlte mich plötzlich unangenehm »deutsch«. Keine zehn Pferde hätten mich damals in die BRD zurückgebracht, doch innerhalb weniger Tage war meine Entscheidung gefallen: Ich würde alles daransetzen, in der ehemaligen DDR Arbeit zu finden. Also bewarb ich mich an Theatern im Osten Deutschlands zunächst als Trainer und Probenleiter mit choreographischen Aspirationen. Einladungen kamen aus Dresden und Leipzig. Es war mein erster Besuch in der DDR. Ich reiste per Zug und bekam auf der sechszehnstündigen Fahrt fast heimatliche Gefühle: Doch nicht bezüglich Deutschlands, nein, die grauen Städte, der bauliche Zustand der Häuser und das Aussehen der Grünanlagen erinnerte mich an meine Studienzeit in New York, an die Außenbezirke dieser Fünfzehnmillionenstadt, an Brooklyn und Washington Hights, wo ich 1984-85 gewohnt und gearbeitet hatte. Ein seltsames Gefühl, diesen ehemals sozialistischen Staat mit einer der kapitalistischen Städte der Welt in Verbindung zu bringen... wenn auch nur äußerlich.

Ich hatte bisher vor allem in der freien Szene der Niederlande und der Schweiz gearbeitet, mit einzelnen choreographischen Eskapaden an sogenannten festen Häusern. In Dresden bot sich mir das Bild eines klassischen Ballettensembles mit der Überzeugung, sehr modern zu sein. Nun, das war vielleicht auch so, doch die Modernität des Dresdner Tanzes hatte mit meinem modernen Verständnis absolut nichts zu tun. Sie erschöpfte sich in einer Tradition, die formal so gut wie tot war, umso lebendiger jedoch als Philosophie bei den Tanzschaffenden lebte. Es gab einige wenige sogenannte »Freie«: Hanne Wandtke, Fine Kwiatkowski. Natürlich auch Arila Siegert am Schauspielhaus. Doch das, was an modernem Tanz von diesen und an Anderen gezeigt wurde, war für mich das Exotischste, was ich bisher auf diesem Gebiet gesehen hatte. Ich schloß und schließe mich nicht den West-Meinungen an, diese Formen seien schlicht veraltet und unzeitgemäß. Doch es kostete mich sicherlich zwei Jahre, bis ich verstand. Solange dauerte es nämlich, bis ich mir auf die Dresdner Mentalität einen Reim machen konnte.

Doch ich greife vor. Als nächstes initiierte ich die erste freie holländische Produktion (und wahrscheinlich auch die letzte!) an der Semperoper. Ob ich eine Anstellung bekommen könnte, konnte mir bei meiner Ankunft in Dresden schon niemand mehr sagen. Alles veränderte sich damals rapide, ja täglich. Also überzeugte ich die niederländischen Subventionsapparate, daß ich ihre Mittel für eine Produktion mit Dresdner Tänzern verwenden würde, mit Premiere in Amsterdam, versteht sich. Nun... bis es soweit war, gab es keine DDR mehr. Währungsunion und Wiedervereinigung hatten mich in eine

Falle gelockt, und ich arbeitete zum ersten Mal in meinem Leben in der BRD! Als der neue Intendant Christoph Albrecht an die Semperoper kam, hörte er von einem »Verrückten«, der mit den Tänzern in ihrer Freizeit arbeitete. »Den will ich mir doch mal angucken!«, so seine eigenen Worte. Daraufhin lud er mich ein, eines meiner Stücke an dem Abend zu zeigen, an dem sich die Auswahl der Bewerber für den Posten des Ballettdirektors vorstellten.
Aus dieser Phase will ich nur ein kurze Anekdote erzählen, die meine eigene Position bezüglich Theater in der Konfrontation mit dem berühmten Dresdner (!) Opernhaus treffend umkreist: Ich hatte für meine Choreographie »Inneres Kreisen« das Bühnenbild zusammen mit zwei Freunden selbst entworfen und eigenhändig gebaut. Es handelte sich um einen Plexiglaswürfel mit einem Meter Seitenlänge, in dem eine Glühlampe leuchten sollte. Es war zur Bauprobe auf der Bühne der Semperoper. Der Würfel sollte genau in der Mitte direkt hinter dem Portal hängen. Als er dort befestigt war, wollte ich natürlich sehen, wie das mit brennendem Licht aussieht. Ich bat um einen Schraubenzieher, um die Rückwand des Würfels abzunehmen und die Glühlampe hineinzudrehen. Doch das verweigerte man mir: ich dürfe das nicht, weil ich kein Lichttechniker sei. »Ich habe dieses Ding selbst gebaut.«, sagte ich. »Egal!«, entgegnete man mir. »Dann machen Sie es doch bitte.« »Dürfen wir auch nicht. Wir sind Bühnentechniker, kein Lichttechniker.« Nun, es gab nur einen Lichttechniker im Haus, der Dienst hatte. Es dauerte etwa zwanzig Minuten, bis er gefunden war. Er schraubte unter meinen Anweisungen den Würfel auf, installierte die Glühbirne und schraubte ihn wieder zu, was weitere zehn Minuten dauerte. Dann wollte ich Strom. »Oh!«, sagte der Lichtmann. Er schaute nach oben, dann nach oben links, dann nach oben rechts. »Der Würfel hängt wohl genau in der Mitte?« »Ja, genau in der Mitte!« »Das ist schlecht.« »Nein, das ist gut, genau richtig so.« »Ja, aber wer ist jetzt zuständig: rechte Bühnenseite oder linke Bühnenseite.« Ich war nicht nur überfragt, sondern auch so perplex, daß ich vor lauter Mühe, einen Lachanfall zu unterdrücken, nicht einmal wütend wurde. Bühne rechts oder Bühne links. Ich fand heraus, daß der Mann zur Bühne rechts gehörte und bestimmte, daß der Würfel ab jetzt »Bühne rechts, mittig« installiert war. Es dauerte fast fünfundvierzig Minuten, bis die Birne im Würfel brannte. Ich war fix und fertig.

Es gab natürlich noch mehr, was ich als sehr ungewöhnlich empfand: Konzeptionsbesprechungen im intimen (!) Kreis – anwesend: fast zwanzig Leute. Tänzer, die Karriereperspektiven für die nächsten zwei Jahre wollten, wobei es eine Lüge gewesen wäre, wenn ich behauptete hätte zu wissen, was genau ich in sechs Monaten choreographieren würde. Ich verwarf bei einer Choreographie mehrmals Musik und Schnittmaterial, was mir als unprofessionell angelastet wurde; ich war es so gewohnt, wenn ich etwas nicht gut fand, und handhabe es bis heute so. Diese Geschichten zeigen sehr deutlich, warum ich meine Position als Ballettdirektor nicht verteidigen konnte: Ich war ein naiver Praktiker. Ein Praktiker bin ich immer noch, doch nicht mehr naiv. Und die Lektionen, die mir die Naivität ausgetrieben haben, habe ich von den Dresdnern erhalten. So etwas verbindet, und ich muß sagen, daß ich – trotz »Rauswurf« aus der Oper – kaum an meiner Entscheidung zweifle, in Dresden zu bleiben. Im Oktober 1992 fand ich mich also in der freien Szene wieder. Freiwillig – unfreiwillig? Das kann ich so nicht beantworten. Meine Entscheidung hatte andere Grundlagen. Ich war auf die Schnauze gefallen. Ich wollte dort, wo ich gefallen war, auch wieder aufstehen. In Dresden wieder eine feste Anstellung zu bekommen, konnte ich mir abschminken. Dennoch: meine Entscheidung war eine Entscheidung für Dresden.

Freie Szene – Frei? Ja. – Szene? Nein. Es gab sie nicht, und bis zum heutigen Tag ist es sehr zweifelhaft, von einer freien Dresdner Tanzszene zu sprechen. Ein Kollege von mir »errechnet« freie Arbeit nach den Geldmitteln, die bei einer Produktion pro Zuschauer verwendet werden. Ich meinte einmal, daß man in der freien Szene die Freiheit hat, seine Abhängigkeiten zu wählen. Das ist alles natürlich ausgemachter Humbug. Frei ist der, der sich um all dies nicht schert. Es gibt nicht mehr als eine Handvoll Tänzer, die in Dresden wirklich frei arbeiten, das heißt nur von Honorarverträgen leben. Es gibt in Dresden nur ab und zu ein offenes Training, das man professionell nennen kann. Proberäumlichkeiten sind zu klein, zu kalt, zu wenig. Ein Theater, das sich des freien Tanzes im besonderen annimmt bzw. über alle Voraussetzungen dafür verfügt, gibt es auch noch nicht. Trotzdem wird produziert, und das nicht zu wenig. Ich denke, daß in Dresden sicherlich zehn Tanz- und Bewegungstheaterpremieren jährlich außerhalb der festen Häuser zu bewundern sind. Wer macht denn so was ohne die normalen Voraussetzungen? – Ich zum Beispiel und einige andere, die einen Narren an dieser Stadt gefressen haben. Denn trotz derjenigen, die zu viel und doch nicht genug haben, gibt es für die, die fast nichts und deshalb zu wenig haben, einen bestechenden Umstand in der Sächsischen Landeshauptstadt: Man arbeitet zusammen. Die Großen helfen den Kleinen, wenn sie können, und die Kleinen helfen sich gegenseitig, weil sie müssen. Das klingt logisch, doch trotz meiner Arbeit in cirka zehn europäischen Städten habe ich so eine Haltung noch nirgends erlebt. Die Dresdner lieben ihre Kunst, und zwar nicht nur an der Semperoper und im Großen Haus.

Dennoch habe ich manchmal Angst vor Dresden. Das Traditionsbewußtsein ist sehr tief verankert, doch welche Traditionen werden gepflegt? Wagner, Strauss, Karl May, Wigman, Hellerau und natürlich viele andere… Doch einige der schöpfenden Künstler, auf die sich Dresden heute beruft, hatten kein ungetrübtes Leben in unserer Stadt. Die meisten gingen dann irgendwann… aus Frustration, manche aus Verzweiflung. Unsere Zeit stellt das Resultat und die Wirtschaftlichkeit des künstlerischen Produkts immer mehr in den Vordergrund. Eine gefährliche Entwicklung, die ich mit viel Magenschmerzen verfolge. Doch wenn diese Entwicklung der konservativen Traditionspflege die Hand reicht, dann lacht der Dritte nicht mehr: der Künstler. Es gibt eine nicht zu vernachlässigende Grundwahrheit bezüglich Kunst: Wer die Kunst pflegen will, muß den Künstler pflegen. Ich klage nicht. Aber ich habe Angst. Natürlich bin ich nicht der Einzige. Alle haben Angst, und nicht nur die Künstler. Und außerdem wäre es dumm, zu sagen, es sei irgendwoanders besser, denn das stimmt nicht. Uns Künstlern geht es im Vergleich zu anderen deutschen und europäischen Städten in Dresden gut. Trotzdem muß ich ab und zu raus, woanders arbeiten. Und wenn ich dann zurückkehre, bin ich froh mit meiner Wahl. Doch das hält mich nicht davon ab, für den Erhalt und die Entwicklung des Positiven in dieser Stadt zu kämpfen; im Gegenteil: ich sehe dies als einen Beitrag.

Johannes Bönig: **1960** in Neustadt an der Weinstraße geboren **I** Studium des Bühnentanzes in Hannover, Rotterdam und New York **I** Als Tänzer, Choreograph und Dozent in Rotterdam, Groningen, Amsterdam, in der Schweiz und in Österreich **I** Seit **1990** an der Semperoper und seit **1992** freischaffender Tänzer und Choreograph in Dresden. **I** Wichtigste Choreographien: »Traumpark« 1983, »Lizard's Dream« 1986, »Inneres Kreisen« 1991, »Hirten der Sonne« 1995, »Freitag aus Licht« 1996

IM TANZ LIEBE ICH DAS LEBEN

Gabriele Gorgas

Es gibt kaum eine vergleichbare Kunst, in der sich die Seele so aufbäumt wie im Tanz. Ohne Worte, nur mit der Sprache des Körpers. Und kaum eine Kunst ist so verletzlich wie der Tanz, untrennbar mit jenem verbunden, der seine Haut auf diese Weise zu Markte trägt. »Ich suche mein letztes Gesicht. Der Tänzerin letztes und einmaliges Gesicht. Ein Gesicht, welches den Betrachter festhält und bewegt. Es muß mitteilen, aufzeigen, auslösen mit einer klaren Sprache.« Die Tänzerin und Choreographin Dore Hoyer, 1930/31 an der Palucca Schule ausgebildet, dann Mitglied der Mary-Wigman-Tanzgruppe, verläßt Dresden 1948 voller Resignation. Wenig Raum und Mittel gab es inmitten barocker Kulisse für ihre ungeschönte, authentische Kunst, ihre tanzpädagogische Arbeit. Jahrzehnte später, 56jährig, nimmt sie sich das Leben: »Wenn ich die Welt liebte, so wie sie ist, wäre sie mir ja lebenswert. Aber sie bedeutet mir nur Schrecken. Das Leben ist herrlich, wenn ich es erlebe in seiner Fülle. Solange ich tanzte, war Fülle. Im Tanz liebe ich das Leben.«

Es ist zu allen Zeiten charakteristisch für Dresden, daß dieser Ort den Boden bereitet für experimentelle, aufbrechende Kunst, wie in gleicher Weise jenen die Flügel gestutzt werden, die zum freien Flug ansetzen. Wer allerdings heute als Tänzer und Choreograph in einer freien Gruppe arbeiten will oder ein Projekt ohne finanzierende institutionelle Zuordnung plant, der kann es durchaus tun. Nur wird er selten Unterstützung erhalten. Sich im bürokratischen Beantragungsgefüge zurechtzufinden, ist Sisyphusarbeit. Und auch der Goldsee privater Sponsoren ist voller Untiefen. Da bleibt überhaupt wenig Zeit für die rein künstlerische Produktion.

Dennoch fanden sich in den vergangenen Jahren nach und nach freie Gruppen in der Stadt zusammen. Zum einen sind es »versprengte« Künstler, die ihre Compagnien gewollt oder ungewollt verlassen haben. Zum anderen Tänzer aus der freien Szene, ohne feste Engagements, die nach einer künstlerisch akzeptablen Überlebenschance suchen. Es gibt ebenso ein Potential an Tänzern und Choreographen, die sich aus gesichertem finanziellen Rückhalt heraus auf das Experimentierfeld wagen sowie Studenten und Schüler künstlerischer Fachrichtungen, die in Projekten zusammenarbeiten.

Beispielsweise in der totgesagten und immer wieder auflebenden Blauen Fabrik. Sie war und ist erneut ein Ort, an dem sich unter anderen Musiker, Tänzer, bildende Künstler zu freier Improvisation treffen. Daß das Lebensflämmchen der Blauen Fabrik nicht verlöscht, dafür sorgen besonders Hanne Wandtke und mit ihr junge Musiker wie Hartmut Dorschner und Matthias Macht. Von Hanne Wandtke, jetzt Professorin an der Palucca-Schule, gehen überhaupt viele Impulse für das Tanzgeschehen jenseits der großen Häuser aus. Sie zerfetzt sich buchstäblich seelisch wie physisch für jede Art reibungsvolle Kunst, gibt Rat und Hilfe. Inspirationen für ungewöhnliche Kunstprojekte kommen auch von der Sängerin Annette Jahns, im Zusammenwirken beispielsweise mit der Tänzerin Carla Börner oder der Malerin Angela Hampel.
Einer, der nie in die starren Strukturen eines Ballettbetriebes passen wollte, ist der bei Marianne Vogelsang ausgebildete Tänzer und Choreograph Manfred Schnelle. Zu DDR-Zeiten entdeckte er Kirchen als geschützten Raum für seine Auffassung von Tanz, ist auch heute manchmal noch in einer Aufführung zu erleben. Schon viele Jahre ist Manfred Schnelle mit dem Schritt-Vokabular von Tänzen vergangener Epochen wie Pavane, Menuette oder Gavotte befaßt, widmet sich diesen mit dem Ensemble Dresdner Hoftanz und gibt sein Wissen um die gewesene »Kultur menschlicher Würde« auch in Kursen weiter. Manfred Schnelle ist immer in Bewegung, ermutigt, hilft, regt zu Produktionen an. Man könnte ihn als das gute Gewissen der Vogelfreien, sich hart Durchsetzenden bezeichnen: »Es ist wichtig, die Mark, die man hat, zu teilen.«

Sollte irgend jemand einst eine Tanz-Topographie der freien Szene Dresdens austüfteln, wird er wohl einen großen Bogen um das Zentrum abzirkeln müssen. Spielstätten wie projekttheater, Kleine Szene, Theater in der Fabrik, Festspielhaus Hellerau, Blaue Fabrik oder auch kurzzeitig und hoffentlich bald wieder der Festsaal von Pfund's Molkerei bekämen rote Punkte als besonders wichtige Orte. Ebenso durch Aktionen neu erschlossene Räume wie zum Beispiel ehemalige Militärgaragen im Norden der Stadt, geöffnet durch die Kunstfest-Performance des off-off-Theaters Konstanz von Inge Mißmahl.

Neubewertet auch Yenidze, Erlweinspeicher, Brückenbögen oder Bienertmühle. Sie spielen in den chronologischen Abläufen eine Rolle. Besondere

Tanzperformance im Erlweinspeicher 1993, Leitung: Leonore Welzin

Bedeutung kommt ohne Frage der jährlich stattfindenden Internationalen Tanzwoche zu, die neben Gastspielen auch Eigenproduktionen vorstellt sowie gefragte Workshops veranstaltet: ein Forum freier internationaler Gruppen.

1992 gab es die erste, zunächst vom projekttheater veranstaltete Internationale Tanzwoche, initiiert von Julius Skowronek. Ihr Programm ließ aufmerken. Besonders einprägend war die Performance in der Yenidze, dem ehemaligen Tabakkontor, eine Inszenierung von Leonore Welzin. Für viele die einzige und letzte Begegnung mit dem wohl ungewöhnlichsten Bauwerk Dresdens in seinem ursprünglichen Zustand. Im Jahr darauf zog es das Publikum in Scharen zum Erlweinspeicher, der durch die Performance »Brikett & Co« erschlossen wurde. Man erinnert sich: Fische im trüben Elbwasser, ein einsames Pflänzchen im Lichtkegel, Brikett-Thron mit gerupfter weißer Dame, die Fußwaschung…

Sorokins »Obelisk« in der Inszenierung von Carsten Ludwig vor dem Portikus des Festspielhauses Hellerau, als Produktion zu den Dresdner Musikfestspielen 1993, setzte ein Achtungszeichen für Performancekunst in der Stadt. Im Jahr darauf bezog sich ein mit internationalen Gastspielen ausgestattetes Fest in Hellerau, initiiert vom Förderverein für die Europäische Werkstatt für Kunst und Kultur, gar ausschließlich auf diese offene Kunstform. Mittlerweile

»Hirten der Sonne«, Inszenierung: Johannes Bönig

gastieren im Festspielhaus kontinuierlich Tanzgruppen aus der freien Szene. Spektakuläre Aufführungen wie die Tanzbühnen-Produktion »Grauzone« von Derevo entstanden unmittelbar in Korrespondenz zur Geschichte des Hauses.

Als Teil des Projektes »Leben in geschlossenen Räumen« gab es im Juni 1994 die 3. Internationale Tanzwoche unter dem Gedanken »Triebräume«. Hier stellte Johannes Bönig, nach »Nebelnässe mit Glättebildung«, mit »Schattenland« eine weitere Produktion in der freien Szene vor, die erste des Vereins zur Förderung der Tanzbühne Dresden. Aufsehen erregte damals das Stück »Déjà vu« von Karin Stefani und Paul Jonker aus Amsterdam. Die mehr schauspielerisch geprägte Performance »Krafträume« führte ins Heizkraftwerk Dresden-Cotta. Diese freien Produktionen an verschiedensten Punkten der Stadt fanden und finden immer wieder reichlich Publikumsre-

»Déjà vu«, Inszenierung: Karin Stefanie

sonanz. Man kann sich daran gewöhnen, obwohl die Finanzierungskämpfe im Hintergrund für die Veranstalter der Tanzwoche das erträgliche Maß permanent überschreiten. Inzwischen hat sich wohl aber eine gewisse Akzeptanz durchgesetzt. Unbedingt erwähnenswert ist die Aufführungsfolge 1995 im projekttheater mit Improvisationsabenden von Hanne Wandtke, Manfred Schnelle, Fine Kwiatkowski, Iris Sputh und Reiner Feistel: Soli voller Eigenständigkeit, gezeichnet vom schonungslosen Umgang mit sich selbst. Diese für Dresden Unverzichtbaren tanzen sich buchstäblich die Seele aus dem Leibe…

Ausgehend von Iris Spuths sowie Peter Kühnels »ArTraum«-Produktion im Ernemann-Bau 1993 fand sich eine weitere Gruppe zusammen. Das »ExisTanzTeam« machte zunächst mit einem Zarah-Leander-Abend im Festsaal der Pfund's Molkerei auf sich aufmerksam, formierte sich im Theater in der

Fabrik zum »Stuhl-Gang« und ist einbezogen in TiF-Projekte wie »Tanzpalast« und die Geschichte von Jekyll/Hyde. »Wir haben uns bewußt auf eigene Füße gestellt, auch um die Auseinandersetzung zu suchen,« äußerte Iris Sputh 1995. »Es ist der schwierigere, aber für uns bessere Weg. Wir können zeigen, mit wieviel weniger Mitteln als die großen Häuser, sparsamer und vielleicht konkreter nachgedacht, man ein Ereignis schaffen kann. Der Zuschauer soll sich fragen, was er mit seinem Leben macht, ob es möglich ist, aus Träumen heraus eine Kraft zu entwickeln.«

Die Entwicklung der vergangenen Jahre ist nicht denkbar ohne das Voranschreiten einiger selbstbewußter Dresdner Künstler. Dazu gehört zweifellos Arila Siegert, die im Loslösen vom Ballett der Staatsoper Dresden schon frühzeitig mit dem von ihr begründeten Tanztheater am Staatsschauspiel den Weg auch für freie Tanzproduktionen bereitete, obwohl sie selbst noch in der Struktur eines Staatstheaters arbeitete. So blieb es für sie und die Stadt nicht ohne schmerzliche Folgen, als sie im Oktober 1991 ihren letzten Dresdner Soloabend »Fluchtlinien« herausbrachte, bezeichnenderweise mit dem 1942 von Mary Wigman geschaffenen Stück »Abschied und Dank«. Sie verließ den Ort, der ihr keine Existenz mehr gab und einen Abschied ohne Dank aufzwang. Möglicherweise kehrt sie eines Tages mit neuer Inspiration zurück.

Als 1990 in Dresden ein deutsch-deutsches Tanzsymposium zu jüngsten Entwicklungen stattfand, wurden viele Ängste genannt und Hoffnungen. Beides hält sich heute in der Erfüllung oder Veränderung offensichtlich die Waage. Als selbständiges Institut konnte sich die Palucca-Schule behaupten, erhielt den Status einer Tanzakademie. Und die Tanzszene, die damals noch kaum eine Rolle spielte, kämpfte sich zu Licht und Publikum durch. Wichtige Arbeit leisten beispielsweise Frank Schönfelder mit dem Tanzhaus Friedrichstadt, nunmehr in einem neueren Domizil, oder Kerstin Dietze mit dem choreographischen Theater »Unterwegs« an der Jugendkunstschule im Schloß Albrechtsberg. Hingegen gibt es heute das Tanztheater von Arila Siegert nicht mehr, und manche Entwicklung vom Ballett Dresden der Sächsischen Staatsoper lehrt uns das Gruseln. Zu hoffen ist, im »ArTraum«-Projekt mit dem Jandl-Zitat belegt: »... etwas bleibt offen – ein spalt, durch den kann man versuchen, kontakt aufzunehmen von zelle zu zelle.«

DAS STEINERNE ZELT

Detlev Schneider

Man vergegenwärtige sich folgendes zeitliche Zusammentreffen in Dresden: An Sempers Hofoper setzt sich Max Reinhardts Uraufführung von Strauss-Hofmannsthals spät-schwülem »Rosenkavalier« in kokette Konkurrenz zur pompösen Selbstinszenierung dieser neorenaissancenen Schauburg, – und oben auf dem Heller treffen sich vor dem provokant puristischen Portikus von Tessenows Festspielhaus weit angereiste Gäste. Georg Bernhard Shaw, auf der Höhe seines Ruhms; Konstantin Sergejewitsch Stanislawski, Gründer des in ganz Europa gastierenden Moskauer Akademischen Künstlertheaters, Paul Claudel, katholischer Dichter, Surrealist und Generalkonsul der Französischen Republik in Hamburg; Upton Sinclair, mit dem nach heutigem Urteil die moderne amerikanische Literatur beginnt; Serge Diaghilew, Impresario der Ballets Russes, Fürst Wolkonsky, Generalintendant der St. Petersburger Hoftheater, der junge Leopold Jessner, später Intendant des Großen Schauspielhauses in Berlin, sowie eine ansehnliche Reihe avancierter Theater- und Musikpublizisten. Sie sind angereist, um Glucks »Orpheus und Eurydike« in der »Bildungsanstalt für Musik und Rhythmus E. Jaques Dalcroze« zu sehen, das Kernstück des 2. Schulfestes dieses Institutes im Juni 1913. Und mit ihnen kommen in diesen zwei Wochen über 5000 Interessierte aus ganz Europa in die Mustersiedlung Hellerau bei Dresden. Um den Ort dieses Geschehens wußten vor drei, vier Jahren nur noch die Historiker einiger Künste, die Tanz- und die Theaterwissenschaftler zum Beispiel, hatten hier doch Mary Wigman, Marie Rambert und Suzanne Perrotet studiert. Hellerau war Ausbildungsstätte einer neuen Bewegungskunst, gab dem modernen Tanz wie dem Theater entscheidende Impulse. Ebenso den Architekten. Tessenows frühes Hauptwerk ging in die Architekturgeschichte ein als Inkunabel der Moderne. Seine Sprache nimmt das Bauhaus um fast zwei Jahrzehnte vorweg, begründet die Ikonographie klarer Flächen und schlüssig funktionaler Formen. Die Erbauer des Rhythmik-Institutes, der Genfer Musikpädagoge Emile Jaques-Dalcroze, der Schweizer Theatertheoretiker und Bühnenbildner Adolphe Appia sowie Wolf Dohrn, kulturpolitischer Promotor und altruistischer Finanzier des Ganzen, wollten der Fremdsteuerung und Vertaktung des Lebens in der Industriegesellschaft durch die Besinnung auf den orga-

Festspielhaus Hellerau

nischen Rhythmus von Körper und Intellekt eine individuelle Kraft entgegensetzen, die sich ihrer selbst im kollektiven Austausch vergewissert. Sensationell der Theatersaal: Fünfzig Meter lang, sechzehn Meter breit und zwölf Meter hoch, ist er ein nobel proportionierter Einheitsraum, strukturiert nur durch seine vier Wände. Erstmals sind Spiel- und Schauraum vereint, programmatisch unterstrichen durch die Beleuchtungsanlage: mit gleichmäßig verteilten siebentausend Glühkörpern. Die schlicht-funktionalen Zuschauertraversen sind mobil, ermöglichen experimentell Zuordnungen zwischen darstellendem Spiel und dem Beteiligtsein der Zuschauer. Die Gartenstadt Hellerau als Mustersiedlung war ein Experiment, das die konstituierenden Bereiche menschlichen Lebens – Arbeiten, Wohnen, Bilden und Feiern – zusammenfassen wollte. Am südlichen Ende des Heller-Hanges verknüpfte die von Karl Schmidt gegründete Möbelfabrik Deutsche Werkstätten erstmalig die

Möglichkeiten maschineller Fertigung mit dem Anspruch einer neuen Ästhetik, fertigte Möbel in preisgünstigen Serien. Die Anfänge des »industrial design« wurden hier gemacht und die Gründung des Deutschen Werkbundes vorbereitet, dessen erster Sekretär übrigens Wolf Dohrn war, der Initiator des Festspielhauses. Die Gartenstadt vereinte die städtebaulichen Bemühungen von Muthesius, Riemerschmid und Tessenow zu einem Ensemble sensiblen Umgangs mit dem landschaftlichen Areal. Reihenhäuser waren in Erbpacht für die Beschäftigten der Möbelfabrik gebaut worden, und in kleineren und größeren Landhäusern lebten Kunsthandwerker, Literaten, Verleger unterschiedlicher Herkunft. Die Weltoffenheit des Ortes war phänomenal. In einer Zeit aufschäumender Nationalismen – der Erste Weltkrieg wurde vorbereitet – wohnten in den Logierhäusern vor dem Festspielhaus nahezu 300 junge Studenten des Instituts aus 15 Ländern, und die Namen derer, die für kürzere oder längere Zeit nach Hellerau kamen, lesen sich wie der Adelskalender der klassischen europäischen Moderne. Dies währte nur ein paar Jahre. Beim Ausbruch des Ersten Weltkrieges wurde die Rhythmusseligkeit überschrien vom Takt der Maschinengewehre und Panzermotoren und den Hurras der Futuristen. Jaques-Dalcroze und Appia gingen in die Schweiz und kamen nie zurück. Die Studenten eilten in ihre jeweilige Heimat. Für das Festspielhaus begann ein Leidensweg, der es in symbolischer Weise zum Zeitzeugen machte. Zunächst als Lazarett genutzt, stand es nach dem Kriege leer. Dann greifen Inflation und Weltwirtschaftskrise: Tessenow initiierte eine Handwerkergemeinschaft, die bald auseinanderbrach. Der Versuch einer Schule für freien Tanz in der Dalcroze-Nachfolge wurde bald aufgegeben. Einige Jahre lang war der Gebäudekomplex Spekulationsobjekt; 1935 soll er Reichs-Opernfestspiel-Ort werden oder Residenz eines weltweit strahlenden NS-Kulturpropaganda-Senders. Der gausächsische Nazi-Kulturfunktionär Tanzmann, Hellerauer übrigens, entdeckte in Tessenows funktionalem Theaterbau den »Prototypen nationalsozialistischer Baugesinnung, in dem der griechische Tempel endgültig eingedeutscht« sei. Schließlich wurde das Gebäude 1937, im Jahr der Ausstellung »Entartete Kunst«, zur Kaserne umgebaut; zunächst der Reichspolizei, dann der SA, schließlich der SS. Nach dem Zweiten Weltkrieg zogen die Sieger ein, die Soldaten der Roten Armee. Sie verließen das Festspielhaus, nachdem sie den Kalten Krieg verloren hatten. Im Sommer 1989 und angesichts des seit Gorbatschows Entspannungspolitik in Gang gekommenen Truppenabzugs bildete sich ein Förderverein, dem inzwischen Mitglieder aus Deutschland, der Schweiz, Frankreich, Österreich, Italien und den USA angehören. Er will das legendäre Haus retten und ein Experimentierfeld der Künste schaffen, mit den darstellenden Künsten als Nukleus. Hier war zu Beginn des Jahrhunderts ein Verständnis von theatraler Begegnung erarbeitet worden, das die leibhaftige Kommunikation meint, und nicht nur die Distribution vorgefertigter Produkte. Die Resonanz dieses Ansatzes bei den neuen Funktionären der Kulturverwaltungen der Stadt und des Freistaates Sachsen war anfangs höchst zögerlich, zuweilen offen mißtrauisch. Der neue Eigentümer nach dem Abzug der Russen gar, das Bundesfinanzministerium, hatte sein Vermögensamt in Dresden angewiesen, eine öffentliche Ausschreibung vorzubereiten. Die kommerzielle »Verwertung« hätte diesen Kulturort endgültig seinem originären Zweck entzogen. In dieser Situation lud der Förderverein zu seinem ersten Hellerau-Fest ein, auf dem prägende Exponenten des Tanztheaters auftraten, aus Israel, Brasilien, Susanne Linke und ihre »Ruhrort«-Inszenierung aus Essen sowie Fine Kwiatkowski. Den Einzug ins Festspielhausgelände, das feierliche Öffnen der Kasernenhaustore nach mehr als einem halben Jahrhundert militärischen Mißbrauchs hatte das Bundesvermögensamt über Monate hin verhindert. Bei gleißendem Sonnenschein strömten aber am 27. September 1992 zweitausend Menschen auf den Platz zum verhaltenen Dialog der Posaunen von Conny Bauer und Friedrich Schenker. Im Mai 1993 präsentierte der Förderverein seine erste eigene Produktion vor Tessenows Portikus als Skene. »Der Obelisk« – eine chorisch-choreografische Collage bitterböser Texte von Wladimir Sorokin. Und im September arbeiteten auf dem Festspielgelände über achtzig Performance-Künstler aus 15 Ländern, machten ihre ganz persönliche Begegnung mit dem Ort öffentlich. Zum Abschluß wurde Tessenows Festspielhaus erstmalig wieder betreten. In einem provisorisch bespielbar gemachten Seitenflügel zeigte eine Compagnie schwarzer Schauspieler, Tänzer und Musiker aus Kamerun ihre Aneignung der »Bakchen« des Euripides. 1994 erhielt der Förderverein vom Sächsischen Finanzministerium eine Besitzeinweisung. Künstler aus nahezu allen Kontinenten arbeiten mittlerweile in immer dichterer Zeitfolge auf dem Festspielhausgelände – ein idealer Ort des Produzierens. Anfragen und Angebote aus aller Welt gehen ein, und besonders berücksichtigt werden Produktionen, die die gefügten Grenzen von Genres durchbrechen. Entgegen dem meist negativ geführten Diskurs sollen ein wesentliches Feld auch die emanzipatorischen Potenzen sein, die von neuen interaktiven Technologien ausgehen. Wir versuchen, den Prozeß der behutsam vorgehenden Sanierung mit dem künstlerischen Arbeiten zu verschränken und so rückwirkend wiederum Einfluß auf das Bauen zu nehmen. Hellerau als selbstlernender Prozeß. Ohne Leistungsdruck und belehrende Hierarchie. Nicht mehr »Laboratorium einer neuen Humanität«, wie seine Gründer überschwenglich wähnten, aber eine umfassende Kommunikationswerkstatt. Offen für vieles und viele. Ein transitorischer Ort. Jemand sprach neulich vom steinernen Zelt.

NEUEM EINE CHANCE BIETEN

Musikstadt Dresden. Überall in der Welt ist das eine Selbstverständlichkeit. Dresden und Musik, das gehört einfach zusammen. Die berühmte Musiktradition der Stadt schafft das stabile Fundament für unser vielfältiges Musikleben. In der Sächsischen Landesbibliothek liegen viele noch unerschlossene Werke, und das zeigt, welch blühende Musiklandschaft Dresden in den vergangenen Jahrhunderten war. Dresden und die Tradition, diese Begriffe gehören für viele Dresdner Bürger ebenfalls untrennbar zusammen. Auf die großen ehrwürdigen Musikinstitutionen der Stadt ist man stolz und das zu

Recht. Sie sind aber nur ein Teil des hiesigen Musiklebens. Andere, jüngere Ensembles können sich da nur schwer behaupten, denn unser Traditionsbewußtsein versperrt mitunter ein wenig den Blick nach vorn und hinaus in die Welt.

Veränderungen im Musikleben der Stadt sind schwer zu machen, für die moderne Musik gibt es zu wenig offene Ohren, obwohl wir mit dem Zentrum für zeitgenössische Musik eine herausragende Einrichtung besitzen.

Ebenso schwer fällt der Versuch, alte Musik in historischer Aufführungspraxis fest im Musikleben der Stadt zu verankern. So manche bahnbrechende internationale Entwicklung auf diesem Gebiet wird hier kaum wahrgenommen. In mir ruft dieser Zustand etwas Sorge hervor – denn neue Impulse schaffen auch neue Räume zur Entwicklung und Entfaltung.

In den letzten Jahren haben sich zahlreiche Musikensembles der Stadt verheißungsvoll entwickelt und bereichern das Musikleben der Stadt nachhaltig. Viele Initiativen sind von unglaublichem Idealismus getragen, und mein Wunsch ist, daß diese hier eine Chance bekommen. Im anderen Fall droht uns ein großer künstlerischer Verlust.

Der wichtigste Baustein unserer Musikkultur sind aber die zahlreichen Laienchöre und Orchester, Musikschulen und die Hochschule für Musik. Sie bilden das Publikum und den Nachwuchs unserer großen Kulturinstitutionen. Mit ihnen verfügt Dresden über einen Reichtum, den nur wenige Städte besitzen. Vieles konnte seit 1990 erhalten werden und sich entwickeln. Menschen, deren Lebensinhalt die Musik ist, die mit Musik leben, gibt es hier glücklicherweise viele. Sie sollten nie vergessen werden, auch nicht in Zeiten leerer Kassen.

Hans-Christoph Rademann: **1965** in Dresden geboren **I** aufgewachsen in einem Kantorenhaus in Schwarzenberg/Erzgebirge **I** Instrumentalunterricht in Violine und Klavier **1975** bis **1983** Sänger im Dresdner Kreuzchor **1985** bis **1990** Studium in den Fächern Chor- und Orchesterdirigieren an der MHS Dresden **I** gründete **1985** den Dresdner Kammerchor **I** seit **1991** Leiter der Singakademie Dresden **I** Lehrauftrag für Chorleitung an der Dresdner MHS und HS für Kirchenmusik Dresden

E-MUSIK IM BEREICH DER FREIEN KULTURSZENE IN DRESDEN

Peter Zacher

Die freie Szene bis 1989

Im Gegensatz zu vielen absichtsvollen Behauptungen a posteriori hat es auch in der DDR Musiker aus unterschiedlichen Genres und mit weit differenziertem Status gegeben, die man annähernd unter dem Begriff einer freien Szene zusammenfassen kann, auch wenn der Begriff nicht, zumindest nicht im Sinn heutigen Sprachgebrauchs, verwendet wurde.

Zunächst hatte jeder Absolvent einer Musikhochschule im Bereich der E-Musik nach Ablauf eines mehrjährigen Pflichtengagements – bindende Entsendung und Vermittlung durch die Direktion für Theater und Orchester beim Ministerium für Kultur – die Möglichkeit, sich als freischaffender Musiker niederzulassen. Die wenigen Absolventen der Bereiche Tanz- und Unterhaltungsmusik waren vom Pflichtengagement befreit. Sie konnten sich einer Kommission der bezirklichen Konzert- und Gastspieldirektion stellen, die im allgemeinen in der Lage war, ein Engagement zu vermitteln.

Wer im Bereich der E-Musik Freiberufler war, konnte Honorare meist frei vereinbaren. Für U-Musiker legte die zuständige KGD den Gagenrahmen (Spanne von – bis) fest. Das tat sie auch bei Laienmusikern, gleichgültig ob sie einen Trägerbetrieb hatten oder nicht.

Damit ist zugleich der zweite wichtige Bereich in der freien Musikszene genannt. Jeder volkseigene Betrieb oberhalb einer bestimmten Mindestgröße konnte bzw. mußte Volkskunstgruppen, Interessengemeinschaften, Zirkel einrichten. Ursprünglich waren sie als Freizeitangebote für die Beschäftigten des Betriebes gedacht. Als deren Interesse aber für eine gedeihliche Arbeit nicht ausreichte, wurden künstlerische Initiativgruppen aus der unmittelbaren staatlichen Verwaltung herausgelöst und in die Obhut der Betriebe gegeben, die die notwendige Finanzierung über einen Kultur- und Sozialplan abarbeiteten. Da sich solche Aktivitäten auch in offiziellen Bewertungen (Wettbewerbe usw.) niederschlugen, war den Betrieben an möglichst leistungsfähigen Ensembles und Gruppen gelegen. Im allgemeinen konnten solche betrieblich betreuten Gruppen ihre Arbeit relativ freizügig gestalten. In den meisten Fällen war nicht das Geld das Problem. Viel schwieriger war

es mit der sogenannten materiell-technischen Absicherung, wenn sie mit Lieferungen (z.B. für Kostüme, Auftrittskleidung), Dienstleistungen (Fahrten mit betriebseigenen Bussen in Zeiten knappen Benzins) und Handwerkerleistungen (für Bühnenbau oder bauliche Renovierung von Auftrittsstätten) einherging. Beschränkungen gab es vor allem in zweierlei Hinsicht. Bei wortgebundenen Künsten (also z.B. auch Chormusik) wurde streng darauf geachtet, daß der offiziell vorgegebene Aussagerahmen nicht überschritten wurde. Im Bereich der Instrumentalmusik hatten es vor allem Gruppen der Popularmusik (Beat, Rock, Pop, auch bestimmte Spielarten des Jazz) manchmal unüberwindlich schwer, die ideologischen Grenzen einzuhalten und gleichzeitig publikumswirksam und erfolgreich zu sein.
Diese Aussagen lassen zwei Schlüsse zu. Zum einen gab es – gerade in Dresden – so viele musizierende Gruppen, daß es für Interessenten kaum schwierig war, das für sie passende Ensemble zu finden. Zum anderen ist diese Vielfalt, die auch in Dresden weidlich genutzt wurde, eine Erklärung dafür, daß es nach der Veränderung der politischen Landschaft 1989/90 nur zu verhältnismäßig wenigen echten Neugründungen gekommen ist. In den Unterlagen der Vereine bzw. Initiativen in der freien Szene wird deutlich, daß etwa 80 Prozent bereits zu Zeiten der DDR existierten und ihre Arbeit jetzt unter veränderten Bedingungen weiterführen. Es gibt allerdings auch einige Fälle, in denen an Traditionen vor der Existenz der DDR angeknüpft wird.

Vokalmusik

Im Bereich der E-Musik bildet die Vokalmusik den mit Abstand größten Anteil. Etwa 40 Prozent aller Vereine und Initiativen sind im vokalen Bereich tätig. Die Gesamtzahl der Chormitglieder (ohne Kirchenchöre) liegt bei mehr als 1200. Diese große Zahl ist nicht verwunderlich. Weltliche Chöre sind im Spannungsfeld zwischen höfischer und bürgerlicher Musikpflege seit der ersten Hälfte des 19. Jahrhunderts in erster Linie Repräsentanten bürgerlichen Musizierens (Hofmusik spielte sich seit der Epoche der Vorklassik hauptsächlich auf den Feldern der Oper und der Instrumentalmusik ab). Die kulturell stark prägende Kraft des Dresdner Bürgertums hat sich nicht allein in der bürgerlichen Philharmonie, sondern entscheidend auch im monumentalen Oratorienaufführungen durch große Chöre verwirklicht.

Die größten Dresdner Chöre – Sächsischer Bergsteigerchor »Kurt Schlosser« (150 Mitglieder), Singakademie Dresden (200 Mitglieder), Neuer Chor Dresden (80 Mitglieder), Knabenchor Dresden – existierten bereits vor 1989 und führen ihre Geschichte teilweise auf die Zeit vor 1933, in einigen Fällen sogar auf das 19. Jahrhundert zurück. Einige Chöre arbeiten unter den gleichen Dirigenten wie vor 1989; der Neue Chor und der Dresdner Knabenchor haben keinen Wechsel des Leiters seit ihrer Gründung zu verzeichnen. Der Neue Körnersche Sing-Verein, 1993 gegründet, dürfte die einzige nennenswerte Neugründung seit 1989 sein.

Die Tatsache, daß fast alle Chöre bereits vor 1989 existierten, ist nicht ohne Pikanterie. Man muß davon ausgehen, daß kein Chor an einem Zwangsrepertoire vorübergehen durfte, wenn staatliche Finanzierung auf Dauer zu gewährleisten war. Der Polizeichor und der Bergsteigerchor (die Pflege revolutionär-proletarischen Liedguts über den Bestand der eigentlichen Bergsteigerlieder hinaus ist bei letzterem erklärte Absicht) sind als äußerst systemnah anzusehen, was aber selbst unter heutiger Betrachtung zu keiner Minderung des Ansehens führen sollte. Auch consonare, 1970 als Singgruppe der Hochschule für Verkehrswesen gegründet, dürfte seither durch alle Höhen und Tiefe der Kulturpolitik der DDR gegangen und, was gelegentlich noch schlimmer war, zusätzlich durch die Restriktionen der FDJ geprägt sein.

(Durch die Textgebundenheit von Vokalmusik war die Situation in diesem Bereich völlig anders als in der Instrumentalmusik.)
Damit ist zugleich auch der entscheidende Unterschied zur Situation bis 1989 benannt: ein Chor kann weder gezwungen noch gehindert werden, sich ein bestimmtes Repertoire zu erarbeiten. Kommerzielle Erwägungen, die die Marktfähigkeit eines Chores beeinflussen, sollen hier ausdrücklich außer acht bleiben. Was ein Chor heute singt, ist seine freie Entscheidung. Das erklärt eine deutliche Zunahme geistlicher Musik im Repertoire der meisten Chöre. Ob das allerdings auch einem echten inneren Bedürfnis der Chormitglieder entspricht, kann und soll hier nicht untersucht werden.
Auffällig ist, daß Dresden über fast keine gleichstimmigen Chöre verfügt. Nahezu aller Dredner Chöre sind gemischtstimmig (Wozu auch der Knabenchor zu rechnen ist). Es gibt einige wenige Männerchöre (Sorgfinken, Männerchor Dresden-Striesen, Dresdner Schubertchor) bzw. kleine Ensembles von Männerstimmen (Doppelquartett elb-cantos, Dresdner Vokalisten), aber keinen einzigen öffentlich wirksamen Frauenchor. Verschiedene Chorgemeinschaften sind aber in der Lage, auch Literatur für gleichstimmige Besetzungen zu singen. Der Universitätschor tritt auch in reiner Frauenchorbesetzung auf. Es kann nicht mit Sicherheit entschieden werden, ob das Fehlen eines »echten« Frauenchors einen spürbaren Mangel darstellt; das Repertoire für Frauenchöre ist auch international quantitativ einigermaßen dürftig, wenn es am Repertoire für andere Besetzungen gemessen wird.
Die freie Entscheidung bei der Wahl des Repertoires hat zu keiner merklichen Erweiterung des Gesamtangebotes geführt. Das ist kein Mangel, denn die Vielfalt war bereits vor 1989/90 beeindruckend. Wohl aber kann man davon sprechen, daß die einzelnen Chöre ihr musikalisches Erscheinungsbild vergrößert haben. Hier ist erneut auf die Hereinnahme geistlicher Musik bei einer großen Reihe von Chören zu verweisen. Nur bei wenigen Chören hat es eine Spezialisierung auf eine bestimmte Musikgattung oder musikgeschichtliche Epoche gegeben. Die Chöre, die dem Bergsteigerbund assoziiert sind, pflegen naturgemäß in erster Linie Berg-, Jagd- und Wanderlieder. Der Carl-Maria-von-Weber-Chor pflegt verstärkt Kompositionen seines Namensgebers. Der Neue Körnersche Sing-Verein hat sich zum erklärten Ziel gesetzt, die Dresdner Musiktraditionen des Aufklärungszeitalters aufzuarbeiten. Der

Chor der Hochschule für Kirchenmusik konzentriert sich auf gottesdienstlich nutzbare Musik sowie auf Oratorien und Kantaten. Die Chorbühne TRITONUS kann als zeitweilig spezialisiert gelten, weil bei der Erarbeitung eines neuen Programms alle Kraft darauf gerichtet ist. Die anderen Chöre, besonders die größeren unter ihnen, haben ein breites Repertoire, das im allgemeinen etwa 300 Jahre Musikgeschichte umfaßt. Innerhalb dieses Zeitraums gibt es einige Schwerpunkte: Musik der Vorklassik (Monteverdi, Schütz, Bach, Händel, Zelenka) bis zu den Bachsöhnen und Homilius, Musik der romantischen Periode (Mendelssohn-Bartholdy, Brahms, Bruckner, Dvorak). Musik des 20. Jahrhunderts, Werke Dresdner Komponisten bzw. deren Bearbeitungen (Chorsätze) bilden allerdings eher die Ausnahme (Oratorien Rainer Kunads in den Interpretationen der Singakademie und des Neuen Körnerschen Sing-Vereins). Uraufführungen sind selten. Der Dresdner Kammerchor stellt eine Ausnahme dar. Er hat das »Bonhoeffer-Triptychon« in Washington und die »Prager Kantate« von Hermann Berlinski uraufgeführt. Die Chorbühne TRITONUS hat viele Lieder in Bearbeitungen seiner Leiterin Sylke Zimpel uraufgeführt. Der Neue Körnersche Sing-Verein hat mehrere größere Werke (Naumann, Theile, Womilius, Binder) nach langer Pause in Dresden erstmalig wiederaufgeführt.

Die künstlerische Leitung stellt bei keinem Verein ein nennenswertes Problem dar. Bei kleineren Gruppen ist beim Ausscheiden der künstlerischen Leitung meist mit einem Auseinanderbrechen des ganzen Ensembles zu rechnen. Soweit das erkennbar ist, hat es einen solchen Fall in den letzten Jahren in Dresden nicht gegeben. Die Dresdner Vocalisten sind aufgrund zurückgegangenen öffentlichen Interesses nicht mehr in bisheriger Form tätig, können aber noch wie gewohnt musizieren, soweit das nicht durch den Status einiger Mitglieder (Festanstellung) unmöglich gemacht wird.

Die öffentliche Aufmerksamkeit, also die Zahl der Veranstaltungswünsche und der Zuspruch durch Besucher, bietet kein sicheres Indiz für Qualität, Leistungsfähigkeit und Einsatzbereitschaft der Chorgemeinschaften. Naturgemäß haben es diejenigen leichter, die über einen hohen Bekanntheitsgrad verfügen, vor allem dann, wenn sie sich diesen durch interessante Programmgestaltung und hohe interpretatorische Qualität über Jahre hinweg erarbeitet haben. Trotzdem muß im Umkehrschluß ein geringer Konzertbesuch

kein Zeichen für mangelnde Qualität sein. Hier sind Dresdner Spezifika zu berücksichtigen; Tradition (z.B. große Besucherzahl bei Kreuzchorkonzerten mit dem kirchenjahreszeitlich determinierten Repertoire) spielt eine große Rolle. Auf der anderen Seite kann eine kleine Gruppe, die regelmäßig in Seniorenheimen oder Krankenhäusern musiziert, nicht mit einem großen Chor verglichen werden, der pro Jahr mehrere große oratorische Werke aufführt. Es wäre ohnehin kein guter Weg, beide Kategorien gegeneinander abzuwägen oder eine Rangordnung aufstellen zu wollen.

Instrumentalmusik

Anders als in der Vokalmusik sind hier seit 1989 erstaunlich viele Neugründungen zu verzeichnen. Dabei handelt es sich in erster Linie um Aktivitäten im Kontext der sogenannten alten Musik, also Musik der Vorklassik. Hier ist eine erfreuliche Entwicklung zu verzeichnen: immer mehr Instrumentalisten entwickeln sich zu Spezialisten für Aufführungspraxis des 17. und frühen 18. Jahrhunderts. Damit wird eine spürbare Lücke in der Instrumentalausbildung der deutschen Musikhochschulen geschlossen. Dort findet eine Auseinandersetzung mit alter Aufführungspraxis praktisch nicht statt, weil die jungen MusikerInnen für den regulären Dienst in sinfonischen und/oder Theaterorchestern ausgebildet werden. Für deren Dirigenten wie-

Konzert mit dem Jungen Dresdner Kammerorchester, Walburgiskirche Venne, 1990

derum spielt die Musik der Epochen vor 1750 kaum eine Rolle. Diese Musik läßt sich aber mit modernen Instrumenten und moderner Spieltechnik nur sehr unzulänglich wiedergeben. In einigen Fällen ist es sogar fast unmöglich, ein altes Instrument ohne spezielle Ausbildung befriedigend zu spielen. Hinzu kommt die Fähigkeit, ein altes Notenbild sachgerecht zu deuten. Kurzum, die Spezialisierung ist unabdingbar. Die Neugründungen tragen diesem Umstand Rechnung, wenngleich mit deutlicher Verzögerung gegenüber andern Ländern (Großbritannien, Schweiz, USA).

Die Spannweite dieser Aktivitäten reicht von reinen Freundeskreisen und Fördergruppen, die nicht notwendigerweise selbst musizieren (Freunde der Alten Musik, Gesellschaft zur Pflege Alter Musik) über musizierende Gruppen (Capella Sagittariana, Dresdner Barockorchester, Dresdner Hofmusik, Ensemble Alte Musik Dresden) bis zu ausbildenden Einrichtungen, die auch öffentliche Musikaufführungen veranstalten (Dresdner Akademie für Alte Musik). Soweit es sich um musizierende Gruppen handelt, treten sie kaum als selbständige konzertierende Einheiten auf, sondern verstehen sich als Dienstleistende, die für Fremdaufführungen zur Verfügung stehen.

Neben Aktivitäten im Bereich der alten Musik stehen solche auf dem Feld der neuen Musik. Hier hat es bis 1989 Erfolge gegeben, die vor allem mit Blick auf eine überstarke Traditionsverhaftung des Dresdner Musiklebens beachtlich gewesen sind. Das Dresdner Zentrum für zeitgenössische Musik war die einzige Institution dieser Art in der DDR und hatte auch im europäischen Maßstab einen beachtlichen Stellenwert. Zeitgenössische Musik hatte und hat in Dresden einen festen Besucherkreis. Allerdings sind große und bekannte Kunstinstitute der Stadt (Sächsische Staatsoper und Staatskapelle) beim Herangehen an zeitgenössische Musik äußerst zurückhaltend. Bei diesen Instituten ist das Auftragswesen, in der DDR oft bis zur Übertreibung gefördert, nahezu auf Null geschrumpft. Dem stehen zehn Kompositionsaufträge der Dresdner Philharmonie gegenüber, wobei diese große Zahl hauptsächlich dem Jubiläum des Orchesters geschuldet ist und sich nicht auf andere Spielzeiten übertragen läßt. Unter den Förderern bzw. Interpreten neuer Musik ist die Gesellschaft für Neue Musik Dresden (innerhalb der IGNM) leider nicht sehr aktiv und praktisch ohne Außenwirkung. Die Arbeit beschränkt sich mehr oder weniger auf Mitglieder. Stärkere Wirkung hat der Freundeskreis des Dresdner Zentrums für zeitgenössische Musik.

Von besonderem Interesse sind Gruppen, die sich um die Wiederbelebung der Traditionen jüdischer Spielleute (Klesmer) bemühen. Solche Aktivitäten existierten bereits vor 1989 (Allerley, Tikwet Schearim). Danach hat es entweder Neugründungen gegeben (Jowel Klesmorim, Chaskele), oder bereits arbeitende Gruppen haben sich diesen Bereich zusätzlich erschlossen (Absalom).

Über regelmäßige musikalische Aktivitäten in Dresden ansässiger Ausländer ist im vokalen und instrumentalen Bereich nichts bekannt. Sollte es solche Aktivitäten tatsächlich nicht geben, wäre das außerordentlich zu bedauern.

Kirchenmusik

Die katholische Kirchenmusik kann hier aufgrund geringerer Bedeutung außer acht gelassen werden, ohne daß dabei der Wert der Kapellknaben oder anderer Chöre in katholischen Gemeinden herabgemindert werden soll. In den evangelischen Kirchgemeinden Dresdens gibt es mehr als 50 Chöre mit über 1000 Mitgliedern, etwa 50 Kurrenden, außerdem etwa 45 Bläsergruppen (unglücklicherweise noch immer Posaunenchöre genannt) mit schätzungsweise 500 Mitgliedern. Das bedeutet unter anderem, daß hier weit mehr als 2000 Menschen als Laienmusiker tätig sind. Die Aufgaben lassen sich in drei Kategorien gliedern: Musik im gottesdienstlich-liturgischen Bereich, Musik im innergemeindlichen Rahmen jenseits des Gottesdienstes (Musik zu anderen Gemeindeveranstaltungen, etwa zu Sommerfesten, und karitatives Musizieren, etwa für Alte und Behinderte innerhalb und außerhalb entspechender Einrichtungen) und öffentliche konzertante Aufführungen.

Wie dieser kurze Exkurs durch den Bereich der E-Musik in freier Trägerschaft zeigt, finden Liebhaber der Instrumental- wie der Vokalmusik vielfältige und interessante Betätigungen in den jeweiligen Ensembles. Besonders hervorzuheben ist die musikalische Qualität und der künstlerische Anspruch der sinfonischen Orchester und Kammerorchester, der Chöre in weltlichem und geistlichem Wirkungsfeld.

Es ist zu konstatieren, daß die Musikszene in freier Trägerschaft die Kulturlandschaft Dresdens nicht nur ergänzt, sondern maßgeblich erweitert. Nicht zuletzt ist dies zu messen am gewachsenen Selbstbewußtsein und der Herausbildung organistorischen Engagements, entstanden aus der Übernahme von Eigenverantwortung bei der Vereinsbildung in den Jahren politischer Veränderungen.

WIE HEIßT BLOß DIE HAUPTSTADT VON PANAMA?

Jens-Uwe Sommerschuh

Mick Jagger im Ohr und die Kristallnacht vor Augen – Ein Neustadtbummel. Im Raskolnikoff tönte aufsässig Mick Jaggers Stimme aus den Boxen. Es war Sonnabend gegen elf, und die Szene in der Dresdner Neustadt schwamm im Whisky und im Wein still und friedlich ihre Runden. Jagger, über sein Verhältnis zum Rebensaft befragt, hat mal gesagt: »Es gibt roten und weißen, und ich glaube, es gibt auch rosafarbenen. Sie schmecken alle gut, und sie machen einen alle betrunken.« Ich war noch nüchtern, als ich auf die Böhmische Straße trat. Sekunden später war ich stocknüchtern. Fühlte mich zurückversetzt ins Jahr 1938: 50 ordentliche junge Männer, kurzgeschoren, andere gut gekämmt, Bierflaschen in der linken, Stöcke oder Zaunlatten in der rechten Hand, zogen stumm an mir vorüber und zerschlugen zwischen zwei Wimpernschlägen, zwei Atemzügen, zwei Herztönen die Fenster der Cafés. Von drinnen zerschnitt ein Schrei die Nacht. Hier draußen rollte Gelächter durch die Straße. »Ausräuchern!« brüllte ein ordentlicher junger Mann im Weitergehen, die Schar hielt sich nicht auf, sie hatte sich nur aufgewärmt für größere Taten. Im Raskolnikoff telefonierte jemand nach der Polizei, kurz nach elf, dann noch siebenmal. Eine halbe Stunde später kam ich durch die Louisenstraße. Ecke Lutherstraße standen knapp 99 Polizisten mit Hunden, Helmen, dicken Westen und ratlosen Gesichtern, als sollten sie beim Kreuzworträtsel die Hauptstadt von Panama rauskriegen. Ab und zu schauten sie hinunter zur Ecke Talstraße, wo die 50 ordentlichen jungen Männer vor dem Haus der jungen Linken »Hooligan, Hooligan« riefen und mit Steinen, Flaschen und Stöcken jetzt viel gründlicher das taten, was sie zuvor am Raskolnikoff geübt hatten. Die Polizisten knobelten noch an Panama. Ich ging schon mal vor. 1968 sang Mick Jagger über den »Street fighting man«. Aber mir fiel die Melodie nicht ein. Ein ordentlicher junger Mann, der im Augenblick nichts kaputtmachte, sondern zuschaute, kein Glatzkopf etwa, nein, ein netter Typ von der Art unserer Bundesligastürmer, der baute sich drei Zentimeter vor meiner Nase auf; teilte mir erstens mit, daß ich nach Knoblauch stinke, und fragte mich zweitens, wann ich das letzte Mal eine in die Fresse gekriegt hätte. In der Annahme, ich sei schwerhörig, wiederholte er sowohl die Mitteilung als auch die Frage mehrmals. Ich dachte an Casablanca, dachte, schau mir in die Augen, Kleines, und dachte sonst nicht viel. Ich fragte mich nicht, was ich hier wollte, denn ich wußte es ja. Ich wollte, bevor ich gehe, Deutschland einmal richtig ins Gesicht geschaut haben. »Laßt uns in Ruhe«, rief jemand aus dem Haus der Linken herunter. Der ordentliche junge Mann wandte sich von mir ab und rief seinen Freunden zu: »Ausräuchern!« Andere brüllten »Rache!« In meinem Ohr jodelte Kobold Jagger: »I cant't get no satisfaction.« Dann kamen ein paar von den Polizisten herzu. Der Befehl hatte »Vorrücken« geheißen, doch sie rückten so zögernd, als sei die Sache mit Panama immer noch nicht gelöst. Sie begegneten zunächst einem unbeteiligten Passanten, der ganz dicht an den Häuserwänden entlang ruhigeren Gefilden zustrebte. Einer der Polizisten ließ ein bißchen Leine, und sein Hund bäumte sich vor dem Passanten auf. »Ach du dummer Hund«, sagte ich zu dem Hund, »der gehört doch gar nicht dazu.« Das mißverstanden gleich drei Polizisten, und da es offenbar mit den in Sichtweite tobenden ordentlichen jungen Männern keine Eile hatte, umringten sie erst einmal mich. Ich lüftete meine Identität. »Von der Presse«, knurrte ein kleiner, hagerer Polizist mit so einer Miene, wie sie bis 1989 der sozialistischen Trapo vorbehalten gewesen war, »wir können dich mal unter die Presse stecken.« Ich schaute auf die Uhr. Es war inzwischen fünf vor 12. Während sich einige der ordentlichen jungen Männer in besorgte Anwohner verwandelten, verschwanden die meisten durch Toreinfahrten. Zwei wurden in Handschellen abgeführt. »Die anderen sind in den Hinterhöfen«, sagte ein junger Polizist zu seinem Vorgesetzten, »da gehe ich nicht rein. Ich bin ja nicht lebensmüde.« Der nickte, und in dem Moment schlug sein Funkgerät an: »Sofort einen Wagen zum Raskolnikoff!« Der Mann gab den Befehl weiter. Ich ging schon mal vor. Ein Fußmarsch von fünf Minuten. Dort war seit der Sache mit den Scherben eine Stunde verstrichen. Die Leute vom Verein Kunsthaus Raskolnikoff e.V. und die Betreiber des Cafés standen auf der Straße und diskutierten mit einem ordentlichen jungen Mann. Keine Gewalt – dieser 89er Slogan hat sich, auch wenn es keiner glauben mag, in manchen Winkeln der Neustadt bis heute gehalten. Ja, er sei damals aus Überzeugung in der SED gewesen, sagte der. Die Beschränktheit habe ihn allerdings gestört. Nun habe er zu seinen sozialistischen Idealen die nationalen hinzugewonnen. Sicher setzte er seine Worte. Was die zerschlagenen Scheiben mit diesen Idealen zu tun hätten, wurde er gefragt. Ach, mit diesen Dingen hätte er nichts am Hut. Ich lernte in diesem Augenblick: Kein ordentlicher junger Mann ist wie der andere. Dann erzählte mir mein Freund S., er und Th. seien den Leuten hinterhergefahren, und er habe sie bei ihrem Treiben fotografiert. Er zeigte mir sein Auto: die Front- und Heckscheibe hatten sich in Glaspulver aufgelöst. »Die Steine und Bierflaschen kamen von allen Seiten geflogen«, sagte S. und streichelte ironisch grinsend die zerbeulte Karosse, »aber die Fotos habe ich.« Ich summte: »You can't always get what you want.« So sang Jagger schon 1969. Du kannst nicht immer haben, was du willst. Das gilt und gilt und gilt. Eine halbe Stunde, nachdem ich am Raskolnikoff eingetrudelt war, tauchten fünf Polizisten auf. Zwei von ihnen rauchten, drei hatten die Helme unterm Arm. Ohne nach Links und rechts zu schauen, ohne sich zu erkundigen, wer angerufen hatte, ohne nach den Hausherren zu fragen, wandte sich der älteste der Polizisten an den ordentlichen jungen Mann, der immer noch über seine Ideale referierte: »Hat es hier Verletzte gegeben?« Ohne mit der Wimper zu zucken, sagte der: »Nein. Hier gibt es keine Verletzten.« Da drehten die fünf Polizisten sich auf den Absätzen um und entschwanden. Wir anderen müssen ausgesehen haben, als hätten wir die Sprache verloren. F., ein Bolivianer, fragte nach einer Weile naiv: »Stecken die alle unter einer Decke?« Nein, dachte ich, so etwas machen unsere Polizisten nicht. Die werden an das Kreuzworträtsel gedacht haben, Hauptstadt von Panama mit sechs Buchstaben. Es war 40 nach 12. Sonntag; Siebenschläfer. 27.6. In einem Monat, am 26.7., wird Jagger 50. Sein Vermögen wird auf 90 Millionen Pfund geschätzt. Er besitzt ein Schloß an der Loire, ein Haus in New York, einen Landsitz in Richmond und eine Villa auf der Insel Mustique. »Niemand glaubt mir, daß ich nur des Geldes wegen zur Musik kam«, klagte er 1974. »Ich schaute mich um, und dies war der einzige Weg, zu viel Geld zu kommen. Es ist kein Witz – es ist mein Geschäft.« Wir haben in dieser Nacht keine Stones-Platten aufgelegt. Wir hörten die Einstürzenden Neubauten, Tabula Rasa, die haben genau hingehört: »Hinter uns das All. Mit uns die Gemeinheit. Gegen die Allgemeinheit. Ist jedes Mittel recht. Und billig nur das Mittelmaß. Aufmarsch der geschlossenen Abteilung.« Ich gehe schon mal vor.

»Sächsische Zeitung«, 1992

AM ANFANG WAR DIE IDEE

Wenn ich mich recht erinnere, war auch bei uns am Anfang das Wort, in Form der Idee einer Hausbesetzung für kulturelle Zwecke und gegen den drohenden Abriß des Gebäudes (wir schrieben den Herbst '89). Ganz praktisch: im Erdgeschoß die gemeinnützige Nachtkneipe für Künstler und Konzerte, darüber eine Galerie, die von Künstlern geführt würde, noch einen Stock höher ein Kinderladen. So war die Aktivität über Genre- und Generationsgrenzen von Beginn an programmatisch. Erst später haben wir erfahren, was wir tun. Den Begriff Soziokultur habe ich zum ersten Mal in der Kneipe des

riesa efau gehört, als einige Mitglieder des entsprechenden Bundesverbandes unsere Arbeit mit diesem Wort bezeichneten. Die Politiker und die Verwalter der Stadt kannten den Begriff auch nicht früher, so war seine Anwendung und Durchsetzung ein gemeinsamer Lernprozeß. Nicht nur Soziokultur, so ziemlich alles war neu, nicht von vornherein eingeordnet in Raster und Kästchen und Richtungen. Dieses Fehlen von Vorbeurteilungen hat, im Gegensatz zu der entsprechenden Historie in der Alt-BRD, den Prozeß des bürgerschaftlichen soziokulturellen Engagements sehr beschleunigt und befruchtet.
Wir waren in der glücklichen Lage, daß sich der Verein und seine Tätigkeit als einer der ersten in Dresden während der Wendezeit entwickeln konnte, daß der Enthusiasmus des Beginns noch nicht kanalisiert wurde durch Gesetze, Notwendigkeiten, feste Konzeptionen.
Jetzt zu beginnen, einen Verein zu gründen, um irgendein leerstehendes Haus zu einem Kulturzentrum zu machen, wäre schier aussichtslos.
In die Nähe der Routine kommen wir trotz siebenjähriger Arbeit nicht. Im Positiven sorgen dafür die Besucher und Mitmacher. Aber auch andere tun etwas gegen geregelte Abläufe. Man teilt mitten im Jahr am Freitagnachmittag mit, daß am Montagfrüh ein neuer Haushalt vonnöten sei, natürlich mit weniger Zuschuß. Immerhin hat man ja noch das Wochenende Zeit. Danach kommt vielleicht noch der Mitarbeiter einer anderen Behörde daher und erklärt, daß er nun seine Anteilsfinanzierung leider mindern müsse, die anderen Partner gäben ja schließlich auch weniger. Man verlangt von den Zentren eine professionelle und langfristige Planung. Dann aber wird diese Planung plötzlich über den Haufen geworfen, wie es anderen etablierten Kultureinrichtungen so nicht zugemutet wird.
Vereine müssen sich an Antragsfristen halten. Die kommunale Verwaltung hält sich zu oft nicht einmal an selbstgesetzte Fristen. Hier müssen Ansätze in den Ämtern, sich nach altbundesdeutschen Klischees zu verhalten, über Bord geworfen werden. Sicher nicht immer leicht für manche der mit dem vielbeschworenen Idealismus zum Aufbau des Ostens angetretenen Kollegen aus den älteren Bundesländern, doch angesichts der hier notwendigen Gewöhnungsprozesse doch sicher leistbar.
Aber auch mancher seit ddr-Zeiten hiesige Kollege im Verwaltungsapparat versucht nun, angesichts der leeren Kassen, gegen freie Kulturzentren die

dummen alten Vorurteile auszupacken. Zum Glück ist die Kooperation mit der Kommune insgesamt gesehen gut.
Mit unserem Programm vor Augen verwundere ich mich doch etwas, wenn gelegentlich versucht wird, uns in eine alternative Schmuddelecke zu reden. Trotz z.T. hochkarätiger Ausstellungen und Projekte moderner Kunst oder Konzerten Neuer Musik wollen wir aber auch wirklich mit einem angeheiligten Musentempel nichts zu tun haben. Ob Hoch- oder Breitenkulturraster (wie zutreffend diese Begriffe auch immer sein mögen), Kunst und Kultur sollen etwas Lebendiges sein. So gehört im riesa efau eben auch Hardcore zum Konzertprogramm, gibt es Kurse, Projekte, das Abendstudium, Workshops der bildenden, der darstellenden Kunst und der Musik, Keramik und Textil, Foto, Medien und künstlerische Druckwerkstätten.
Zurück zur Soziokultur. Der Begriff ist nach Meinung vieler Politiker und Verwalter schwer abzugrenzen. In der Tat: Die letzte von mir registrierte Erwähnung stand in Zusammenhang mit der Evolution des Homo erectus zum heutigen Menschen.
Ich meine, in dem Wort Verbindung steckt tatsächlich der Kern. Das soziale Verhalten von Bürgern führt zu kulturellen Ereignissen im weitesten Sinne des Wortes. Es könnte also, gerade in Zusammenhang mit dem Begriff der Freizeitgesellschaft, etwas Grundlegendes sein, wenn Menschen sich in Initiativen, in sozialer Interaktion, kulturell aktiv betätigen. Das schließt natürlich die kritische Reflexion und das Einmischen in soziale und politische Entwicklungen ein.
Die Facetten der ostdeutschen Soziokultur sind anders entwickelt als bei entsprechenden westdeutschen Zentren. Speziell in Dresden ist die Verbindung von kulturellen, künstlerischen und jugendbildenden Aktivitäten besonders ausgeprägt. Arbeitsgebiete, die anderswo säuberlich getrennt von verschiedenen Trägern, mit je eigenem Hoheitsanspruch, wahrgenommen werden, sind hier viel ganzheitlicher, übergreifender gefaßt.
Allen Unsicherheiten und Problemen zum Trotz ist die Szene reich an Aktivitäten und schillernd an Nuancen. Es spricht für deren Lebendigkeit, daß keine zwei Vereine in ihrem Angebot einander gleichen, daß es verschiedene Formen der Kooperation und Vernetzung im Stadtgebiet und darüber hinaus gibt. Weder sind die heiligen Hallen der Hochkultur für die Vereine sa-

krosankt, noch verschmähen es Künstler, ihre Produktionen in soziokulturellen Zentren vorzustellen oder dort mitzuarbeiten. Die so entstandene Vielfalt von Angeboten quer durch alle Genres, Ansprüche und Generationen macht den Reiz der spezifisch in Dresden entstandenen soziokulturellen Landschaft aus, von der Anregungen und Reize ausgehen, die zum Ruf der Stadt als lebendige Kulturstadt beitragen. Und es ist zu wünschen, daß es so bleibt, nein, daß alles noch viel bunter werden möge.

Frank Eckardt: **1959** in Dresden geboren **I** aufgewachsen in Berlin **1977–79** Studium des Maschinenbaus an der TU Dresden, Relegierung aus politischen Gründen **I** Abendstudium an der HfBK Dresden **I** Broterwerb in verschiedenen Berufen **I** ab **1987** freischaffender Künstler Malerei/Grafik **I** **1989** Mitbegründes Riesa efau, heute Geschäftsführer

SOZIOKULTUR IN DRESDEN – QUO VADIS?

Grit Hanneforth

Seit nunmehr sieben Jahren geistert der Begriff der Soziokultur durch die Kulturlandschaft der neuen Bundesländer. Er trägt chamäleonartige Züge. Der Unterschied: seine Farbigkeit dient nicht der Tarnung, vielmehr ist sie ein Erkennungszeichen. Das läßt sich über vieles sagen. Was also ist Soziokultur? Die Geschichte und inhaltliche Prägungen des Soziokultur-Begriffs haben ihre Wurzeln in der Gegenkulturbewegung der alten Bundesländern in den 60er Jahren. Die Forderungen der Soziokulturbewegung richteten sich an eine neue Art von Öffentlichkeit, in der politische, soziale und kulturelle Ideen und Impulse artikuliert werden konnten und tabuisierte Themen eine Öffentlichkeit erfuhren. Wendet man diesen Anspruch von Soziokultur auf seine vergleichsweise kurze Geschichte in den neuen Bundesländern an, so ergibt sich ein verwandtes und doch anderes Bild.

Heute bestehen die soziokulturellen Einrichtungen Dresdens aus den Kulturhäusern und Clubs der ehemaligen DDR, meist in kommunaler Trägerschaft und aus nach dem Herbst 1989 neu entstandenen freien Trägern.

Der Tradition der Volks- und Vereinshäuser der 20er Jahre folgend, entstanden in der DDR in den 50er Jahren die ersten Kulturhäuser, wie z.B. das Betriebskulturhaus Pentacon. In den 60er Jahren kamen weitere Kulturhäuser und Klubs hinzu. Sie sprachen immer eine bestimmte Bevölkerungsgruppe, wie z.B. die Werktätigen, die Jugend oder die Bewohner eines Wohngebietes, an. 1990 brach diese Entwicklung ab. Seitdem verändert sich die Kulturlandschaft in Dresden in vielfältigster Weise.

Einerseits sind die Kultureinrichtungen der DDR nach dem Herbst '89 in eine Umbauphase eingetreten, in der sich sowohl ihre inhaltliche Arbeit, die Ziele als auch die Strukturen verändert haben und bis heute wandeln. Zum anderen haben sich die freien Träger eine Vielzahl von Räumen erschlossen, die ursprünglich nicht kulturell genutzt wurden. Während die neu entstandenen soziokulturellen Einrichtungen die Freiräume zum spielerischen Ausprobieren neuer Arbeits- und Lebenskonzepte nutzen, öffneten die ehemaligen DDR-Kultureinrichtungen ebenfalls ihre Räume und Konzepte für die Bedürfnisse der Bürgerinnen und Bürger. Daraus entstanden Angebote an Veranstaltungen, Werkstätten, Kursen, Festivals und Bildungsangebote für alle

»Wir machen weiter«-Fest, Kreativstudio Zschertnitz 1.9.1992

Altersgruppen und in allen künstlerischen Formen. So entstand etwas, das sich am Anfang einer Benennung entzog. Doch bald fand sich dafür der Begriff Soziokultur. Heute finden sich unter diesem Begriff in Ost und West voneinander abweichende Inhalte. Soziokultur in den neuen Bundesländern ist ein Stück weit mehr Grenzüberschreitung zwischen kultureller und sozialer Arbeit. Gemeinsam ist allen der Wille, sich mit Gesellschaft auseinanderzusetzen und einen Weg zur Demokratisierung zu leisten. Ohne das selbstausbeuterische Engagement vieler Enthusiasten wären sich viele dieser »Welten« nie begegnet. Hier schließt sich der Kreis zwischen den soziokulturellen Bewegung in beiden Teilen Deutschlands.

Die äußere Neustadt, Hechtviertel und Leipziger Vorstadt

Der Bauboom der Gründerzeit prägt das Gesicht der Äußeren Neustadt. Ganze Straßenzüge entstanden neu. Die Äußere Neustadt ist eines der größten geschlossenen Gründerzeitensembles in Europa.[1] Dieser Stadtteil blieb aus Geldmangel von den Bausünden der 50er Jahre verschont und überlebte auch den Rathausbeschluß in den 80ern, große Teile zu sprengen und durch Plattenbauten zu ersetzen. Im Herbst '89 entstanden dort in den leeren und unbewohnbaren Erdgeschossen vieler Häuser die ersten Szenekneipen. Ein

Viertel, dessen Morbidität eine vielschichtige Klientel anzog, begann unter dem bröckelnden Putz neu zu blühen. In diesem Viertel liegt das kommunale Kulturzentrum Scheune.
Hier finden Konzerte verschiedener Genres, wie Rock, Jazz, Punk und Ethno, statt. Darüber hinaus bietet das Haus für die freie Theaterszene Auftrittsmöglichkeiten und steht experimenteller Musik und Perfomances offen. Die Scheune hat sich als Veranstaltungszentrum etabliert. Gleichzeitig hat sie ihre Wurzeln im Stadtteil. Durch intensive Zusammenarbeit mit Vereinen und Gruppen, die sich mit Belangen der Stadtteilsanierung und sozialen Problemen beschäftigen, wie die IG Äußere Neustadt, eine Bürgerinitiative zur bewahrenden Erneuerung des Stadtteils, versucht die Scheune in diesem Stadtteil, nachbarschaftliches Miteinander lebbar zu machen. Es fanden dort mehrtägige Großprojekte, wie z.B. der Erste Sächsische Landesrockwettbewerb, die Verleihung des Jugendoskars und die Seniorentage statt. Sie ist seit 1990 eingebunden in das jährliche Stadtteilfest »Bunte Republik Neustadt«. Die Bunte Republik Neustadt ist ein Stadtteilfest, bei dem die Neustädter und alle »Sympathisanten« zeigen, was Feiern, Spaß und Begegnung heißt. An drei Tagen wird auf den Straßen des Stadtteils ein Fest gefeiert, auf dem man den Stolz und das Engagement der Neustädter für ihren Stadtteil erleben kann.
Unweit der Scheune, am Martin-Luther-Platz, einem der schönsten Plätze Dresdens mit seiner majestätischen Kirche, umrahmt von Grün inmitten des Häusermeeres, arbeitet seit 1985 der kommunale Club für Dich.
Kino, Theater, Lesungen und Kinderveranstaltungen prägen die Arbeit des Clubs. Die Medienwerkstatt e.V. und das Videoarchiv Weltbild e.V. bieten eine reiche Auswahl an Filmen an, die in anderen Videotheken nicht zu haben sind. Die guten technischen Voraussetzungen dieser Vereine ermöglichen im Club für Dich, Kurse und Workshops im Film- und Medienbereich anzubieten, die regen Zuspruch finden. Das Café »Schrägspur« bietet Raum für Lesungen und Videos.
Am Rande der Äußeren Neustadt liegt eine Einrichtung ganz anderer Art – der Panzerhof. Er entstand durch Nutzung einer ehemaligen Fahrzeugreparaturhalle der Sowjetarmee. Vor ca. zwei Jahren machten sich verschiedene Enthusiasten auf, dem morbiden Gebäude ein Gesicht zu geben, das

sich sehen lassen kann. Heute ist mit dem Panzerhof eine »Grenzüberschreitung« zwischen künstlerischem Bereich und sozial orientierter Arbeit gelungen, die gemeinhin einander kaum berühren. In der großen Halle des Panzerhofs, die ca. 1500 Menschen Platz bietet, finden Großveranstaltungen statt. Dort sang der Kreuzchor; Rockkonzerte und künstlerische Großprojekte ziehen viele Dresdnerinnen und Dresdner an. In den Kellerräumen gibt es Punkkonzerte und Partys und eine Kneipe. Dort arbeiten zwei Selbsthilfewerkstätten für KFZ's und Fahrräder sowie eine Kunstschmiedewerkstatt. Acht Bands proben derzeit im Panzerhof. Er findet sein Publikum in allen Schichten und Altersgruppen der Bevölkerung und ist ein Ort, an den es Künstler verschiedenster Couleur zieht. Jugendliche haben die Möglichkeit, sich in Veranstaltungs- und Werkstattorganisation auszuprobieren. Sie arbeiten eigenverantwortlich unter dem Trägerverein Antrieb e.V. Leider muß der Panzerhof die Halle verlassen und ist derzeit auf der Suche nach anderen Räumen.

Unweit des Panzerhofs an der nördlichen Grenze der Äußeren Neustadt im Hechtviertel liegt der kommunale Club Unterer Hecht. Die Mitarbeiterinnen und Mitarbeiter engagieren sich intensiv für die sozialen Probleme im Viertel. Sie sind Anlaufstelle für Alkoholiker und Obdachlose. Neben kleineren Konzerten und Filmvorführungen finden dort monatlich Ausstellungen statt.

Im Osten schließt sich die Leipziger Vorstadt mit dem Conni e.V. an. Der Verein beschäftigt sich mit den sozialen Belangen der Bewohnerinnen und Bewohner der Umgebung. Ein Kinderladen, Café, Begegnungsmöglichkeiten für Seniorinnen und Senioren gehören zu den Arbeitsfeldern des Vereins.

Im Conni e.V. proben junge Bands und sammeln ihre ersten Bühnenerfahrungen. Brandstiftung und bautechnisch notwendige Sanierung sowie das Auslaufen des Mietvertrages erschweren die Arbeit. Inzwischen ist der Verein in ein nahegelegenes Gebäude umgezogen.

Friedrichstadt

Auf der anderen Elbseite, südöstlich der Neustadt, liegt Friedrichstadt. In diesem vorwiegend im 18. Jahrhundert im barocken Stil als Stadterweiterung erbauten Teil Dresdens liegt das soziokulturelle Zentrum Riesa efau e.V.

Diese Einrichtung gehört zu den ersten neu entstandenen soziokulturellen Einrichtungen in freier Trägerschaft. 1989 wurden die für den Abriß vorgesehenen denkmalgeschützten Häuser Adlergasse 14–16 von Enthusiasten besetzt. Die Adlergasse 14 wurde durch die Kommune erworben. Das Haus Nummer 16 hat der Verein von einem privaten Besitzer gepachtet. Kneipe, Konzerte und Galerie standen am Anfang. Das Riesa efau e.V. hatte in der damalig relativ gesetzesfreien Zeit der »Wende« Raum, sein Konzept zu erproben. Durch hohe Eigenleistungen des Vereins und mit Mitteln aus dem Infrastrukturprogramm konnte saniert werden. Heute ist die Idee des Anfangs gewachsen zu einem soziokulturellen Zentrum, das über die Anfänge hinaus verschiedene Werkstätten, Jugendarbeit, Abendschule und Diskussionsveranstaltungen im Haus anbietet. Das Riesa efau e.V. betreibt den Kinderladen Riese efau und bietet ein künstlerisches Abendstudium an. Das Riesa efau ist der Initiator der AG Stadtteilkultur, eines Diskussionsforums der Dresdner soziokulturellen Zentren und Initiativen. So gehen vom Riesa efau e.V. kulturpolitische Impulse aus, die für die Dresdner Soziokultur zukunftsweisend sind.

Johannstadt, Blasewitz und Striesen

Am Südufer der Elbe stromaufwärts liegt Johannstadt. Weite Teile dieses Gebietes sind den Bomben des 13. Februar 1945 zum Opfer gefallen. Der Stadtteil setzt sich aus Gründerzeit- und Plattenbauten zusammen. An der Grenze zwischen Altbaugebiet und Neubauten arbeitet die kommunale Einrichtung Johannstädter Kulturtreff.

Er verfügt über eine eigene Keramikwerkstatt, die professionell betreut wird. Der Johannstädter Kulturtreff hat ein ausgesprochen breites Angebot, das sich an den Bedürfnissen seiner Umgebung orientiert. So gibt es eine Initiative GEBS (Gesunde Ernährung und Bewegung in Sachsen), die im Kulturtreff eine Gesundheitsküche mit entsprechender Gastronomie betreibt. Gesundheits- und Sportkurse gehören ebenfalls zum Angebot. Die Stadtteilbibliothek Johannstadt hat Räume im Kulturtreff, genauso wie der Jugendtreff im Keller des Hauses. Jährlich werden im Haus Kinder aus Tschernobyl betreut. Der Treff arbeitet intensiv mit osteuropäischen Künstlerinnen und Künstlern zusammen, die in Dresden arbeiten und ihre Werke ausstellen.

Das Film- und Medienzentrum Pentacon, ehemaliges Kulturhaus der Dresdner Pentacon Werke, ist 1991 in die Trägerschaft der Stadt überführt worden. Das Haus hat einen Saal mit 250 Plätzen, ein Kino, ein kleines Theater, eine Kinderfilmschule, Konferenzräume und Gastronomie. Es bündelt auf regionaler und teilweise auf überregionaler Ebene die Angebote von Gruppen, Initiativen und Einrichtungen, die im Medienbereich arbeiten. Im Pentacon finden sich eine gut ausgestattete Film- und Medienwerkstatt mit Kamera und Projektionstechnik, Film- und Videoarchive, eine Fachbibliothek, der Landesfilmverband, coloradio – eine freie Radioinitiative, die wöchentlich sendet, sowie ein Internet-Café, in dem man/frau auf den Datenautobahnen surfen kann. Die Schülerzeitung »Dick und Doof« wird im Pentacon produziert. Das Angebot richtet sich an Kinder und Jugendliche, an Film- und Videoamateure, an film- und medieninteressierte Bürgerinnen und Bürger, an Profis und nicht zuletzt auch an Institutionen und Schulen, Bildungs-, Freizeit- und Landesinstitute, mit denen inhaltlich und zur optimalen Nutzung der technischen Ausstattung kooperiert wird.
Darüber hinaus bietet das Pentacon vielen Stadtteilinitiativen Raum als Treffpunkt in Striesen. Es finden sich Kursprogramme für Tanz, Körpertraining und kreative Freizeitgestaltung und es werden Stadtteilfeste organisiert. Das kulturelle Veranstaltungsprogramm des Hauses umfaßt Lesungen, Theater, Musik und Tanzabende sowie Kabarett und Kindertheater. Im Haus findet sich die Stadtteilbibliothek Striesen und die Projektbibliothek. Das Kulturhaus Pentacon ist einerseits ein Film- und Medienzentrum und zum anderen eine bürgernahe Stadtteilkultureinrichtung, die durch Workshop-, Kurs- und Seminarangebote auch soziale Aufgaben im Stadtteil hat. Perspektivisch wird sich der Schwerpunkt des Pentacon mehr zum Film- und Medienzentrum verschieben.
Vom Büro für freie Kulturarbeit e.V. aus wird zusammen mit dem Riesa efau e.V. die Arbeit der AG Stadtteilkultur koordiniert. Das Büro berät Vereine und Initiativen aus Dresden und Umgebung in Vereinsrecht, Management, Finanzierung und Konzeptentwicklung. Auf Initiative des Kulturbüros erscheint Ende des Jahres das »Stattbuch« – ein Führer durch die Soziokultur in Dresden. Darüber hinaus betreut das Kulturbüro die Projektebibliothek.
Weiter die Elbe stromaufwärts liegt Blasewitz, der wohl bekannteste Stadtteil

von Dresden – literarisch verewigt von Friedrich Schiller und idyllisch gelegen am großen Elbbogen. Die großzügigen Elbufer stehen im intensiven Wechselspiel mit den prächtigen und einladenden Villen und grünen Baumalleen. Der Verein Unternehmen Kultur e.V., 1990 gegründet, gehört zu den »ältesten« Vereinen der Stadt. In diesem Stadtteil gibt es keine kommunale Einrichtung, die Kultur- und Freizeitangebote an die Bürgerinnen und Bürger macht, sondern der Verein Unternehmen Kultur e.V. organisiert Bildungs- und Sportveranstaltungen und versucht, Kunst durch Freizeiterleben an Menschen aller Altersgruppen heranzutragen. Ein jährliches Stadtteilfest am Friedensplatz gehört zum kontinuierlichen Angebot.

Loschwitz, Leuben und Zschachwitz

Das »Blaue Wunder«, eine Ende letzten Jahrhunderts erbaute freitragende Stahlbrücke, verbindet Loschwitz mit Blasewitz. Loschwitz erstreckt sich vom nördlichen Elbufer bis in die Elbhänge hinein mit imposanten Villen und Gärten. Im Norden durch die Dresdner Heide und den Stadtteil »Weißer Hirsch« begrenzt und im Osten durch den Wachwitzer Park, ist dieser Stadtteil, wie übrigens eine Vielzahl anderer, eine grüne Lunge der Stadt. In Loschwitz und Umgebung wohnen und arbeiten viele Dresdner Künstler. Sie haben unter anderem im »Künstlerhaus« eine Heimstatt gefunden.

Der Kunstverein Alte Feuerwache Loschwitz e.V., 1991 gegründet, betreibt in der ehemaligen Loschwitzer Feuerwache eine Lithographie- und Keramikwerkstatt. Der Verein bietet für den Stadtteil Malkurse und Einführungen in verschiedene Drucktechniken an. In einem relativ kleinen Veranstaltungsraum finden Theater- und Musikveranstaltungen sowie experimentelle Performances statt. Ausstellungen von Dresdner Künstlern gehören zum festen Bestandteil der Arbeit des Vereins. Der Verein betreibt eine Galerie auf der nahegelegenen Grundstraße. Dresdner Künstler und nationale und internationale Gäste arbeiten an gemeinsamen Projekten und stellen ihre Arbeiten in der vereinseigenen Galerie vor. Das Gebäude der Alten Feuerwache wurde 1995 in die Verwaltung des Kulturamtes übernommen. Nach Abschluß der Sanierung wird in den ersten Stock die Stadtteilbibliothek Loschwitz einziehen. Einmal jährlich findet das Elbhangfest statt. Der gleichnamige Verein, gegründet 1990, will mit diesem Sommerfest die Elbhänge vom Körnerplatz in

Loschwitz bis zum Pillnitzer Schloßpark, der Sommerresidenz der Wettiner, mit einem großen Fest beleben. Jährlich steht das Fest unter einem bestimmten Motto, das ein großer Festumzug darstellt. Entlang der Straße finden Programme verschiedenster Art statt, Orchester und Chöre, Galerien, Museen und Künstler engagieren sich. Dresdner Theater und freie Initiativen tragen gemeinsam mit dem Elbhangfest e.V. zum Gelingen des großen Kunst und Stadtteilfestes bei. Verschiedene Handwerke, regional typische und internationale Küche, zahlreiche Verkaufsstände mit einem breiten Weinangebot aus der Umgebung von Dresden beleben die Straße für ein Wochenende im Juni und machen sie zu einem Erlebnisraum für Besucher und Anwohner.
Überquert man mit der Elbfähre auf halbem Weg zwischen Körnerplatz und Pillnitz den Fluß, erreicht man den Stadtteil Leuben. Der Club Dialog, eine kommunale Stadtteileinrichtung, ist ein offener Treff für die Jugendlichen des Stadtteils und bietet neben offenen Angeboten Kurse verschiedenster Art sowie Konzerte, Theater und Diskoveranstaltungen an. Da in diesem Neubaugebiet mit ca. 8000 Einwohnern vor allem Senioren, Familien mit Kindern und alleinstehende Menschen wohnen, öffnet der Club Dialog seine Räume mit einem breiten Beratungsangebot, mit thematischen Gesprächsrunden und mit Selbsthilfeangeboten speziell für diese Menschen.
Weiter stromaufwärts in Kleinzschachwitz liegt in Elbnähe das Putjatinhaus. Es wurde 1994 vom gleichnamigen Verein in freier Trägerschaft übernommen. Der Saal im Obergeschoß bietet für Kleinkunst- und Filmveranstaltungen, Konzerte, Lesungen und Diskussionsrunden ca. 80 Besuchern Platz. Die Räume im Erdgeschoß werden für kreativ-künstlerische Angebote von den Bewohnerinnen und Bewohnern des Stadtteils genutzt. Perspektivisch wird sich die Arbeit des Vereins gemeinsam mit dem Heinrich-Schütz-Konservatorium auf das Nebengebäude erstrecken. Der Putjatinhaus e.V. kann sein Kreativangebot dann auch auf den musischen Bereich erweitern.

Prohlis, Nickern, Zschertnitz und Gorbitz

Diese vier Stadtteile umschließen Dresden von Süd bis West. Die Kulturetage Prohlis befindet sich in zentraler Lage im zweitgrößten Neubaugebiet Dresdens. Die 1991 aus der Galerie Süd und dem ehemaligen Club der Werktä-

tigen entstandene Kulturetage Prohlis steht vor besonderen Anforderungen. Prohlis weist neben Gorbitz im Durchschnitt eine siebenfach höhere Bevölkerungsdichte als die Stadt Dresden auf. Ca. 25.000 Menschen, davon ein Viertel Kinder und Jugendliche, wohnen dort. Im Neubaugebiet gibt es kaum Kommunikations-, Spiel- und Freizeitangebote. Es ist vor allem charakterisiert durch Plattenbauten und zugeparkte Straßen.
Die Kulturetage Prohlis versucht, ein kreativer Punkt in diesem lauten und tristen Häusermeer zu sein. Die Kreativangebote für Kinder- und Jugendliche werden ergänzt durch Ausstellungen Bildender Künstler, Gesprächsrunden und Lesungen, die damit an die Traditionen der Galerie Süd anknüpfen. Die Kulturetage Prohlis arbeitet unter sehr engen räumlichen Bedingungen, die eine Alternative zwingend notwendig machen. Gerade künstlerisch-kreative Kursangebote sowie musische Ausbildung und Früherziehung müssen im Wohngebiet erreichbar sein. Deshalb will die Kulturetage Prohlis ihren zentralen Standort im Wohngebiet unbedingt beibehalten.
Die Kulturanstalt Schloß Nickern, als nächstgelegene Einrichtung zum Wohngebiet Prohlis, hat, anders als die Kulturetage Prohlis, eine gesamtstädtische Bedeutung. Das Gebäude, erstmalig 1350 als Rittersitz zu Nickern urkundlich erwähnt, hat eine lange und wechselvolle Geschichte. Die nach dem Bombenangriff auf Dresden noch verbliebenen Räumlichkeiten wurden in der DDR zu behelfsmäßigen Wohnungen umgebaut. Ein Kinderhort und ein Club der Werktätigen fanden hier eine Heimstatt. Erst mit der Umwandlung dieses Clubs in einen kommunal getragenen Jugendclub und auf die Initiative der Betreiber hin begann ein neuer Abschnitt für das ehemalige Rittergut. Der Jugendclub entwickelte sich nach dem Herbst 1989 zu einem über die Stadtgrenzen hinaus bekannten Zentrum.
Die dringendste notwendige Sanierung begann, und im Sommer dieses Jahres werden ein Schloßflügel und der Anbau wiedereröffnet. Die Betreiber der inzwischen in freie Trägerschaft überführten Einrichtung arbeiten in vielschichtigen Bereichen, die mit der Eröffnung den Bewohnerinnen und Bewohnern der umliegenden Stadtteile zur Verfügung stehen. Das Schloß wird Begegnungs- und Bildungsstätte sein. Lehrgänge, Schulungen, Tagungen und Workshops können aufgrund der neuen räumlichen Voraussetzungen hier stattfinden. In der Kulturanstalt Schloß Nickern GmbH sind Werkstät-

Kulturanstalt Schloß Nickern

ten zu finden, die von freischaffenden Künstlern und selbständigen Handwerkern betreut werden. Tourismus, Ökologie und Landschaftsschutz bieten sich an aufgrund der Lage des Schlosses Nickern im grünen Gürtel der Stadt, am Eingang zum Gerbergrund. Geplant ist, den Barockgarten, der früher das Schloß umgab, wiedererstehen zu lassen und einen Naturlehrpfad durch den Grund anzulegen.

Im Aufbau ist eine Cartoon- und Karikaturgalerie. Veranstaltungen von Kunst- und Theaterprojekten bis hin zu Kammer- und Rockkonzerten, Film, Kinder- und Seniorenveranstaltungen gehören zum Veranstaltungsprofil der Kulturanstalt Schloß Nickern. Das jährlich stattfindende Nickerner Schloßfest zieht Besucherinnen und Besucher aus der gesamten Stadt an; mittelalterliches Markt- und Handwerkstreiben gehören genauso wie Musik, Tanz und Gastronomie zum Schloßfest.

In unmittelbarer Nähe zum Schloß und gemeinsam mit der Kulturanstalt Schloß Nickern GmbH arbeiten der Spielprojekt e.V. und der Kinder- und Jugendbauernhof e.V. mit zahlreichen Tieren.
Nordwestlich von Nickern im Neubaugebiet Zschertnitz wurde 1978 das Kreativstudio Zschertnitz gegründet. Es arbeitet in kommunaler Trägerschaft. Das Kreativstudio Zschertnitz ist einerseits Ort für kreative Angebote, andererseits finden dort viele sozialpädagogische Projekte statt, die sich an den Bedürfnissen des Stadtteils orientieren. Es gibt einen Treff für Senioren, für Alleinstehende, ein Fan-Projekt für Jugendliche. Das Bürgerkomitee Zschertnitz findet genauso Raum im Kreativstudio wie Konzerte, Lesungen und ein alljährliches Sommerfest. Über eine räumliche Erweiterung durch Umzug in eine geschlossene Kindertagesstätte im Wohngebiet wird derzeit nachgedacht.
Weiter westlich befindet sich das größte Neubaugebiet der Stadt: Gorbitz. Die Passage – ein eingeschossiger Würfel – wurde als Wohngebietsclub 1986 eröffnet. Sie ist weit über den Stadtteil hinaus durch anspruchsvolle Kleinkunstprogramme bekannt. Kabarett, Liedermacher, Pantomime und Kino gehören zum festen Programm des Passage.
Im Neubaugebiet Gorbitz, das durch die Anonymität der stereotypen Plattenbauweise geprägt ist, sind vor allem Freizeit- und zielgruppenspezifische Angebote wichtig. Die Passage arbeitet mit den Schulen und Kindergärten im Neubaugebiet zusammen. Im Club finden Wechselausstellungen zu Malerei, Graphik und Textilgestaltung statt. Genreübergreifende Länderwochen und thematische Filmwochen, ein Gorbitzer Kindermarkt an den Spielorten des Stadtteils und das jährliche Straßenfest GORBAUZ gehören zum Profil der Passage.
Das Bürgerforum Gorbitz e.V. ist ein Podium für Bürgerinnen und Bürger, die sich mit der Stadtentwicklung und der »Aufwertung« ihres Stadtteils auseinandersetzen. In Diskussionspodien, Ausstellungen, Projekten zur Haus- und Fassadengestaltung werden in diesem Stadtteil unter Einbeziehung der Anwohner lebenswerte Perspektiven geschaffen. Gorbitz war im Rahmen des Bundesprojektes exwost (experimenteller Wohnungs- und Städtebau) eine von sechs Plattenbausiedlungen der ehemaligen DDR, die in einer zweijährigen Projektphase untersucht wurden. Ob die Forschungsergebnisse auch in die Praxis umgesetzt werden, wird die Zukunft zeigen.

Omsewitz, Cotta, Mickten und Pieschen

In Omsewitz, einem der über 40 alten Dorfkerne Dresdens, entstand 1988 in unmittelbarer Nähe zum Neubaugebiet Gorbitz der BioTop Kümmelschänke e.V. Der Verein baute den ehemaligen Gasthof zu einer ökologisch orientierten Begegnungs- und Bildungsstätte aus. Den größten Teil des ca. 8600 qm großen Geländes nimmt eine Streuobstwiese ein. Neben einem weiträumigen Kräuter- und Gemüsegarten, Spielplatz, Brenn- und Backofen bevölkern Schafe, Kaninchen und Ziegen den Hof. Das BioTop Kümmelschänke e.V. beschäftigt sich mit der Pflege traditionellen Handwerks wie Töpfern, Korbmachen, Weben, Siebdrucke. Naturnahe Garten- und Landschaftsgestaltung, Seminare und Diskussionen zu ökologisch relevanten Themen, alternative Energiegewinnung mit eigener Solaranlage, eine Bibliothek und Praktikantenbetreuung innerhalb von Umschulungs- und Fortbildungsmaßnahmen in Zusammenarbeit mit dem Arbeitsamt sind andere Arbeitsgebiete. Zahlreiche Feste, wie die Sommersonnwendfeier, ein Brennofen- und ein Erntedankfest, ziehen viele Besucherinnen und Besucher aus dem nahegelegenen Gorbitz und aus dem gesamten Stadtgebiet an. Der Verein organisiert gemeinsam mit der Passage Konzerte, Lesungen und Ausstellungen. Perspektivisch wird der BioTop Kümmelschänke e.V. den Hof für Kinder- und Jugenderholung und internationale Jugendarbeit öffnen. Der Verein strebt mit seinem Angebot an Tagungs- und Übernachtungsmöglichkeiten an, Euro-Umweltstudienplatz zu werden. Zum Haus gehört eine sehr gut besuchte vegetarische Gaststätte. Das BioTop Kümmelschänke e.V. ist durch seine Arbeit aus dem Dorfkern Omsewitz nicht mehr wegzudenken. Der Verein ist Mitinitiator des FACH-WERK-HOF's Omsewitz e.V., der auf dem Gelände eines benachbarten Dreiseithofes ein neues Zentrum für Jugendkultur gemeinsam mit verschiedenen Dresdner Initiativen und den Kindern und Jugendlichen aus Gorbitz schaffen will.

Einige Kilometer stadteinwärts am Westrand von Dresden findet sich im Stadtteil Cotta das ehemalige Volkshaus West, heute Kulturhaus Cotta, vom Cotta e.V. betrieben. Das ehemalige Volkshaus, in der DDR Stadtbezirkskulturhaus West, wurde wie alle ehemaligen stadtbezirksgeleiteten Kultureinrichtungen 1990 in die Trägerschaft der Kommune überführt. Da auch 1995 die Restitutionsansprüche nicht abschließend geklärt werden konnten, öffnete das Kulturamt das Haus für Vereine und Initiativen. Nach einer sehr intensiven Neuorientierungsphase ringt der Verein Kulturhaus Cotta e.V., der Dachverband der dort arbeitenden Vereine, um eine klare Neuprofilierung. Ein Kino, die Stadtteilbibliothek und Veranstaltungen der kleinen Form sowie Gastronomie werden Bestandteile des neuen Konzeptes sein. Die Theatergruppe Spielbrett hat hier seit vielen Jahren eine feste Probestätte gefunden. Darüber hinaus wird derzeit an der Stadtteilbindung gearbeitet.

Überquert man die Elbe auf der westlichsten Brücke, schließt sich hier über die Stadtteile Mickten und Pieschen der Kreis der »Wanderung durch die Soziokultur Dresdens«.

Das twenty five, heute noch allgemein als der »Blutige Rudi« bekannt, ist ein viergeschossiger Gebäudekomplex aus der Gründerzeit. Das Einzugsgebiet dieser Einrichtung erstreckt sich über die benachbarten Stadtteile Pieschen, Übigau, Trachau, Kaditz mit einer Gesamteinwohnerzahl von ca. 46.000. Bis zur Übernahme durch das Kulturamt der Stadt Dresden wurde es als Jugendklubhaus des Stadtbezirkes Nord genutzt. Vorwiegend Tanzveranstaltungen und Konzerte bestimmten das Profil. Heute hat das twenty five seinen Schwerpunkt auf Kinder- und Jugendarbeit gelegt. Verschiedene freie Träger der Stadt arbeiten in diesem Haus. Die Städtische Musikschule bietet musische Ausbildung an, der Chorverband Sachsen e.V. wird einen Kinderchor und Singgemeinschaften für Senioren einrichten. Im Saal werden Amateurtheater, Kabarett- und Carnevalveranstaltungen angeboten. Im Keller entsteht in Kürze ein Jugendtreff, und jungen Bands stehen hier Probenräume zur Verfügung. Die Profilierung des Hauses ist derzeit noch nicht abgeschlossen.

Der Verein Pro Pieschen e.V. arbeitet mit ähnlicher Zielsetzung wie die IG Äußere Neustadt oder das Bürgerforum Gorbitz. Angelehnt an die sozialen Bedürfnisse der Bewohnerinnen und Bewohner, hilft dieser Verein mit Beratungsangeboten sozial schwachen Menschen bei der Bewältigung der Alltagsprobleme. Jährlich organisiert der Verein das Pieschener Stadtteilfest und gibt eine Zeitung heraus.

Die Soziokultur hat in Dresden und Ostdeutschland andere Farben als in den westdeutschen Bundesländern. Vor allem die Nähe zur Kinder- und Jugendarbeit und zur Sozialarbeit ist eine wesentliche Komponente der ostdeutschen und Dresdner soziokulturellen Landschaft. In diesem Sinne kann man gespannt sein, welche Entwicklung der nunmehr schon fast 30 Jahre alte Begriff in Zukunft nehmen wird. Und es bleibt die Frage des Anfangs: Was ist Soziokultur?

[1] *IG Äußere Neustadt e.V. (Hg.), Die äußere Neustadt. Aus der Geschichte eines Dresdner Stadtteiles, Dresden 1996*

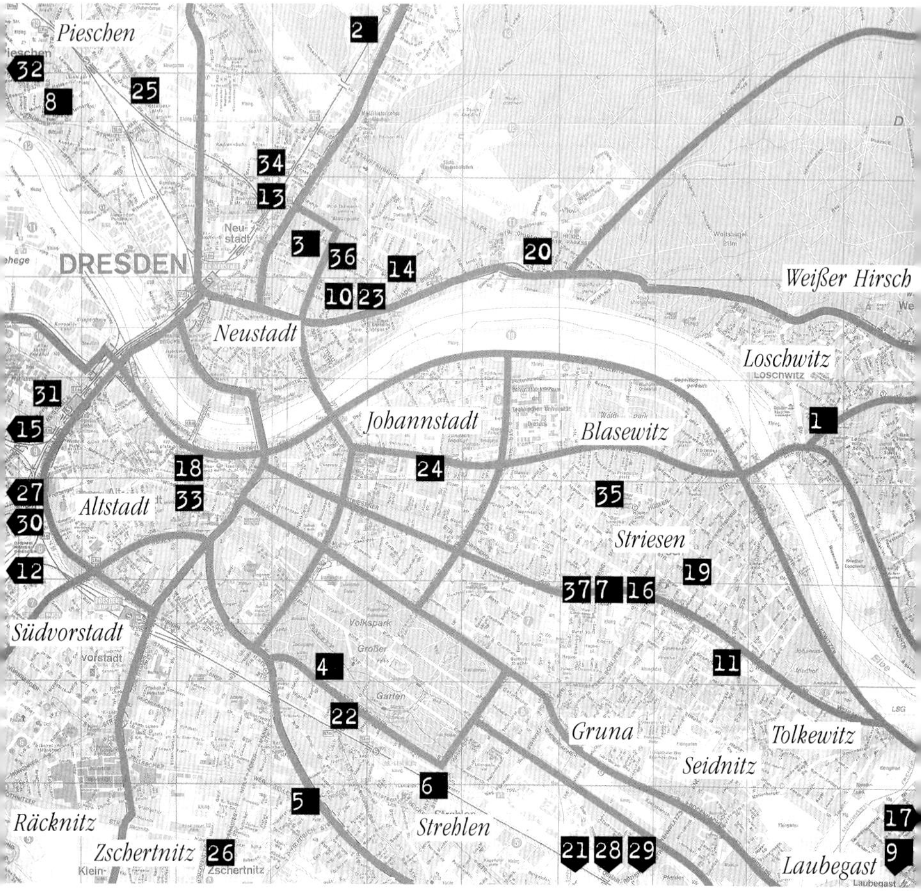

1 *Alte Feuerwache Loschwitz e.V.* | Fidelio-F.-Finke-Str. 4, 01326 Dresden, Tel. 0351/ 2 64 10 72

2 *AnStiftung* | Goethestr. 23, 01109 Dresden, Tel. 0351/ 88 55 11

3 *Antrieb e.V.* | Alaunstr. 91, 01099 Dresden, Tel. 0351/ 8 02 61 80

4 *Arbat e.V.* | Franz-Liszt-Str. 13, 01219 Dresden, Tel. 0351/ 4 22 52 09

5 *Ausländerrat Dresden e.V.* | Begegnungszentrum für Ausländer, Heinrich-Zille-Str. 6, 01219 Dresden, Tel. 0351/ 4 71 05 58

6 *Brennhaus e.V.* | Reicker Str. 89, 01237 Dresden, Tel. 0351/ 2 84 78 78

7 *Büro für Freie Kulturarbeit Dresden e.V.* | Schandauer Str. 64, 01277 Dresden, Tel. 0351/ 8 38 07 49

8 *Club »Am Pieschener Winkel«* | Altpieschen 17, 01127 Dresden, Tel. 0351/ 8 58 13 71

9 *Club Dialog* | Rathener Str. 115, 01259 Dresden, Tel. 0351/ 2 02 22 93

10 *Club für Dich* | Martin-Luther-Str. 21, 01099 Dresden, Tel. 0351/ 8 04 19 84

11 *Club Mari* | Altenberger Str. 87, 01279 Dresden, Tel. 0351/ 2 57 11 70

12 *Club Passage* | Leutewitzer Ring 5, 01169 Dresden, Tel. 0351/ 4 11 26 65

13 *Conni e.V.* | Rudolf-Leonhardt-Str. 39, 01097 Dresden

14 *Deutsch-Russisches Kulturinstitut e.V./ Russischer Leseklub* | Zittauer Str. 29, 01099 Dresden, Tel. 0351/ 8 01 41 60

15 *Fach-Werk-Hof Omsewitz e.V.* | Altomsewitz 11, 01157 Dresden, Tel. 0351/ 4 22 33 58

16 *Film- und Kulturzentrum PENTACON* | Schandauer Str. 64, 01277 Dresden, Tel. 0351/ 3 40 00 34

17 *Förderverein Putjatinhaus e.V.* | Meußlitzer Str. 83, 01259 Dresden, Tel. 2 01 19 06

18 *Französisches Kulturzentrum* | Kreuzstr. 2, 01067 Dresden, Tel. 0351/ 4 95 14 78

19 *Frauenbildungszentrum »Hilfe zur Selbsthilfe« e.V.* | Dornblüthstr. 18, 01277 Dresden, Tel. 0351/ 33 77 09

20 *Frauenzentrum SOWIESO e.V.* | Angelikastr. 1, 01099 Dresden, Tel. 0351/ 8 04 14 70

21 *Freizeithaus Prohlis* | Elsterwerdaer Str. 21, 01239 Dresden, Tel. 0351/ 2 85 99 17

22 *Gerede e.V.* | Wiener Str. 41, 01219 Dresden, Tel. 0351/ 4 64 02 20

23 *Hatikva e.V.* | Pulsnitzer Str. 10, 01099 Dresden, Tel. 0351/ 8 02 04 89

24 *Johannstädter Kulturtreff* | Dürerstr. 79, 01307 Dresden, Tel. 0351/ 4 59 40 96

25 *Kleine Freiheit im Haus der Begegnung* | Großenhainer Str. 93, 01127 Dresden, Tel. 0351/ 8 58 38 01

26 *Kreativstudio Zschertnitz* | Michelangelostr. 1, 01217 Dresden, Tel. 0351/ 4 71 01 31

27 *Kümmelschänke e.V., Biotop* | Kümmelschänkenweg 2, 01157 Dresden, Tel. 0351/ 4 21 03 41

28 *Kulturanstalt Schloß Nickern* | Altnickern 36, 01239 Dresden, Tel. 0351/ 2 81 54 08, Fax. 0351/ 2 81 67 70

29 *Kulturetage Prohlis* | Herzberger Str. 30, 01239 Dresden, Tel. 0351/ 2 84 21 30

30 *Kulturhaus Cotta* | Hebbelstr. 35 b, 01157 Dresden, Tel. 0351/ 4 21 61 35

31 *Kulturverein Riesa efau e.V.* | Adlergasse 14, 01067 Dresden, Tel. 0351/ 86 60 20

32 *Kulturzentrum »twenty five«* | Fechner Str. 2a, 01139 Dresden, Tel. 0351/ 8 49 19 25

33 *Ökumenisches Informationszentrum e.V.* | Kreuzstr. 7, 01067 Dresden, Tel. 0351/ 4 95 21 90

34 *Unterer Hecht* | Hechtstr. 32, 01097 Dresden, Tel. 0351/ 8 04 11 16

35 *Unternehmen Kultur e.V.* | Kyffhäuserstr. 17, 01309 Dresden, Tel. 0351/ 3 08 28

36 *IG Äußere Neustadt* | Görlitzer Str. 36, 01099 Dresden, Tel. 0351/ 4 41 10 95

37 *AG Stadtteilkultur* | zu erreichen über das Büro für freie Kulturarbeit, siehe Nr. 7

UTOPIE EINES MUSEUMS

Ich wünsche mir, daß Dresden – alternativ zum Museum für Verkehr und Technik in Berlin und zum Museum für Arbeit und Technik in Mannheim – ein Museum für Kunst und Technik hätte. Ich würde es das Jahrhunderthaus nennen. Es wären Technik und Kunst aus Dresden, Freital, Radeberg, Meißen und Pirna ausgestellt aus diesem Jahrhundert, das so viel erlebte und in dem sich Charakter und Rolle der Arbeit so häufig änderten. Es wären die Verbreitung des elektrischen Stromes und der Biocomputer, die Arbeiterbildungsvereine, die Große Sozialistische Oktoberrevolution, der Beitritt der

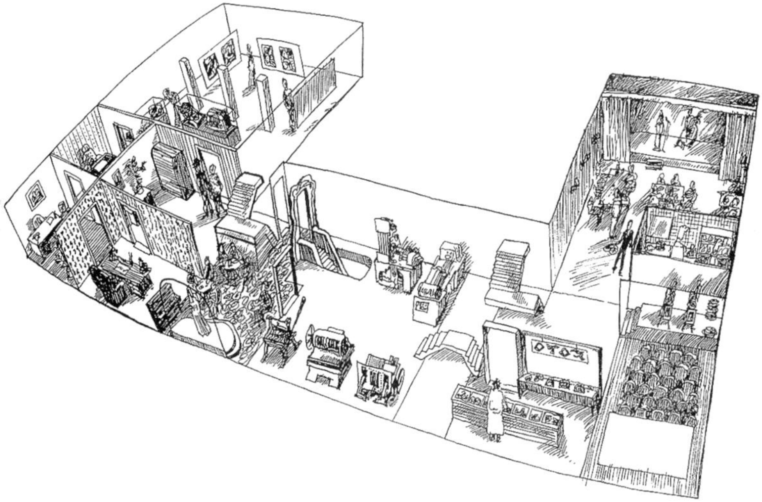

Grafische Vision zum Jahrhunderthaus

DDR nach § 23 und die große Ernüchterung (fast aller) danach zu dokumentieren. Das Haus müßte – wer hätte das gedacht – in der Junghansstraße stehen. Dort, wo Theo Waigel 1992 Millionen investiert hat, damit für Kunst und Kultur ein Heim entsteht. Heute gibt es dort ein technisches Museum, ein Wohnungsamt und eine Wohnungsbaugesellschaft. Es sollten beispielsweise Foto- und Kinotechnik, Druckmaschinen, Bühnentechnik, Radio- und Fernsehapparate, Rechentechnik, Mikroelektronik und Verpackungs- und Zigarettenmaschinen aus dem Dresdner Raum gesammelt werden. Im Keller wünsche ich mir eine Arbeiterbildungskneipe, eine funktionierende Markthalle um 1900, eine Gespensterbahn, in der man die Vorstellungen und Utopien unserer Urgroßeltern über das 20. Jahrhundert erfährt...

Horizontal bewegt sich der Besucher in einer Epoche. Vertikal – ob mit dem Fahrstuhl, auf der Treppe oder einer Leiter – durchquert er das gesamte Jahrhundert. So gibt es das erste Kino auf der Vogelwiese, den Kinopalast der Zwanziger Jahre, das original nachgebaute Kino im Hauptbahnhof aus den Sechzigern und unter dem Dach einen 3-D-Erlebnisraum. Es gibt das Café der Goldenen Zwanziger Jahre, den »Dreckschen Löffel« vom Fučikplatz und das Ökocafé mit Internetanschluß. Man kann im Erdgeschoß den ersten Röhrenempfänger sehen und unter dem Dach, im gläsernen Studio von

Coloradio, selbst Sendungen produzieren. Sächsische Gewerbe- und Industrieausstellungen finden regelmäßig statt. Stadtbibliothek, Puppentheater, Kunstprojekte, das kommunale Kino, Gewerbetreibende und Vereine finden hier eine Heimstatt. Auf der im Maßstab 1:10 nachgebauten Bühnentechnik der Semperoper proben Schülertheater, und im Ilafot-Laden werden von »Josef-Schneider-Feinwerktechnik« noch Pentacon-Kameras repariert. Unterm Dach: Visionen und Projekte von Dresdner Bürgern, Wissenschaftlern und Künstlern für das nächste Jahrtausend.

Verwalten sollte das Ganze eine gemeinnützige GmbH mit Dienstleistungsabteilungen für alle Mieter. Arbeitsprinzip: Wer sich am besten an das Hauskonzept hält, zahlt am wenigsten Miete. Was ich da mache? Einen kulturellen Gemischtwarenladen...

Werner Ehrlich: **1948** in Leipzig geboren **I** gelernter Buchdrucker **I** Mitinitiator und Gründer bei: »Jazz im Boxring«, »Jugendclub der Kunstsammlungen«, »Dresdner Filmfest« **1982** und **1983**, Parkfest, Elbhangfest, Projektemarkt der BRN **1992** und **1993**, Büro für freie Kulturarbeit, »Stadtgespräch«, Panzerhof **I** heute Projektleiter im Medienzentrum Pentacon.

KINONARREN UND ANDERE CINEASTISCHE KLEINIGKEITEN

Kino ist in Dresden nicht zu übersehen. Obwohl die Mehrzahl der Kinos als Ort des Ereignisses Film nicht dem klassischen Filmtheaterideal entspricht. Ihr äußeres Erscheinungsbild ist meist alles andere als imposant – ganz im Gegensatz zu dem, was darin geboten wird. Unter dem Motto »Der Inhalt ist entscheidend« wurden in Dresden nach der Wende in scheinbar unmöglichen örtlichen und räumlichen Lagen Kinos und Spielstätten aus dem Boden gestampft. Teilweise verraten schon die Namen unkonventionelle Örtlichkeiten wie beim Kino im Dach oder beim Kino im Kasten. Es entstanden solche republikweiten Unikate wie das Casablanca; so was hatten selbst Kinoprofis von Rhein und Ruhr noch nicht gesehen. Aber auch vor Hörsälen (Nickelodeon, Kino im Kasten), Wohngebietsklubs (Passage, Club für Dich), Kultur- und Jugendhäusern (Kino im Dach, Kino in der Scheune) und selbst Bibliotheken (Jubi) schreckten Dresdner Kinoenthusiasten als Spielstätten nicht zurück. Räumliche und technische Defizite wurden und werden mit Inidividualität, Liebe zur Sache und Kreativität ausgeglichen.

Für die Kinostadt Dresden war 1989 allerdings nicht das Jahr 0. Neben über zehn Filmtheatern (von denen heute noch vier! als solche existieren) war die lebendige Filmklubszene und die Studiobühne mit ihrem Camera-Programm schon immer ein Tummelplatz für Cineasten. Im bekannten Rahmen, selbstverständlich. Doch auf der dadurch geprägten Aufgeschlossenheit des Publikums konnten alle Kinomacher nach '89 aufbauen. Und solche Macher hatte und hat es in Dresden mehr als irgendwo im Osten. Jörg Polenz und die Gründertruppe der Filminitiative waren mit ihrem ersten Filmfest 1989 der Zeit ideologisch und politisch schon voraus. Frank Apel wurde 1990 mit dem Nickelodeon zum ersten selbständigen ostdeutschen Kinobetreiber. Ein Jahr später gründete er mit Dirk Hennings und mir die Nickelodeon GmbH (Programmkino Ost, Filmtheater Hauptbahnhof, seit 1993 Schauburg), liebevoll auch als die einzige »Kinokette« in ostdeutscher Hand bezeichnet. Ob es die Medienpädagogen der TU, die Passage-Besatzung oder die Quasimodo-Initiatoren sind – an filmvernarrten Veranstaltern, die auch die Fähigkeit haben, ihr Publikum mitzureißen, mangelt es wahrlich nicht. Daß zwischen fast allen Kinomachern überwiegend harmonische Eintracht herrscht, ist im Vergleich zu anderen Städten durchaus ein Novum.

Seit dem politischen und personellen Wechsel im Kulturdezernat kommen nun nach Jahren der inkompetenten Schläfrigkeit sogar inhaltliche Impulse und Fördermöglichkeiten mit mehr Effizienz, Gerechtigkeit und Umfang aus der städtischen Kulturadministration. Ein zwangsläufiger Schritt, wenn man die zunehmende Zahl von etablierten und neuen Projekten betrachtet. Das Filmfest, kurzfilm- und independentgeprägt, hat mittlerweile eine bedeutende internationale Ausstrahlung. Kinder- und Jugendfilmfest ringen um Profil und öffentliche Beachtung. Die Woche des deutschen Films versucht, noch zu einem jährlichen Ereignis zu werden. Die Woche des russischen Films steht ganz am Anfang. Kleinere Projekte und Filmreihen sind zur Regel geworden.

Beim Publikum scheint sich langsam, aber kontinuierlich die Erkenntnis durchzusetzen, daß es unsinnig ist, zwischen Filmkunst und -kommerz starre Grenzen zu ziehen. Empörte Besucher, die z.B. bei David-Lynch- oder Luc-Besson-Filmankündigungen in Programmkinos ihrem Unverständnis Luft machen, trifft man seltener. Das macht die Arbeit der Programmgestalter angenehmer und die Programme vielfältiger. Auch der UFA-Palast leistet seinen Beitrag dafür, daß der Programm- und Kunstkinobereich in Dresden kein Nischendasein fristet, sondern Kinoalltag mit erheblicher Resonanz ist. Dies verdankt er nicht zuletzt den örtlichen Medien. Eine handvoll kinobegeisterter Journalisten klappert in Presse, Funk und Fernsehen, was das Zeug hält. Es ist schön, mit seiner Arbeit so beachtet zu werden.

Aus überwiegend eigener Kraft ziehen die Dresdner Filmtheater und Spielstellen über eine Million Zuschauer pro Jahr an. Kino ist damit einerseits Massenkultur und andererseits nicht auf Megasubventionen wie die Hochkultur angewiesen. Es ist ein ehrliches Geschäft, mit dem man bei entsprechendem Risiko sein Leben bestreiten kann. Wir sagen dies schon seit Gründung unseres Unternehmens und freuen uns, daß auch die Veranstalter der Filmnächte (meinem cinematographischen Jahreslieblingsereignis) zu dieser Position gefunden haben. Das geschäftliche Geschick dazu haben sie auf jeden Fall. Wendet man das schlichte marktwirtschaftliche Prinzip von Angebot und Nachfrage auf die Dresdner Kinolandschaft an, kommt man ohne große Anstrengung schnell zur Erkenntnis, daß Dresden mit modern ausgestatteten Filmtheatern unterversorgt ist.

Das hat sich mittlerweile bis nach Chicago herumgesprochen und zu einer grotesken Situation geführt. Für Dresden sind mittlerweile sieben (!!) Großkinos (2500 bis 5000 Plätze) angekündigt, darunter zwei Projekte der amerikanischen Firmen AMC und UCI, die um den Standort in Mickten/Kaditz konkurrieren. Klein ist damit der Schritt von der Unterversorgung zum Überangebot. Kurzfristig kann dies den Dresdner Kinogänger zwar beglücken, doch schnell wird die Rentabilität einiger Filmtheater nicht mehr ausreichen, kleinere Kinos werden schließen müssen und das eine oder andere Großkino zum Supermarkt mutieren. Kluge und langfristig denkende Köpfe sind da in der Stadtverwaltung gefragt, um Dresdens einmaliges Kinobiotop nicht zu gefährden.

Sven Weser: **1965** in Radebeul geboren **I** Baufacharbeiter mit Abitur **I** kulturorganisatorische Tätigkeit bei Klubhaus Sachsenwerk, Kulturakademie Dresden, Rat des Bezirkes Dresden, Abt. Kultur, Dresden Kino GmbH **I** Studium der Kulturwissenschaften Berlin, abgebrochen **1991** Gründung der Nickelodeon Filmtheaterbetrieb Dresden GmbH gemeinsam mit Dirk Hennings und Frank Apel **I** seitdem dort als Geschäftsführer tätig

DRESDEN ALS MEDIENKULTURELLER ORT

Klaus Nicolai

1. Kulturstadt und Medienkultur: Auf der Suche nach einer Brücke

Es scheint unumstritten zu sein: Dresden ist eine Kulturmetropole von europäischem Rang. Der Grund dafür wurde im 18. und 19. Jahrhundert gelegt. Rund um den »Balkon Europas« (Brühlsche Terasse) gruppiert sich der Steinerne Kern, auf dessen Substanz die wiedergekürte Landeshauptstadt scheinbar zweifelsfrei zurückgreifen kann: Zwinger, Semperoper, Sempergalerie, Albertinum, Grünes Gewölbe, Taschenbergpalais, Schloß, Hofkirche, Kunstakademie, Kunstverein und als Zeichen aktiver Rückbesinnung: der Bauplatz Frauenkirche. Damit scheint all das einigermaßen hinreichend aufgezählt, was Dresden im Gedächtnis der Welt, vor allem aber in seinem eigenen kulturellen Selbstverständnis ausmacht. Der wiederauferstandene kulturelle Kern steht weitgehend für das Image der Stadt. Freilich gab es – immer mehr am Rand des Zentrums bzw. an der äußersten Peripherie – »Phänomene«, die Dresden als Stadt der Moderne auswiesen: Technische Universität, Hygienemuseum, Hellerau, Pentacon Kamerawerke, DEFA… – um nur einige wichtige Orte der industriekulturellen Tradition der Stadt zu benennen. Bis heute lebt Dresden mit der Schizophrenie zwischen kulturellem Kern und peripherer (Nach-)Moderne: Eine der modernsten Chipfabriken der Welt in der Dresdner Heide, mdr- Landesfernsehen und 3-D-Produktionen um den neu rekonstruierten drefa-Komplex, Kommunikationswissenschaft, Künstliche-Intelligenz-Forschung und Medieninformatik an der TU, weltläufige Kunstexperimente wieder in Hellerau und das Dresdner Zentrum für Zeitgenössische Musik hoch oben über der Elbe unweit des aristokratischen Wohnsitzes von Manfred von Ardenne. Dresden hat es – abgesehen von den sozialfuturalen Plattenbauauswüchsen aus den vorigen Jahrzehnten und den meist konstruktivistischen Architekturen der Nachwendezeit – hervorragend verstanden, als barocke Traditionsstadt kulturell zu überleben.

Als Symbol für dieses Überleben gilt wohl das mittlerweile weltweit bekannte Steinchen in der Armbanduhr: Dresden und Frauenkirche – dies funktioniert im kulturellen Sinne fast wie ein Synonym. Und wer an diesen Kern des Kerns seine Millionen verschenkt – eigenartigerweise sind es vor allem große High-Tech-Konzerne – meint frische Luft aus alten Gemäuern auch fürder-

hin atmen zu können. Im Zeitalter der dualen Formalisierung gilt das Alte vielleicht mehr als je zuvor. Wie dem auch sei, Dresden – so ist man geneigt zu urteilen – trägt eine kulissenhafte Tarnkappe; eine Tarnkappe, hinter der sich vorzüglich investieren und noch besser technisch »innovieren« läßt. Staatskapelle, Philharmonie und Kreuzchor passen ja auch nicht schlechter auf CD als an ihre angestammten Dresdner Auftrittsorte. Moderne und Traditionalismus – das ist heute wohl weniger denn je ein fragwürdiges Paradox. Sollte man vielleicht nicht auch deshalb den Restauratoren und eingefleischten »Wiederaufbauern« der Stadt einen utopischen Deal vorschlagen: »Stopp des Wiederaufbaus der Frauenkirche, Verewigung der provisorischen Gesteinslagerstätten zum freistaatlichen Steinarchiv und Einrichtung einer stattlichen Anzahl von Cyberspace-Stationen unter einer die Ruinen der Frauenkirche einschließenden futuristischen Glaskuppel.«

Warum die durch ihre Zerstörung sowieso virtuell existierende Frauenkirche aufbauen, wenn sich zahlungskräftige Touristen für ein Entgelt per Datenanzug durch eine imaginär-kybernetische »Frauenkirche« sogar schwebend und dabei zugleich den Brandenburgischen Konzerten (Made in Dresden) lauschend bewegen könnten?! Wäre dies nicht die kulturelle Sensation inmitten einer archivierten Historie?! Und würde sich dies nicht im doppelten Sinne für die High-Tech-Sponsoren lohnen? Mag die Antwort ausfallen, wie sie will – es ist in Dresden scheinbar doppelt schwer, die »Brücke« zwischen Tradition und Moderne im Sinne eines erweiterten Kultur- und Kunstverständnisses zu schlagen. Hier trennt man – obwohl die Frauenkirche längst als digitales dreidimensionales Modell existiert (Vgl.: U. Riehm, B. Wingert: Multimedia – Mythen, Chancen und Herausforderungen. Mannheim 1995, S. 132) – immer noch möglichst sauber zwischen Utilitärem und Kulturellem. Und so reicht das Kulturverständnis mitunter nur bis zum »Standortfaktor Kultur« und zu der meist unter Schmerzen formulierten Einsicht, daß auch dieser wegen des wirtschaftlichen Vorteils finanziert werden muß. Und freilich braucht man, um die wirtschaftlich-sozialen Unebenheiten ausbügeln zu können, auch eine einigermaßen integrationsfähige Soziokultur. Der Rest ist Erbauung und Genuß.

»Dresden als medienkultureller Ort«? Gar noch als »Medienstadt«? Dies klingt unter den beschriebenen Umständen wie ein schlechtes Zitat, noch dazu importiert aus der benachbarten Messemetropole. Skepsis dem Medienboom gegenüber mag sein Gutes haben, doch steht die Frage, worauf eine solche Skepsis baut? Es gibt augenscheinliche Indizien, die auf eine eingefleischte Enge verweisen: Warum gibt es in Dresden ein Ministerium für Wissenschaft und Kunst und keines für Kultur? Versteht man vielleicht hier unter Kultur Kunst? Und warum obliegt – abgesehen von der klassischen Filmförderung – die Beförderung der Medien ausschließlich der Staatskanzlei und dem Wirtschaftsministerium? Die Frage spitzt sich schon zu, wenn man die weltweite Expansion der sogenannten »Medienkunst« in Rechnung stellt. Noch brisanter würde sie ausfallen, wenn man die modernen Medien, also Radio, TV, Video, Computer und Internet, als die entscheidenden Komponenten dessen versteht, was die Kultur unserer Zivilisation ausmacht: die Art und Weise der Welt- und Selbstwahrnehmung. Freilich bleibt hinter dem Denken in »Einschaltquoten«, »Arbeitsplätzen«, »wirtschaftlichen Standortfaktoren« und »technischen Innovationen« das wohl Entscheidendste verborgen: Medienrevolution – das heißt Veränderung der Stellung des Menschen in der Welt und seines Bewußtseins von der Realität. In diesem Sinne ist Medienrevolution identisch mit Kulturrevolution. Einen solch unmittelbaren und in sich synchronen Zusammenhang zwischen technologischer und kultureller Entwicklung hat es wohl – über Tausende von Jahren sich

hinziehend – nur in der sogenannten »Vorgeschichte« der Menschheit (die kurze Geschichte danach nennt man gewöhnlich »Kulturgeschichte«) gegeben. Unendlich beschleunigt findet in diesem Sinne gegenwärtig eine Umwälzung statt, die den klassischen Kulturbegriff und mit ihm das alte kulturpolitische Instrumentarium museumsreif werden läßt. Zum Beispiel sind die bei Siemens geschaffenen 800 »Arbeitsplätze« geeignet, in kürzester Zeit die Arbeit von vielen tausenden Erdbewohnern überflüssig zu machen. Oder positiv formuliert: hier werden Unmengen an arbeitsfreier Zeit (»Kulturzeit«?) und zugleich neue Instrumente einer noch komplexeren künstlichen Wirklichkeit erzeugt. Und vielleicht ist es dies, was Dresden zu einem quasi unerkannten Ort im Wirbelsturm globaler techno-kultureller Umwälzung avancieren läßt. (Nebenbei bemerkt scheint es das Hauptproblem der gegenwärtigen Zivilisation zu sein, den rasant anwachsenden Überschuß an arbeitsfreier Zeit in die ökonomische Zirkulation zu integrieren. Freilich würde das einen Pradigmenwechsel von einer Ökonomie des Mangels hin zu einer Ökonomie der produktiven Verschwendung voraussetzen.)
Es soll in Dresden Menschen geben, die noch bei Kettner an der altehrwürdigen Akademie die Kunst der Grafik studierten und heute bei Medienunternehmen »Benutzeroberflächen« entwerfen oder in freien Medienwerkstätten computergesteuerte Videoschnittplätze betreuen. Auch gibt es an der hiesigen Musikhochschule ein modernes Tonstudio, in dem sich nicht wenige Studenten im »elektronischen Komponieren« üben. Und – völlig unbemerkt vom Touristenstrom – arbeiten zwei, drei Künstler gemeinsam mit Mathematikern an der kybernetischen Visualisierung ihrer Ideen. Auch produziert man bei der drefa, bei media projekt, media design und anderswo dreidimensionale Animation für Fernsehen und Werbung, bildet auf Kosten des Arbeitsamtes Dutzende von Computergrafikern aus.
Geht man nach der Statistik, so ist Dresden im Bereich Film- und Videoproduktion durchaus eine Medienstadt: Es existieren hier ca. 30 private Film-, TV- und Videoproduktionsfirmen sowie sechs professionelle Tonstudios. In Dresden leben über sechzig freischaffende Regisseure, Kameraleute, Schnitt- und Tonmeister. Von den neunzehn freischaffenden Regisseuren arbeiten allein vierzehn im Trickfilm sowie im Computeranimationsbereich. Insgesamt 35 Vereine, Verbände und Initiativen beschäftigen sich mit audiovisuel-

len Medien. Zugleich haben in Dresden folgende überregionale, nationale und internationale Medieninstitutionen ihren Sitz: der Animationsfilmverband der BRD e.V. (ASIFA), das Deutsche Institut für Animationsfilm mit daran angeschlossenem Sächsischen Filmarchiv, das Landesmedienzentrum im Sächsischen Staatsinstitut für Bildung und Schulentwicklung (Comenius-Institut), der Verband der Film- und Fernsehproduzenten Mitteldeutschland, der Filmverband Sachsen, der Interessenverband Filmkommunikation Sachsen e.V., der Video- und Filmverband Sachsen e.V. sowie der Landesfilmdienst Sachsen für Jugend- und Erwachsenenbildung e.V. Es existieren in Dresden dreizehn Filmabspielstätten, wobei allein sieben Anbieter ein anspruchsvolles wochenfüllendes Programmkino realisieren. Jährlich finden das Internationale Filmfestival für Animations- und Kurzfilme (Filmfest Dresden) sowie die Ökologischen Filmtage statt. An der Technischen Universität Dresden existieren Bildungs- und Forschungseinrichtungen u.a. auf den Gebieten Kommunikationswissenschaft, Medieninformatik, Mediensozialarbeit und Medienphilosophie. Der Verlag der Kunst gehört nach wie vor zu den bekanntesten ostdeutschen Verlagen. Auch wird in Dresden die einzige mitteldeutsche Kunstzeitschrift, »fama«, herausgebracht. Dazu kommen noch unzählige Firmen im Bereich Multimedia, Werbung, Layout und Sofwareentwicklung sowie Hersteller von mikroelektronischen Leiterplatten. Auch an

Anbietern für's Internet gibt es keinen Mangel. Neben mdr-Rundfunk- und Fersehstudios sind in Dresden eine der auflagenstärksten deutschen Lokalzeitungen, die Sächsische Zeitung, sowie andere wichtige Zeitungen und Zeitschriften (Dresdner Neueste Nachrichten, Dresdner Morgenpost, die Stadtmagazine SAX und Dresdner) ansässig.
Auch dürfen die für Dresden typischen künstlerisch-experimentellen Projekte – Dresden ist ein Mekka der Herstellung von Künstlerbüchern und künstlerischer Druckgrafik – nicht vergessen werden. Neben kleineren Druckwerkstätten muß hier die Grafikwerkstatt Dresden besonders erwähnt werden. Nationale und internationale Bedeutung erlangte auch das hier entstandene Kunstzeitschriftenprojekt »reiter in Dresden«. Leider mußte der herausgebende »reiter e.v.« 1993 auch aus finanziellen Gründen dieses Projekt einstellen. Doch es wäre zu einfach, würde man all das Addierte als Medienkultur identifizieren. Mithin schließt ein Ort im Sinne von Kulturstadt kritische Auseinandersetzung, bewußte Reflexion, experimentierende Kreativität, emanzipatorische Gestaltung und nicht zuletzt philosophische Kontextualität im Umgang mit den Medien ein. Die sich mittlerweile zum Schlagwort gemauserten Formeln »Medien und Gewalt« oder »Medien gegen Gewalt« läßt eine, wenn auch weithin vernebelte Ahnung von den bisher kulturell unbewältigten medialen Konsequenzen aufkommen. Daß die Medialisierung mit der Erfindung textualer, fotografischer, kinomatischer, radiogener, televisionärer und kybernetischer Technologien immer tiefer und multimedial verflochtener in die Substanz der Wahrnehmung eindringt und von daher kulturgestaltend ist, verweist auf die Dringlichkeit einer reflektierenden und integrierenden kulturellen Verarbeitung.

2. Zwischen Kino, Trickfilm und Video: Medienkulturelle Impulse durch Vereine

Auch oder gerade nach dem tiefen Einschnitt der Wende – Zusammenbruch der Kamera- und Filmgeräteherstellung im VEB Pentacon, Abwicklung des DEFA-Trickfilmstudios mit seinen 260 Mitarbeitern, Wegfall wichtiger Träger auf dem Gebiet des Foto- und Amateur-Filmschaffens – bleibt Dresden eine Domäne des bewegten Bildes. Unter der noch viele Akteure und Ziele umfassenden Überschrift »Filminitiative Dresden« formierten sich im Herbst '89

Mit 51 Plätzen das kleinste Kino der Stadt: Casablanca

neue mediale Basisinteressen: Programmkinokultur, kommunales Filmtheater, Medienwerkstatt und Offener Kanal wurden offensiv von »unten« angegegangen. Nunmehr frei von staatlicher Bevormundung, äußert sich hier nicht nur ein angestautes Interesse zur Gestaltung traditioneller Kinokultur, sondern vor allem auch das Bedürfnis nach einem kritisch emanzipatorischen Umgang mit den Medien.

Wenn sich indes der wohl in Dresden mit am nachhaltigsten wirkende Medienverein Filminitiative Dresden e.V. um die Einrichtung eines kommunalen Filmtheaters im Kempinski-Hotel Taschenbergpalais bemüht, dann zeigt dies auch an, wie sich bestimmte Facetten des medienkulturellen Aufbruchs mittlerweile kultiviert bzw. etabliert haben. Unter dem Motto »Film ist Kunst« argumentiert der Verein im Sinne eines scheinbar anachronistischen Vergleichs: Die Semperoper avanciert zur Meßlatte des ersehnten Filmtheaters. Der Traum vom Galafilmtheater scheint allerdings ausgeträumt und die aus dem Neustädter Milieu entstammende Filminitiative muß, von den Büros in der Rähnitzgasse einmal abgesehen, vorerst ohne barocke Spielstätte auskommen. Daß sie 1996 wiederholt ihr internationales Animations- und Kurzfilmfestival in der Neustädter Schauburg mit großem Erfolg (knapp 600 eingereichte Filme, ca. 170 ausländische Gäste, gut ge-

füllte Säle und ein hervorragend zusammengestelltes Programm einschließlich dreier Spielfilmpremieren) realisieren konnte, zeigt, daß Dresden durchaus das Flair einer Filmstadt zu Gesicht steht.
In Dresden gibt es neben kommerziellen Anbietern ein überdurchschnittlich breites Angebot an Programmkinos mit sechs Spielstätten. So ist es den Filmenthusiasten um den Nickelodeon e.V. gelungen, einen für deutsche Verhältnisse recht ansehnlichen privaten Kinobetrieb – die Nickelodeon GmbH – auf hohem künstlerischen Niveau durch den Kauf der Schauburg und des Kinos Ost zu ermöglichen. Dabei eignet sich die »dreisaalige« Schauburg ausgezeichnet als Festivalort auch für das Filmfest. Freilich läßt die technische Ausstattung noch zu wünschen übrig, und es scheint – auch und gerade vor dem Hintergrund des Filmfestivals – geboten, daß Land und Stadt recht bald finanzielle Hilfestellung im Rahmen des Strukturprogramms leisten. Auch ist es an der Zeit, das Filmfest angemessen im Rahmen einer institutionellen Förderung auf verläßlichere finanzielle Beine zu stellen. Denn neben dem Festival für Zeitgenössische Musik ist das Filmfestival auf dem Weg, sich zu einem weiteren, international bekannten Standbein zeitgenössischer Dresdner Kultur zu entwickeln.
Die Filmnächte am Elbufer (Filminitiative e.V.), das Kinder- und Jugendfilmfest, das Kinderkino Kinozeros (Interessenverband Filmkommunikation e.V.) sowie die Tage des deutschen, russischen usw. Films (Nickelodeon GmbH) und die Ökologischen Filmtage (Umweltzentrum Dresden e.V.) sind weitere Facetten eines vielfältigen Kinoangebots in Dresden. Gerade das Kino gehört im Angesicht sich weiter atomisierender Mediennutzung zu einem Ereignis, welches sich durch reale soziale Anwesenheit auszeichnet. Kommunale Filmförderung sollte – auch mit Blick auf die beträchtliche Erweiterung der Platzkapazitäten der UFA im Stadtzentrum – in diesem Sinne stärker latente Möglichkeiten der kommunikativen Vor- und Aufbereitung sowie der grenzüberschreitenden experimentellen Film-Theater-Arbeit stimulieren.
Quasi als Nachklang und Reminiszenz an die mit der Wende zusammengebrochene größte Trickfilmfabrik im deutschsprachigen Raum (immerhin produzierte die DEFA in ihrem über dreißigjährigen Bestehen über 1000 Trickfilme) siedelten sich in Dresden der Sächsische Filmverband, das Deutsche Institut für Animationsfilm (DIAF) mit im Aufbau befindlichem Säch-

sischen Filmarchiv sowie die deutsche Geschäftsstelle der Internationalen Assoziation für Animationsfilm (ASIFA) an. Auch ist Sachsen das erste Land in Ostdeutschland, das einen Fonds für kulturelle Filmförderung (1,2 Millionen Jahresetat) bereithält. Von bisher 77 vergebenen Förderprojekten partizipierten allein 33 Dresdner Filmschaffende. Allerdings sind die Möglichkeiten der Publikation der geförderten Filmprojekte äußerst eingeschränkt, so daß sich die Fördermaßnahmen nur geringfügig auf die Filmkultur auswirken. Die Schere zwischen kommerzieller und künstlerisch anspruchsvoller Video- und Filmproduktion scheint in Sachsen besonders scharfe Schnitte zu bewirken. Wenige kleine Produktionsstätten wie Balance GbR, Hylas und einige Einzelschaffende fristen eine bescheidene Existenz am Rande der vornehmlich kommerziell ausgerichteten, meist durch altbundesdeutsche Firmen realisierte TV-Produktionen. So schlägt die Filmförderung durch das Staatsministerium für Wissenschaft und Kunst sowie durch die Landesmedienanstalt durch mangelnde Vertriebs- und Sendemöglichkeiten weitgehend ins Leere. Im Gegensatz dazu produziert das mdr-Subunternehmen drefa GmbH mit seinen sechzig Mitarbeitern und ca. 300 freischaffenden Zulieferern im Windschatten des öffentlich-rechtlichen Fernsehens quasi vom Band. Offensichtlich wird dabei, daß es in Dresden kreative Reserven gibt, welche bei ihrer Beförderung auch und gerade durch die Massenmedien einen beachtlichen wirtschaftlichen Effekt erzielen könnten. Diese Reserven scheitern aber auch an der nicht nur für die sächsische Medienlandschaft besonders charakteristischen Konservativität des Fernsehens. Deutschlandweit sind – im Gegensatz zum angelsächsischen Raum – die Übergänge vom künstlerisch-experimentellen zur kommerziellen Film- und Werbeproduktion.
Ob daran in Dresden z.B. das jüngst auf eigenem Kanal sendende Dresden-Fernsehen etwas ändert, bleibt abzuwarten. In diesem Kontext darf auch die sich aus über zwanzig Gruppierungen formierte Interessengemeinschaft Offener Kanal nicht unerwähnt bleiben. Abgesehen von weitgehend ungelösten Fragen der Finanzierung und Ausstattung eines Bürgerfernsehens in Dresden bleibt doch das Ansinnen, ein vornehmlich an kulturellen Qualitäten orientiertes offenes Programm zu installieren, von städtischem Interesse. Nicht nur für die öffentliche Relevanz der hiesigen Filmförderung und der Produktionsmöglichkeiten z.B. an der Technischen Universität, der hiesigen Kunst-

hochschule sowie an den Tricktischen des Filmverbandes, sondern auch und gerade zur Stimulierung der freien Film- und Videoszene wäre der Offene Kanal ein nicht zu unterschätzender Stimulator.
Besonders die vielfältige Arbeit der nicht zuletzt auch medienpädagogisch relevanten Vereine mit z.T. recht stattlichen Produktionsmöglichkeiten (Medienwerkstatt Dresden e.V., Sozialvideoarchiv der TU Dresden, Jugendmedienwerkstatt e.V., Film- und Videoverband e.V., Medienschule Pentacon, Verein zur Förderung gewaltfreier Medien e.V., Radio-Initiative Dresden e.V.) besitzt mit Ausnahme des seit 1993 sendenden Bürgerradios »coloRadio« kaum Möglichkeiten der öffentlichen Ausstrahlung. Dies mag auch ein Grund dafür sein, daß die zumeist durch ABM- und LKZ-Stellen finanzierten Medienvereine ohne Lobby am Rande der Selbstauflösung existieren. Besonders prekär stellt sich die mittlerweile offen zutage tretende Krise der Medienvereine im Kontext der nunmehr staatlich gewollten Medienpädagogik.
Die bisher wichtigsten Partner der Dresdner Mittelschulen und Gymnasien, aber auch des freistaatlichen Comenius-Institutes bei der aktiven Auseinandersetzung mit den Medien sind Vereine wie das Jugenmedienzentrum e.V., die Medienwerkstatt Dresden e.V., die Medienschule Pentacon, der Interessenverband Filmkommunikation – um nur die wichtigsten zu nennen. Sie sind mitunter die einzigen Partner zur Absicherung von Schüler-Projektwochen. Daß dafür aber in den Schulen kaum Geld vorhanden ist und so auf Kosten der Vereine und ihrer zusehends überforderten Förderer (Jugendamt, Kulturamt) Medienunterricht und Lehrerfortbildung realisiert wird, ist kein haltbarer Zustand. In diesem Sinne steht auch im Kontext des jüngst vom Kultusminister vorgelegten Konzepts zur schulischen Medienerziehung eine angemessene finanzielle Vergütung der freien Träger aus.
Die neuen Medien besitzen die Eigenart, multipel und genreübergreifend zu sein. Der Umgang mit ihnen macht nicht an politisch definierten Ressortgrenzen halt. Die Konturen zwischen Kunst, Bildung, Aus- und Weiterbildung, Sozialarbeit und kultureller Massenkommunikation verschwimmen gerade mit der Anwendung von Video und elektronischer Text-, Bild- und Tonverarbeitung. Die mit den neuen Medien sich herausschälenden Paradigmen der Vernetzung, Überlappung, Multiplikation, Integration und Kompression geraten zunehmend in Kollision mit den klassischen institutionel-

len Kategorisierungen und Ressortabgrenzungen. Städtische Medienkulturpolitik muß sich künftig diesen paradigmatischen Potentialen inhaltlich und methodisch im Sinne der Vernetzung und Integration stellen. Sie kann sich dabei auf fortgeschrittene Erfahrungen im städtischen Bibliothekswesen, im Landesfremdenverkehr und dem hiesigen Internet-Engagement von Zeitungen und Zeitschriften stützen.

Eines der deutlichsten Beispiele für die Auflösung tradierter Zuordnungen und Abgrenzungen ist die Videocamera. Jahrzehnte nach der Verbreitung des Fernsehens erfunden, ermöglicht sie potentiell (wie andere neue Medien auch) eine Umkehrung von der passiven Massenrezeption hin zur massenhaften aktiven Produktion. Aufgeladen mit dem hohen Prestige der scheinbar allmächtigen Television, besitzt die Videocamera eine »kommunikative Autorität«, welche alltägliche sozial-kommunikative Situationen neu zu strukturieren und latente Reflexions- bzw. Aktivitätspotentiale zu stimulieren vermag. Die Videocamera als » umgekehrter Spiegel« (vgl. W. Flusser: Der umgekehrte Spiegel. In: Der Flusser-Reader, Mannheim 1996) im Sinne eines »dialogischen Gedächtnisses« (S. 131) ist ein ideales Werkzeug zur Reflexion und aktiven Gestaltung sozialer Situationen und individueller Befindlichkeiten. Die Videocamera ist in diesem Sinne noch einfacher zum alltäglichen Gebrauch verwendbar als der Fotoapparat oder gar die Super-8-Ka-

mera. Das Abgebildete befindet sich sofort als Abbild auf der Kassette wie im Monitor und läßt sich neuerdings direkt in den Comuter zur weiteren Bearbeitung speichern bzw. kann über Internet an einem beliebig anderen Ort der Welt angeschaut und bearbeitet werden (Telekommunikation).
Hinter der latenten Umkehrung des Verhältnisses von Massenkommunikation und aktiver Mediennutzung offenbart sich der Potenz nach ohne Zweifel eine qualitativ veränderte kulturelle Grundsituation. An die Stelle der Rezeptivität als Hauptmerkmal überkommener industriegesellschaftlicher Kultur tritt nun Eigenaktivität, welche sich um die massenhaft verfügbare Technologik gruppiert. Konstatierte der erste Bruch mit der klassischen Kultur (Gesellungs-, Bildungs- Kunst- und Aufklärungskultur) den Sieg der televisionären passiven Unterhaltung, so provoziert die mikroelektronische Technologiewende einen erneuten, sich rasant vollziehenden Bruch mit der Massenrezeption selbst. Genau dieses Moment der Eigenaktivität ermöglicht auch im medienpädagogischen Sinne neue Methoden des Lernens und der selbstbestimmten Kommunikation. Nach Aussagen von Insidern surfen derzeit tagtäglich ca. 6000, meist jugendliche, Dresdner im Internet. Cyberspace scheint sich unbemerkt zum größten Spielplatz der »Stadt« zu mausern. Daß dabei vor dem Hintergrund der sozialpolitischen Verhältnisse dieser Spielplatz für die meisten jungen Leute verschlossen bleibt – der am Netz hängende Home-Computer ist wahrscheinlich auf längere Zeit ein Privileg bestimmter Schichten –, könnte perspektivisch gedacht die Ursache für eine neuartige, stark technikkulturell überformte Spaltung der Gesellschaft sein. Entsteht neben der Netzkommunikation eine mehr oder weniger hermetisch abgeschlossene neue Gesellungskultur? Welchen Stellenwert nimmt mit der Ausdehnung von Cyberspace überhaupt die sinnliche zwischenmenschliche Kommunikation ein? Und wie kommunizieren die Angeschlossenen mit den Nichtangeschlossenen? Bedenken wir, welchen Stellenwert das im Fernsehen, vom Video, im Kino oder Theater Gesehene im alltäglichen Gespräch zwischen Menschen einnimmt und mit welchen Kommunikationsbarrieren Jugendliche zu kämpfen haben, deren Eltern nicht fernsehen, dann können wir ungefähr erahnen, wie drastisch der Unterschied zwischen denen ist, die am Netz »hängen« – an diesem wird man künftig über alle digitalisierbaren audiovisuellen »Kulturgüter« und Kommunikationsarten verfügen – und de-

nen, die außerhalb dieses kybernetischen »Kontinentes« leben. Es könnte sein, daß sie sich wie Irdische und Außerirdische begegnen!
Genau diese Fragen bilden auch den Hintergrund für die weitere Profilierung des städtischen Film- und Kulturzentrums Pentacon zum Medienhaus. Die im Haus angesiedelten Medienvereine und das Umfeld der Technischen Sammlungen bieten beste Voraussetzungen für intermediale Projekte und Vernetzungen. Das neue Mediencafé mit Internetanschluß mausert sich derzeit zum Focus einer interdisziplinären und interkulturellen Auseinandersetzung mit den Konsequenzen der Mediengesellschaft. Medienkommunikation und Geselligkeit schließen einander hier nicht aus. So wird die in Gründung befindliche Medienschule bisher verstreute Vereinsaktivitäten bündeln und offene Angebote entwickeln, welche von der Printmedienherstellung über Trickfilm, Rundfunk und Video bis hin zum Internet reicht.
Das im Haus befindliche Kino im Dach (K.I.D.) wird weiter in Richtung experimentelle und kommunale Filmarbeit profiliert. Im kleinen Theater und im Mediencafé sowie in den Studios werden theoretische Diskurse wie praktische Experimente im Multimediabereich zunehmend das Profil des Hauses mitbestimmen. Dabei geht es durchaus nicht lediglich um vordergründige Technikpräsenz. Die Reflexionen, Präsentationen und Aktionen sollen den menschlichen Körper als grundlegendes Medium sowie die zivilisatorischen Konsequenzen der technischen Medialisierung einschließen.
Besonders interessant und brisant – und dies betrifft auch soziokulturelle Einrichtungen wie den riesa efau, das Brennhaus, die Scheune, den Club für Dich, den Starclub usw. – sind die Übergänge zwischen Sozial-, Kultur- und Medienarbeit. Immer deutlicher zeichnet sich der aktive Umgang mit den neuen und alten Medien als ein zentrales Feld emanzipatorischer kultureller Basis- und Stadtteilarbeit ab.

3. Zwischen den Möglichkeiten: Virtuelle Ansätze zu einer integrativen Vernetzung

»Virtualität« heißt: der Möglichkeit nach. Virtuell ist etwas, was potentiell, also latent vorhanden ist. Wenn man so will, rückte schon mit der Erfindung des Buchdruckes durch Gutenberg die Möglichkeit einer universellen medialen Informationsspeicherung in den Bereich der Möglichkeiten. Allerdings war der letztlich nötige zeitliche Entwicklungsabstand (ca. 500 Jahre) so ausgedehnt, daß die Virtualität als solche kaum wahrgenommen werden konnte. Auch wird erst heute – wo die Phantasien und Fiktionen durch technische Innovationen scheinbar eingeholt werden – der virtuelle Charakter von Kunst und Literatur nicht nur im Sinne des klassischen Siencefiction deutlich. Künstlerische Bild- und Textproduktion sind von Anbeginn geeignet, reelle, das heißt latent vorhandene Möglichkeiten ideell-materiell vorwegzunehmen, ja sie sogar heraufzubeschwören.

So mutet die scheinbar nur religiöse Vorstellung von einem universalen Weltenschöpfer, dem Hegel die Eigenschaft der absoluten Idee zusprach, unter heutigen Ki- und Inter-Net-Perspektiven geradezu realistisch an.

Von da aus stellen sich existentielle Fragen im Umgang mit der kybernetischen Virtualität. Und diese Grundfrage besteht darin, wie kybernetische Virtualität wieder in die Ereignishaftigkeit des gesellschaftlichen, sozialkommunikativen und individuellen Lebens integriert wird. Dresden könnte ein Ort sein, an dem diese Fragestellung an der Schnittstelle zwischen Kunst und Künstlichkeit auf eine sehr brisante Weise bearbeitet werden könnte.

Integrative Vernetzung hieße vor diesem Hintergrund z.B. produktive Konfrontation zwischen Forschungen in den universitären Bereichen KI-Forschung, Medieninformatik, Kommunikationswissenschaft und hier ansässigen künstlerischen »Bild- und Klangproduzenten«. Integrative Vernetzung könnte auch heißen, daß sich die hiesige Kunstmesse mit Kunst in kybernetischen Räumen befaßt und daß sich möglicherweise die größte ostdeutsche Computermesse COMTEC künftig von gleichartigen Messen deshalb unterscheidet, weil sie zugleich kybernetische »Kunstausstellung« und medienphilosophisches Symposium in sich integriert und zugleich offensiv kommunale Formen der Computervernetzung nicht nur popularisiert, sondern auch anregt. Integration meint in diesem Sinne nichts weniger als den Versuch, die über Jahrhunderte entstandene Kluft zwischen geistiger sowie künstlerischer Reflexion und der vorrangig pragmatischen Technisierung zu verdeutlichen und richtungsweisend zu hinterfragen. Das hieße aus der Not eine Tugend machen und den für Dresden typischen Dissenz zwischen Tradition und Moderne in einen fruchtbaren Annäherungsprozeß zu überführen. Utopie? Keineswegs! Virtuell besitzt Dresden vielfältige Potenzen zu einem medienkul-

Medienwerkstatt Dresden

turellen Netzwerk. Gerade die mit der Vernetzung beschäftigten Firmen haben dies scheinbar begriffen. Es existiert in Dresden schon ein Verbund von Unternehmern und Wissenschaftlern, welcher sich zu Fragen der Multimediaentwicklung regelmäßig verständigt (Multimediaforum Dresden). Auch und gerade für Dresden ist die Integration vorhandener, aber vorrangig noch voneinander isolierter Potentiale möglicherweise die entscheidende Voraussetzung zu einem qualitativen Sprung in Richtung medienkultureller Innovationen. Diese Integration ist in und zwischen verschiedensten medienrelevanten Institutionen und Arbeitsprozessen möglich.

Das technische Modell einer revolutionierenden Vernetzung lieferte unlängst ein Dresdner Leiterplattenhersteller, indem er schlicht und einfach hoch integrierte Schaltkreise auf neue Weise miteinander räumlich verknüpfte und damit die Leistungsfähigkeit jenseits einer kostspieligen Weiterentwicklung von Mikroprozessoren erheblich steigerte.

4. Kulturstadt im Medium: Über Stadtjournal, Lokalzeitung und Stadtwerbung direkt ins kommunale und internationale Netz.

Dresden gehört zu den Anfang des Jahres 1996 verzeichneten 20 Deutschen Städten im World Wide Web. Als Anbieter fungiert die Firma imedia GmbH,

welche im Auftrag und mit finanzieller Unterstützung des Landes Sachsen auch Dresdens Kulturangebot für den Landesfremdenverkehrsdienst im Internet aufbereitete.
Parallel und scheinbar isoliert davon arbeitet das städtische Unternehmen Dresden Werbung und Tourismus GmbH an einem Dresdner Kulturkalender für das Internet. Zusätzlich agieren auf gleicher Anbieterebene das Stadtmagazin SAX sowie die SZ. Es wäre nicht nur für Dresden, sondern wahrscheinlich auch für die Anbieter verheerend, wenn sie weiterhin unkoordiniert Informationen über das städtische Kulturangebot in das Netz schicken. Die Effekte wären großer Aufwand, hohe Kosten, destruktive Konkurrenz und zudem noch Verursachung von Überinformierung, Chaos und damit Desorientierung für die Nutzer bis in das World Wide Web hinein.
Hier wird der umsichtige und koordinierende Eingriff von Seiten der medienrelevanten städtischen Kulturpolitik erforderlich. Schließlich geht es dabei im Sinne der oben zitierten Netz-Kooperation nicht nur um die Einsparung uneffektiver Investitionen und um den Ausfall erhoffter Gewinne, sondern vor allem auch um das Image und die Präsenz der Kulturstadt in regionaler wie auch internationaler Hinsicht. Dresden als eine der wichtigsten deutschen Touristenpilgerstätten braucht dringend einen autorisierten Kulturinformationspool, welcher mit hoher Güte aufbereitet im www präsent ist und an den lokal alle Terminkalender-Veröffentlicher, die Ticket- und Hotelreservierung, die Informations- und Fremdenverkehrs-Unternehmen einschließlich aller potentiellen Hauptverkehrsorte der Stadt (Bahnhof, Flughafen, große Kaufhäuser, zentrale Plätze usw.) über Terminal angeschlossen sind. Wie dies arbeitsteilig und zugleich nach einem einheitlich qualifizierten Standard durch verschiedene Unternehmen realisiert werden kann, gehört derzeit mit zu den brennendsten und folgenreichsten kulturpolitischen Aufgaben, welche vom Kulturamt der Stadt bis zum Ende des Jahres 1996 entschieden in Richtung eines sinnvollen Kooperationsvertrages bewegt werden sollen.
Nicht nur im Zeichen des Internet, sondern darüber hinaus zur Stimulierung unterschiedlichster kooperativer und informeller Vernetzungen wird im Herbst 1996 auf Initiative des Kulturamtes die Dresdner »Arbeitsgemeinschaft Medienkultur« gegründet. Die Gründungsversammlung soll medienrelevante Aktivitäten in Dresden in den verschiedensten Dimensionen (Me-

dien-und Kommunikationsforschung, Medienproduktion, Medienästhetik, Medienpädagogik, kulturelle wie kommerzielle Mediennutzung usw.) transparent und latent vorhandene Kooperationspotentiale einsichtig und produktiv machen.

Zu wünschen ist, daß sich aus der Arbeitsgemeinschaft Medienkultur unterschiedliche Arbeitsgruppen herausbilden, welche kontinuierlich Kontakte stimulieren, Problemlösungen forcieren und integrative Workshops auch im nationalen und internationalen Maßstab initiieren.

Die im Juni 1996 im Medienkulturhaus Pentacon unter dem Thema »Kunst im Internet« gegründete Medienkunstakademie Dresden verweist auf ungeahnte Potentiale hinsichtlich der medienkulturellen Zusammenarbeit zwischen Künstlern unterschiedlicher Genres sowie zwischen Künstlern und Medienforschern. Die Medienkunstakademie versteht sich in diesem Sinne als ein offener Denk- und Experimentalraum zur Realisation interdisziplinärer Medienprojekte.

5. Telepolis: Das Gesamtkunstwerk findet überall und nirgends statt.

Es ist nicht schwer, die heutige Semperoper als Staatstheater – die freistaatlichen Subventionen betragen jährlich über achtzig Millionen DM – zu denunzieren. Auch ist es einfach, angesichts der ruinösen Geschichte des Hellerauer Festspielortes und der aktuellen architektonischen Neuaufbereitung der baulichen Hinterlassenschaften das Scheitern eines derzeit neu auflebenden »lebenskünstlerischen« Ansatzes zu prognostizieren. Weit schwieriger ist es, hinter den überlebten, erstarrten oder scheiternden Versuchen einer wie auch immer gearteten Synthese zwischen kultureller (die menschliche bzw. menschheitliche Entwicklung betreffende) und zivilisatorischer (die politische, ökonomische und technische »Logistik« betreffende) Entwicklung ein fortdauerndes, angesichts der medientechnologischen Revolution sich zuspitzendes, »kulturhistorisches« Grundproblem zu diagnostizieren: die Bedeutung von medialen »Vermittlern« zwischen den sich zunehmend vereinzelnden Individuen, den immer abstrakteren und globaleren Zirkulationsprozessen sowie dem wohl nicht aussterbenden Grundbedürfnis nach zwischenmenschlicher Begegnung und Sozialität. Ganz konkret und überdeutlich stellt sich dieses Grundproblem in der Stadt Dresden als ein Entscheidungsfeld zwischen sehr unterschiedlichen kulturellen Investitionsstrategien in Form eines gigantischen Gefälles zwischen kulturell tradierten und etablierten Institutionen sowie den an der Peripherie sich bildenden Orten einer neuartigen Kommunikationskultur dar. Deutlicher gesagt: die Stadt Dresden investiert jährlich ca. achthunderttausend Mark in die Förderung medienrelevanter Kulturprojekte. Die meisten Vereine, die sich der Medienfreizeitarbeit widmen, finanzieren ihre Personalkosten über ABM- bzw. LKZ-Stellen, die in vielen Fällen bereits ausgelaufen sind bzw. über kurz oder lang hier keine Finanzierungsmöglichkeiten mehr finden werden.

Für dieses Gefälle zwischen Investitionen in historisch etablierte Kulturinstitutionen und denen in die medienkulturelle Peripherie scheint es in vielerlei Hinsicht gute Gründe zu geben: Erstens sind die medienkulturellen Vereine und Initiativen zumindest für den Osten Deutschlands sehr jung und es brauchte in der Regel Jahre, wenn nicht Jahrzehnte, um einen neuen kulturellen Bereich in die Nähe einer breiten Akzeptanz zu heben. Zweitens ist das Phänomen der neuen Medien von Anfang an sehr eng mit der Entfaltung der technoökonomischen und kulturindustriellen Verwertung verknüpft, so daß daran die klassische Definition von Kultur nicht heranzureichen scheint. Drittens resultiert daraus eine mehr konsumtive bzw. rein wirtschaftsrelevante Sicht auf die Produktion, den Erwerb und den Gebrauch neuer Medien.

Und in der Tat gab es in der Geschichte noch nie eine so enge und damit zugleich schwer durchschaubare Vermischung zwischen Technologie- und Kulturentwicklung. Diese Vermischung reicht weit über das hinaus, was Adorno mit affirmativer Kulturindustrie bezeichnete und einer schonungslosen Kritik unterwarf. Mit der rasanten Entwicklung der Medientechnologie im Zeichen eines universell vernetzten kybernetischen Raumes (Cyberspace) scheint sich ein völlig neuer »Ort« globaler Zirkulation und Repräsentation zu etablieren. Florian Rötzer bezeichnet diesen ortlosesten aller Orte als »Telepolis« (F. Rötzer: Die Telepolis. Urbanität im digitalen Zeitalter, Mannheim 1995); eine Society von vereinzelten Einzelnen, welche sich im global ausbreitenden Datennetz zur Anschauung, Anhörung, ja möglicherweise zur Anfühlung bringt. Dies ist nun nicht mehr der Raum, welcher aus dem Zusammentreffen oder Zusammenleben von Menschen geschaffen wird, sondern ein »Ort« im Sinne eines offenen Zwischenraums, in dem sich binär codierte Informationen suchen, begegnen und – wie folgenreich auch immer – miteinander kopulieren. Was hat dies nun mit der Stadt Dresden und ihrem Ruf als »Kulturstadt« zu tun? »Schlimmstenfalls« hätte eine durchgreifende technologische Revolution im obigen Sinne die Konsequenz, daß die klassische Stadt nicht nur als Produktions-, Verwaltungs- Arbeits- und Lebensstandort, sondern auch als kulturell-kommunikativer Sozialraum an Bedeutung verlieren könnte bzw. die Bedeutung einer exotisch anmutenden Oasenrealität erhält. Genau betrachtet ist mit der Expansion des Fernsehens schon eine rapide Infragestellung des städtischen »Kulturraumes« einhergegangen, was für die kulturelle Infrastruktur erhebliche Konsequenzen hatte. Cyberspace wird aber nicht nur die Möglichkeit vernetzter telekommunikativer Heimarbeitsplätze (Warum baut man in Dresden so viele Bürohäuser?), sondern darüber hinaus potentiell das allgemeine kulturelle und touristische Interesse audiovisuell und – bei entsprechender Ausrüstung mit Datenanzügen – auch als ganzkörperliches Ereignissurrogat binden. Auch für Lernende und Studierende werden wahrscheinlich nicht die »Realorte« Schule oder Universität, sondern die individualisierte Interaktion mit dem Multimediatower von größerer Bedeutung sein. Theoretisch könnte der Fall eintreten, daß Frau X aus Löbtau an einer amerikanischen Universität per Online studiert und dabei zu beliebigen Zeitpunkten in ihrer Dresdner Wohnung »erholsame« elektronische »Spaziergänge« durch entlegenste Städte und Regionen der Welt unternimmt. Und es könnte sein, daß besonders begüterte Opernliebhaber sich per Datenanzug in die berühmtesten Opernhäuser der Welt begeben, um dabei – nicht still auf einem Sessel sitzend, sondern, wenn es gewünscht ist, schwebend mitten im Bühnengeschehen, Musik und Szene zu verfolgen. Der virtuelle Datenraum Oper käme dabei auch konsequenterweise ohne ein reales Opernhaus aus. Hier wären wir – freilich auf eine etwas penetrant anmutende futuristische Weise – »wirklich« jenseits der Semperoper. Und vielleicht wäre dies sogar eine Chance, an dieser Oper wieder das neu zu entdecken, was Richard Wagner vor seinem geistigen Auge sah: das gemeinschaftliche Kunsterlebnis leibhaftig anwesender Enthusiasten. Es wäre möglicherweise auch die Zeit gekommen, in der das reale Opernereignis von denen bezahlt wird, die sich dieses Ereignis leisten; oder gar eine Zeit, in der das reale Ereignis kostenlos zu haben ist.

Dresden: www.dresden.de

- Internetcafé Dresden: **http://www.icd.dimension.de**
- Filmnächte am Elbufer: **www.advis.de/~subdesign/filmnächte**
- Galerie Gebrüder Lehmann: **www.dresden/online.com\acd**
- Gerede e.V.: **res.urz.tu-dresden.de/~jung-g/gerede/geredeev.html**
- Hygiememuseum Dresden: **www.maz.net/dhmd**
- Kinokalender: **www.advis.de/kinokalender**
- Multimedia Peter Löbel: **www.imedia.de**
- Nickelodeon: **www.inf.tu-dresden.de/~igu**
- PENTACON: **www.advis.de/pentacon**
- Quasimodo: **www.inf.tu-dresden.de/~tr4**
- SAX: **http://www.advis.de/cybersax**
- Technische Universität Dresden: **www.tudresden.de**

Freistaat Sachsen: www.sachsen.de

- Landesfremdenverkehrsamt: **www.imedia.de/lfr-sachsen.htm**

FILM UND KINO IN DRESDEN MACHEN MIR SPAß

Danke: clara burckner, matthias pfitzner, manfred salzgeber, andrej krabbe, wolf donner, john vittinghoff, dirk hennings, jan heinke, susann richter, niels bolbrinker, heinz kersten, bettina münster, mirella feige, düsi, silke gottlebe, dirk gottlebe, günther eiselt, dachsel, christian ziewer, reinhard schiller, michael süßbrich, katrin krabbe, anne katrin gräf, phillip wittulski, ernst hirsch, syglinde hamer u.v.a.

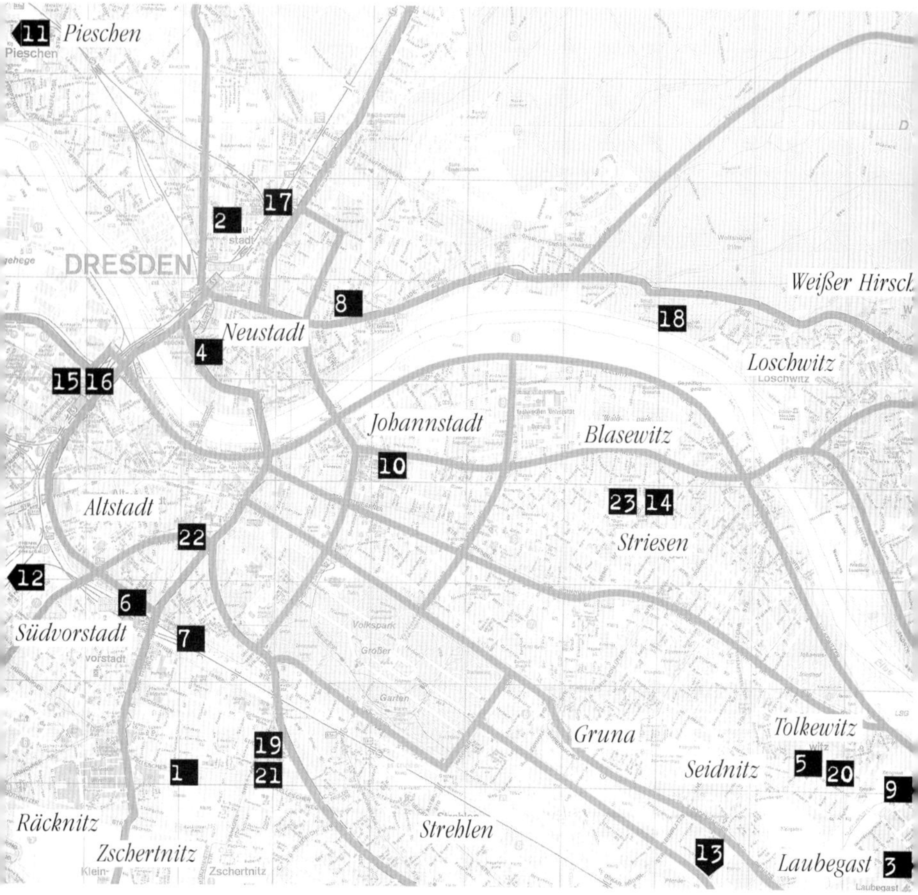

1 *Audiovisuelles Medienzentrum der TU* ❙ Zellescher Weg 22, 01062 Dresden, Tel. 0351/ 4 63 54 55

2 *Casablanca* ❙ Friedensstr. 23, 01097 Dresden, Tel. 0351/ 8 04 29 24

3 *Evangelische Medienzentrale in Sachsen* ❙ Pillnitzer Landstr. 9, 01326 Dresden, Tel./ Fax 0351/ 2 68 53 36

4 *Filminitiative e.V.* ❙ Rähnitzgasse 22, 01099 Dresden, Tel. 0351/ 8 03 05 37

5 *Kinder- und Jugendhaus »Anne Frank«* ❙ Medienwerkstatt, Löwenhainer Str. 35, 01279 Dresden, Tel. 0351/ 2 38 11 84

6 *Kino im Hauptbahnhof* ❙ Wiener Platz, 01069 Dresden, Tel. 0351/ 4 71 05 32

7 *Medienmobil des Jugendamtes* ❙ Wiener Str. 41, 01219 Dresden, Tel. 0351/ 4 64 02 49, Fax 0351/ 4 64 02 78

8 *Medienwerkstatt Dresden e.V.* ❙ Marin-Luther-Str. 21, 01099 Dresden, Tel. 0351/ 8 01 08 77

9 *Mitteldeutscher Film- und Fernsehproduzentenverband e.V.* ❙ Wohnweg 1, 01326 Dresden, Tel. 0351/ 2 81 09 11

10 *Nickelodeon* ❙ TU-Hörsaal, Marschner/ Dürerstr., 01307 Dresden, Tel. 0351/ 4 57 52 73

11 *Noteingang – Medieninitiative Radebeul e.V.* ❙ Kreyernweg 2, 01468 Friedewald, Tel. 0351/ 4 60 95 61 oder 0351/ 4 60 98 84, Fax 0351/ 4 60 98 84

12 *Passage* ❙ Leutewitzer Ring 5, 01169 Dresden, Tel. 0351/ 4 11 26 65

13 *pixel – Kinder- und Jugendvideothek* ❙ Elsterwerdaer Str. 21, 01239 Dresden, Tel. 0351/ 2 85 99 14

14 *Programmkino Ost* ❙ Schandauer Str. 73, 01277 Dresden, Tel. 0351/ 33 37 82

15 *Quasimodo* ❙ Kino im Riesa efau, Adlergasse 14, 01067 Dresden, Tel. 0351/ 8 86 02 11

16 *riesa efau* ❙ Adlergasse 14, 01067 Dresden

17 *Schauburg* ❙ Königsbrücker Str. 55, 01099 Dresden, Tel. 0351/ 8 02 58 29

18 *Schülerfilmstudio »Fantasia«* ❙ Schloß Albrechtsberg, Bautzner Str. 130, 01099 Dresden, Tel. 0351/ 5 56 55

19 *Schulkinoprojekt Kino im Kasten* ❙ Weberplatz 5, 01309 Dresden, Tel. 0351/ 4 42 06 87

20 *Stadtmedienstelle Dresden* ❙ Marienberger Str. 5, 01279 Dresden, Tel. 0351/ 2 30 10 15, Fax 0351/ 2 30 10 15

21 *Sozialfilmarchiv* ❙ Technische Universität Dresden, Institut für Sozalpädagogik und Sozialarbeit, Weberplatz 5, 01217 Dresden, Tel. 0351/ 4 63 64 63 oder 0351/ 4 63 32 38, Fax 0351/ 4 63 71 74

22 *Ufa-Palast* ❙ Prager Str. 01069 Dresden, Tel. 0351/ 4 95 20 25

23 *Im Film- und Kulturzentrum PENTACON* ❙ Schandauer Str. 64, 01277 Dresden, befinden sich:

ASIFA – Animationsfilmverband der BRD e.V. ❙ Tel. 0351/ 3 46 30 45, Fax 0351/ 3 36 00 99

coloRadio/ Radio-Initiative Dresden ❙ Tel. 0351/ 3 17 92 27, Studio 0351/ 3 17 92 25

Deutsches Institut für Animationsfilm e.V. ❙ Tel. 0351/ 3 46 22 35, Fax 0351/ 3 46 22 35

Dresdner Gesellschaft für Medienkunst ❙

Filmverband Sachsen e.V. ❙ Dachverband der sächsischen Film- und Fernsehschaffenden, Tel. 0351/ 3 36 00 99, Fax 0351/ 3 36 00 99

Interessenverband Filmkommunikation e.V. ❙ Tel. 0351/ 8 38 06 54, Fax 0351/ 8 38 06 54

Junge Presse Sachsen e.V. ❙ Tel. 0351/ 3 40 00 34

Kinozeros e.V. ❙ Tel. 0351/ 3 46 32 09

kino im dach ❙ (Kommunales Filmtheater), Tel. 0351/ 8 38 06 57

Medienschule für Video, Computer, Film und Printmedien ❙

Verband für Filmkommunikation e.V. ❙ Tel. 0351/ 3 46 23 79

JUNGENS, FOTOGRAFIERT EURE PAUKER

Norbert Weiß

»Jungens, fotografiert Eure Pauker... überall; auf der Straße, in den Schulzimmern, in den verfänglichsten und lächerlichsten Situationen. Wir haben das oft gemacht. Es ist nicht schwer. Schreibt uns dazu etwas über jeden einzelnen dieser Geist-Händler, schreibt ihre Spitznamen, ihre Angewohnheiten, ihre Ängste, ihre Übel und, wenn etwas zu loben ist, dann tut das... Und damit ihr schön fleißig seid, setzen wir einige Preise für die schönsten Photographien fest, wenn diese bis zum 15. August bei uns eingegangen sind...«
Lockt das? Es lockt! Aber es ist wieder mal zu spät, viel zu spät. Denn: Einsendeschluß war der 15. August des Jahres 1925. Locker und frech agierten damals die selbsternannten Redakteure des MOB (Geheimquartier Wettiner Gymnasium und eine Dachkammer am Wallwitz-Platz) und machten mit Getöse ihr schmales Heft zu Deutschlands meistgelobter (unter anderem von Kurt Tucholksy, Klaus Mann, Theodor Lessing sowie unzähligen begeisterten Schülern) und bestgehaßter (von den Dresdner Neuesten Nachrichten, den sächsischen Schulbehörden, Mamas & Papas) Schülerzeitschrift. Sie wollten die ganze Bande – die Lehrer, die Eltern, die Parteibonzen – durch den Kakao ziehen. Von knittrigen Studienräten ist die Rede, bigottem Religionsunterricht, von Danton und Robespierre, von Georg Büchner und Ernst Toller, von erster Liebe, Absinth und von den verrückten Tänzen der jungen Gret Palucca...

Und heute? Schülerzeitschriften? Klar, gibt es. Jedem Gymnasium sein Mitteilungsblatt, jedem Verein sein Kleinstmagazin. Das ist gut, das ist schlecht, und Papier – nunmehr reichlich vorhanden – bleibt allemal geduldig. Die Mehrzahl der Leser scheint es zufrieden. Ja, ich weiß, die Zeiten haben sich geändert und ZIVILCOURAGE wird wieder klein geschrieben. Laßt uns von den Ausnahmen reden und von der Regel.

Schmucklos, schwarz-weiß und geradlinig kommt seit Januar 1992 JUVENTUS daher, ohne gestalterischen Schnickschnack. Mit Stil immerhin und in Ansätzen mutig, wird die skandalöse Entwicklung in Sachen »Schulrekonstruktion« an der »Pesta« dokumentiert und – vergeblich – nach den Verantwortlichen gefragt; bekommen die perversen Werbekrieger von UNITED COLOURS OF BENETTON ihr Fett weg. Kritik, beispielsweise zum Film »Die

Redaktion von »X-PRESS«

Bombe tickt«, und Müslipredigt, Jugendtheater und Reisebericht, Ufos (na ja) und ein einfühlsam geschriebener Artikel über die Begegnung mit Körperbehinderten ergeben eine interessante und lesenswerte Mischung! Freilich, manchmal schlägt trockenes Schuldeutsch erbarmungslos zu: »Der Sportkurs 11/ E von Frau Bauer beinhaltet im Ergänzungsbereich Wintersport. Zu dessen Umsetzung ging es vom 6.1. bis zum 10.1. auf ins Skilager...«. Möglicherweise Rumpelstilz' grausliches Schicksal im Hinterkopf und vor Augen, nannten die Cottaer Schulredakteure ihre Zeitung weder Rippenbiest noch Heinz, sondern einfach NO NAME und gestalten sie einfallsreich. Comic-Elemente, ironische Tips für die quälende Prüfungsvorbereitung, Konzertberichte und Filmangebot. Ich erfahre endlich, was ich schon immer mal wissen wollte, nämlich, was einen »schööönen Abend« im Conni 18 ausmacht, und es gibt wahrhaftig richtig gute Literaturseiten, die mit richtig guter Literatur Ansprüche an die Leser stellen, wagemutig Gedichte offerieren, Kalenderweisheiten zitieren und Strittmatters schöne Geschichte »Steine und Bücher« unters Schulvolk zu bringen versuchen. »Schule aus – was nun?«, eine Befragung der Fast-Abiturienten, läßt tief blicken ins Schüler-Innenleben; und manch Idealist wird beim Lesen noch grauere Haare bekommen. Macht aber nichts.

Reine Unterhaltungslektüre bietet hingegen X-PRESS der eher technisch-naturwissenschaftlich interessierten Lesergemeinde. Alles über Paragliding, Rätsel und Sprüche, kreuzbrave Lehrervorstellungen, Bastelbogen, Programmierkurs. Ist man da nicht ein wenig zu genügsam? Bietet das die kommerzielle Presse nicht sowieso und immer wieder? Für wenige Augenblicke nur blitzt in der Leserdiskussion zur Fahrrad-Demo ein wenig kritischer Geist auf. Ansonsten verkörpert die Zeitung ein intergymnasiales Sammelsurium der Beliebigkeit für jugendliche Konsumenten, die heute schon ziemlich alt aussehen.

Weder dick noch ausgesprochen doof, dafür solide gemacht und ziemlich harmlos, präsentiert sich das Schulmagazin DICK UND DOOF. Ein echtes Kind unserer marktorientierten Neuzeit, verdankt das Magazin »der Genialität einiger Schüler, die das Prinzip der Marktwirtschaft durchschauten,« seine Geburt und bietet kurzweilige Informationen aus Kultur, Sport, Kunst, Politik, Umwelt (ein Lichtblick) und dem richtigen Leben, reichlich Werbung und verspricht zudem jedem Leser, der einen A-4-Seiten-Artikel zu schreiben vermag, immerhin fünfzig Mark. Das Anzeigengeschäft scheint sich also zu lohnen... Was Wunder, wenn man genial ist und die Marktwirtschaft durchschaut...

Herbert der Sänger und Pitti, zwei skurrile Fünfzehnjährige, gründeten kurz nach der Wende – ihrem altersbedingten Spieltrieb und einer gesunden Wut im Bauche folgend – die Wahnsinnszeitung UNTERGRUND. Gnadenlos machen die Redakteure zunächst mal Schluß mit der Versklavung durch die spießbürgerlichen Regeln der sogenannten deutschen Rechtschreibung und schrieben, wie sie meistens schrieben – aber vorsichtshalber unter Pseudonym: absurde Geschichten, politische Bekenntnisse, Interviews, Dada hier und Dada da... Mitterlerweile eskalierte der UNTERGRUND zum Selbstverständigungsorgan eines bekannten Jugendvereins, noch immer originell, schön bissig und kreativ und – traditionell – äußerst schlampig gestaltet. Immerhin ein Blatt mit Charakter, erfährt es zuweilen sachlich-objektive Kritik, so in der SUPER-ANNE: »Scheiße, daß es die Zeitung UNTERGRUND gibt.« Ein wahrhaft christlicher Stoßseufzer, der möglicherweise über die dem Annen-Gymnasium benachbarte Kirche das geneigte Ohr des HERRN gefunden hat. Jedenfalls scheint es heute, ein ganzes Jahr später, im UNTERGRUND nur noch vereinzelt und dunkel zu grummeln. Dafür – ätsch – gibt's die SUPER-ANNE auch nicht mehr, sondern THE EVENT, herausgegeben von Joe Corporation. Bei DICK UND DOOF scheint auch noch nach zwei Jahren und einem runden Dutzend Ausgaben alles zu funktionieren (Durchblick!). Ja, es gibt neuerdings sogar erfrischend aufmüpfige Artikel zu lesen, »Gorleben ist überall« zum Beispiel, oder »Was die Demokratie so bedeutet«. Das ist doch was! Allerdings: Frühreifen Schwalben traut keiner so richtig. NO NAME aus Cotta hat endlich seinen Namen öffentlich zugegeben, heißt HOCHDRUCK, favorisiert zur Zeit eine witzige Bildgeschichte mit dem Titel »Liebe ist Scheiße« und wird ganz bestimmt nicht mehr über einen schööönen Abend im Conni 18 berichten, denn Conni-Land…

Ansonsten ist weiterhin Mengenwachstum angesagt. »Blätterwald«, die Anstiftung zum Zeitungmachen, verzeichnet mittlerweile stolz über dreißig Schüler-, Lehrlings- und Studentenzeitungen von A wie ACTION (Mitteilungsblatt des Kolping-Bildungszentrums) bis Z wie ZEPPELIN (Schülerzeitung des Altenberger Gymnasiums) mit der sagenhaften Gesamtauflage von über zweiunddreißigtausend Exemplaren, bei deren Nennung hartgesottene MORGENPOSTler und BILDmacher in sanfte Träumereien verfallen dürften. Freilich, die Marktführer »ad rem« (zehntausend), »Ahalbe Tquadrat (siebentausend) und die Genies von DICK UND DOOF (fünftausend) verzerren gehörig das Bild. Irgendwann, in meiner Schulzeit selig, habe ich mal gelernt: Ansammlung von Quantität kann zum Qualitätssprung verhelfen. Kann, wohlgemerkt! Vielleicht gibt es ja schon im nächsten Jahrtausend ein wahnsinnig Hüpfen und Springen? In Dresdens Schülerblätterwald des ausgehenden Jahrhunderts jedenfalls rauscht es nur sacht und gemächlich. Ein Vergleich mit dem MOB der zwanziger Jahre könnte deshalb bei hoffnungslosen Schwarmgeistern, die von der jungen Generation immerzu Kritik an den Zuständen, Aufbruchstimmung und unverbrauchten Tatendrang fordern, zu Depressionen führen, ist also unzulässig.

Im übrigen geben die drei MOB-Redakteure gar keine so guten Beispiele: Rudolf Braune (25) ertrank beim unvorsichtigen Baden im Rhein, Martin Raschke (38) ließ sich im großen Weltkrieg Nummer zwei abschießen und Heinrich Greif (40) bemerkte viel zu spät seinen vereiterten Blinddarm. Wie gesagt, keine guten Beispiele! Wir wollen doch alle schön alt werden!

BLAUBLÜTIG BLAUÄUGIG

Was treiben die Bildner im ahnungsgeschwängerten Elbtal eingedenk diverser nahender Zeit-Jubiläen? Vom Balkon Europas hinüber zum anderen Flußufer gestattet man sich gern ein süffisantes Lächeln in Richtung Neustädter »sub«-Kultur: im Rücken das Rathaus und als Kreation eine wieder herbeigeschaffte Frauenkirche, den Bauch gefüllt mit Subventionen, die eine staatliche Kunstschule als genius loci zur Verfügung hat; der Fußboden nicht nur beheizt, sondern auch zum wohlfeinen Fressen geleckt, zur Seite die Dresdner Sammlung moderner Kunst, die sich dem Spagat zwischen

Gordon Matta Clark und Caspar David Friedrich aussetzt. Die dort Ansässigen, zumeist graumelierte Herren, haben das Publikum genaugenommen auf ihrer Seite. Und von Jahr zu Jahr wird die Chance geringer, die Vorgänge am anderen Elbufer wahrzunehmen.

Der Blick vom Neustädter Königsufer hinüber zum offiziösen Barock orientiert sich an anderen Prämissen: der Rücken gestärkt von professionellen und unprofessionellen Galerien in wechselnder Anzahl, ganz weit hinten oder besser ganz oben auf dem Hellerberg das Festspielhaus Hellerau als alter und hoffentlich neuer (H)ort zur Akzeptanz außerordentlicher Kunstereignisse, Blaue (sic!) Fabrik und Kunsthaus Raskolnikoff in aufwindigem Klima – dort wird mit postulierter finanzieller Bescheidenheit und Beschränktheit ansatzweise der Anschluß an den aktuellen Kunstdiskurs gesucht. Und vis-à-vis sämtliche Postkartenklischees, ach, und die Brücken tranportieren nix außer Autos und Businsassen.

In Dresden »leben und arbeiten« laut Angaben vom Kulturamt im Moment ca. 600 Bildende Künstler. Das sind nach meiner Berechnung 0,125 % der in der Stadt Ansässigen. Viele oder wenige? Wieviel zeitgenössische Kunst braucht eine Stadt, die sich auf einen tradierten Status als Kunststadt beruft? Wird das Thema »Kunstrecycling«, im Herbst 1994 von der Galerie Autogen zur Öffentlichkeit gebracht, Künstlereitelkeiten zum Nachdenken über den ureigenen Status in jedweder vergangener und zukünftiger Gesellschaft bringen oder gar die eher freizeit- und damit genußfähigen Kunstpartizipanden zu sinnreichem Gedankenstrom animieren? Die Frage weist in den Bereich der ideellen Energie hinein, zugegeben ein komplizierter (weil schwer zu definierender) Begriff – aber lohnenswert allemal; wer weiß schon zu sagen, wie kulturelles Gewissen und, wieder speziell gefaßt, Bildverständnis zwischen den Generationen übertragen wird? Wieso liebt das Dresden-Volk so unbedingt den Historizismus?

Die Frage nach der Qualität der Kunstproduktion ist akuter. Genau an diesem Punkt kommt ein alter Konflikt ins Gespräch: Dresden zeugte stets wesentliche Künstlerpersönlichkeiten und mußte sie zu spannenderen Orten ziehen lassen. Nun ist insgesamt und damit überregional in Künstlerkreisen ein neuzeitliches Nomadentum zu verzeichnen, was diese vielen Abwanderungen relativieren könnte, wenn es denn ein Ausgleichendes wäre. »Eine

Ausstellung in Dresden mal so en passant – ok. Aber da leben – nein danke«. Mir hallt es genausooft wie vielen der Mitstreiter im Ohr, und das hat durchaus mit (atmosphärischer) Kulturqualität zu tun. Wie mißtrauisch Zugereiste und deren Kommentare auf Distanz gehalten werden: erstaunlich konsequent. Ein lebensintelligenter Sponsor kann ein Kunstwunderwerk beim Spaziergang an den Elbwiesen (also doppelter Unikatcharakter !) genauso genießen wie Eingesessene. Altstädtische Tradition ist ausgesogen und bearbeitet, …, neue Ufer und so, und jetzt wird's pathetisch; es sind die schwebenden Partikel dieser Stadt, die sich ab und zu einen Galliano genehmigen. Und mit der Dresden beherrschenden Aura der Freundlichkeit, die jeden intelligenten Diskurs zu verhindern weiß, wird man von hier aus nicht endgültig brechen können. »Dedesnn nn rrrrrr« (Zitat K. Schwitters, Fassung 1926, Erstveröffentlichung 1932) zeigte in einer Inszenierung der Station House Opera London im Rahmen von Theater der Welt ganz exemplarisch auf, wie kompliziert, aber auch sinnreich Kommentare von außen sind.
Der scheinbar schlüssige Ansatz des stetigen aktiven baulichen Veränderns im Mondschatten der Frauenkirche scheiterte, obwohl hiesige Musiker und Performer beteiligt waren, an: zuviel Geld und zuwenig konkreter Idee. Ein Kulturverständnis, das Bildung nicht mit Bürgerpflicht und Staatsräson verwechselt, das die schmalen Bande zwischen Intelligenz, Unterhaltung und Kunst mit erfahrener Hand knüpft, das gern vom Eigentlichen plaudert (was immer dazwischen ist), das…
Kurzum: mir träumt von einem Ideal. An diesem Punkt aber kann nun endlich das Thema Dresden verlassen werden…

Wanda: geboren; Claudia Reichardt benannt ❙ Abitur + Serviererin (dort Wanda geworden), Studium, Messejobs ❙ Suche: u.a. bei Galerie Rähnitzgasse, psychiatrische Station 30 B der Medizinischen Akademie, Handelshochschule Leipzig, Humboldt-Universität Berlin, Galopprennbahn Dresden-Seidnitz etc. ❙ Realisierungen: Galerie »fotogen«, Studentenklub der HfBK, Galerie Autogen, Festspielhaus Hellerau ❙ vieles könnte noch, aber sieben Zeilen…

FLUßABWÄRTS DIE ELBE HINAUF. BILDENDE KUNST IN DRESDEN SEIT 1990

Sigrun Hellmich

Sechs Jahre neues Bundesbürgertum brachten die zeitgenössische Kunstszene in Dresden in Bewegung – ohne daß ihr je Gefahr drohte, außer Atem zu geraten. Chaos, Aufbruchsstimmung, Experimentierlust, aufflammendes Demokratiebedürfnis – neuer Gemeinschaftssinn bei den einen, Gemeinschaftsfrust bei den anderen, Geschäftssinn wohl am wenigsten, führten nach 1990 zur Gründung zahlreicher Galerien, KünstlerInnenvereinigungen, Kunstvereine und zu Kunstaktionen außerhalb gewohnter Orte. Diejenigen, die sich vor 1989 nicht davon abbringen ließen, Kunst oder das Ausstellen von Kunst mit »Eigen-Sinn« zu betreiben und außerhalb des offiziellen Kunstbetriebes zu verwirklichen, hatten nun den Heimvorteil; diejenigen, die außerhalb der DDR ausstellen konnten, trotz der teils gerechtfertigten, teils nicht gerechten Ächtung als »Staatskünstler«, den Auswärtsvorteil. Es gab Umbrüche, Abbrüche, Aufbrüche. Angestaute Energien konnten sich endlich Bahn brechen.

Die Eigensinnigen blieben weiter eigensinnig, und denen, die ihr Fähnchen fix nach dem Wind drehten, gelang auch die schnelle Wendung gut. Die großen Auseinandersetzungen blieben aus. Schrille Farben und attackierende Extreme wird man in Dresden vergeblich suchen.

Dresden war schön, ist schön und wird noch schöner werden. Diese Überzeugung, Ausdruck einer fast ungebrochenen Liebe zur eigenen Stadt und der sie umgebenden Landschaft, hat den DresdnerInnen immer Halt in den Stürmen der Zeit gegeben. Wunden und Verluste verletzten sehr, verursachten aber keinen Phantomschmerz. Das gedämpfte Licht des Elbtals stimmt milde und verwischt Kontraste. Die Canaletto-Blicke auf die Stadt sitzen tief und verhindern zuweilen eine kritische Sicht auf das, was in ihr vorgeht. Historische Bauten von europäischem Rang und die weltberühmten Dresdner Kunstsammlungen vermittelten auch in den 40 Jahren Weltabgeschlossenheit der DDR ein Gefühl für Weltläufigkeit. Dresden gab so immer die Möglichkeit, sich mit der Relativität historischer Entwicklungen zu beruhigen, was allerdings in gefährliche Nähe zur Lethargie führen konnte – 40 Jahre sind mehr als ein halbes Menschenleben. Das Geworfensein auf die Lokalität und die kulturellen Traditionen machte bildende KünstlerInnen in Dresden weniger anfällig für Platitüden kulturpolitischer Ideologie und freilich nach 1990 auch für Vordergründigkeiten des westlichen Kunstmarktes. Unrühmliche Ausnahmen bestätigen nur das Erstgenannte. Gerade das Subversivitätspotential bildender KünstlerInnen, das Drängen nach Selbstverwirklichung und Selbstbestimmung, besonders der in den 80er Jahren angetretenen Generation, bereitete den politischen Umbruch des Herbstes von 1989 mit vor. Der Widerstand gegen ein bröckelndes, sich selbst immer mehr entlarvendes, intelligenzfeindliches politisches System setzte Kräfte frei und führte sogar zu gemeinsamen Aktionen sehr verschiedener künstlerischer Temperamente.

Die »Wende« brach das Monopol des Verbandes Bildender Künstler, zu bestimmen, wer sich KünstlerIn nennen durfte und öffentlich ausstellen konnte, ebenso wie das Monopol des Staatlichen Kunsthandels, Kunst zu verkaufen. Die einzige Ausnahme einer privaten Galerie gab es in Dresden, die traditionsreiche Kunsthandlung Kühl. Sie hatte bereits die Nazidiktatur überlebt. Arbeiteten Künstlerverband und Kunsthandel vor 1989 Parteientscheidern zu, die festlegten, wer DDR-Kunst im Ausland präsentieren sollte und Gelegenheit bekam, die Welt hinter der Mauer kennenzulernen, war Reisefreiheit für alle eine der wichtigsten Wendeveränderungen. Landschaft, Leute und Kultur anderer Länder waren für die meisten wichtiger als der Besuch von Musentempeln und Messen westdeutscher Kunst nach 1945. Man setzte auf das Eigene, wollte sich nicht mehr reglementieren oder von anderer Seite belehren lassen. Der Bonus des Exotischen, den Kunst aus dem Osten Deutschlands in den letzten Jahren vor 1989 im Westen genoß, hielt allerdings nur noch kurze Zeit nach 1990, wurde im leichter gedachten und schwer gemachten deutsch-deutschen Einigungsprozeß bald zum Malus des Zurückgebliebenen. Das löste Verunsicherung aus, forderte aber die meisten heraus, das Gegenteil zu beweisen.

In Dresden leben nach Aussagen des Dresdner Künstlerbundes ca. 600 bildende KünstlerInnen. Das ist in etwa die gleiche Zahl wie zu Beginn des Jahres 1989. Hinzugekommen sind einige Absolventenjahrgänge der Dresdner Kunsthochschule, einige autodidaktisch Arbeitende und ein paar Zugezogene. Weg gingen wenige, aber wichtige KünstlerInnen, wie schon so oft in der

Dresdner Kunstgeschichte sind es die, denen Dresden zu eng geworden ist. Die »Auto-Perforations-Artisten« Via Lewandowsky, Micha Brendel, Else Gabriel, Rainer Görß schon 1989, nach 1990 Holger Stark, Tanja Zimmermann, Jana Milev; Gudrun Trendafilov hatte andere Gründe. Die ganz Jungen nutzen Stipendien, um ihre Ausbildung im Ausland fortzusetzen.

Die freie Szene in der bildenden Kunst ist freier als in anderen künstlerischen Bereichen. Denn die »Produktionsstätten« bildender Kunst sind nicht institutionalisiert. Als unverzichtbare Orte individuellen Denkens und Arbeitens bilden sie einen Gegenpol zu hierarchischer Teamarbeit in den meisten anderen Arbeitsstätten und Kulturbetrieben.

Das individuelle Atelier ist in Dresden nach wie vor der fast ausschließliche Ort, an dem bildende Kunst entsteht: Malerei, Zeichnung, Grafik, Plastik dominieren. Daneben gibt es Objekte, Installationen, Performances und Fotografie. Die multimediale KünstlerInnenwerkstatt spielt in Dresden keine nennenswerte Rolle. Die Allmacht der traditionellen Medien wird praktisch und theoretisch nur von wenigen in Frage gestellt. Die Regularien des westlichen Kunstbetriebes, die sich im Pro und Kontra um den Marktwert von Kunst herausbildeten, bestätigten im Zusammentreffen mit der hiesigen Kunst eher gediegene, meisterliche Konventionen als kritische Experimentierfreudigkeit. Das Spektrum der Gestaltungsauffassungen und Handschrif-

ten hat sich freilich in der Polarität von Figürlichkeit und Abstraktion weiter differenziert.
Doch braucht die Kunstszene in Dresden dringend mehr Spannung und Reibung. Ständig beschwörende Aufforderungen, Dresdens kulturellen Ruf als »Elbflorenz« wiederherzustellen, dort fortzusetzen, wo er 1933 abbrach, mag zwar das städtische Selbstbewußtsein stärken. Nur mit einem allzu starren Blick nach hinten läßt es sich schlecht weitergehen, zumal, wenn man nicht wirklich geneigt ist, sich mit den Problemzonen der eigenen Vergangenheit auseinanderzusetzen.
Bildende KünstlerInnen sind EinzelkämpferInnen. Es waren nicht in jedem Falle die Talentiertesten, die mit den gravierenden Veränderungen der Existenzbedingungen künstlerischer Profession nach der »Wende« am besten fertig wurden. Die ersehnte Freiheit der Kunst hatte durchaus ihren Preis, der sich nicht nur in erhöhten Kosten für Arbeitsräume und Materialien ausdrückte. Nicht wenige Ateliers sind in Dresden verlorengegangen. Nur noch wenige können von ihrer Kunst leben. Die Nüchternsten schätzen ihre Zahl in Dresden gerade auf knapp drei Dutzend und meinen, daß die überregional Bekannten an zwei Händen abzuzählen sind. Viele KünstlerInnen haben es inzwischen gelernt, sich den Rücken durch Nebenjobs freizuhalten. Doch es gibt auch traurige Konstellationen von Kräften und Sensibilitäten, die betroffen machen. Tragisch in der Biografie der heute um die 50jährigen KünstlerInnen in den neuen Bundesländern ist, daß die ihnen hinter der Mauer versagt gebliebene überregionale Etablierung nun zeitlich nur noch schwer nachzuholen ist, zumal schon zwei nachfolgende Generationen den aktuellen Kunstdiskurs bestimmen wollen. Vielleicht ermutigen Schicksale von noch Älteren, wie das der Amerikanerin Louise Bourgeois oder das des Dresdners Hermann Glöckner, die in hohem Alter endlich die ihnen gebührende Anerkennung erfuhren.
Interessenvertretung in Gruppierungen und Berufsvereinigungen ist dringend notwendig, aber immer schwierig, denn Unterschiede zu der/dem anderen scheinen letztlich größer als Gemeinsamkeiten. So hat es der 1990 gegründete Künstlerbund Dresden e.V. nicht leicht gehabt, zu einer überzeugenden Berufsvereinigung bildender KünstlerInnen zu avancieren. Dem Bundesverband Bildender Künstlerinnen und Künstler (BBK) beizutreten

war schließlich eine Entscheidung, sich in bestehende, langjährig erprobte westdeutsche Strukturen zu integrieren und versprach schnellere Klarheit und Effizienz als ein eigener Weg zwischen BBK und Deutschem Künstlerbund. Etwa zwei Drittel der Dresdner bildenden KünstlerInnen sowie KunsthandwerkerInnen und DesignerInnen gehören dem Künstlerbund Dresden an. Er sieht sich vor allem als Beratungs- und Vermittlungsinstanz in rechtlichen und sozialen Fragen, bei Kunst- und Ausstellungsprojekten und Kunst im öffentlichen Raum. In Zusammenarbeit mit dem Kulturamt setzte er in der Stadt Dresden Unterstützungs- und Fördermechanismen durch, wie die Festschreibung der Ateliermieten von 1991–1993, die Festsetzung der Maximalmiete in kommunalem Eigentum auf 7 DM/qm und das Förderprogramm zum Um- und Ausbau von Arbeitsräumen bildender KünstlerInnen. Neben dieser zahlenmäßig großen KünstlerInnenvereinigung, die immer auch mit dem Schatten des DDR-Künstlerverbandes zu tun hatte – erst 1995 war die Einsichtnahme in dessen Stasiakten möglich –, konnten kleinere Gruppen viel vitaler agieren. Die Lust, miteinander zu arbeiten, gemeinsame Projekte zu verwirklichen und eigene Räume dafür zu schaffen, endlich das auszuprobieren, was vorher nicht gestattet war, teils in lockerer Verbindung, teils auf der rechtlichen Basis des Vereins, löste eine beflügelnde Gründungseuphorie aus. Da wärmten und blendeten kurzzeitig Strohfeuer, brachten die Höhen und Tiefen von Gruppenauseinandersetzungen auch langanhaltende Talfahrten. In der alltäglichen Machbarkeit der Arbeit hatten sich Konzepte und Energien zu beweisen. Ein Kraftfeld mit Blitz und Donner erfrischender, anstachelnder anarchischer Aktionen und hartnäckiger, kontinuierlicher professioneller Arbeit wäre ein Idealfall, der als Realfall freilich immer von individuellen Umständen abhängt.
Aus eigener Initiative und im Reagieren auf Verwaltungs- und Finanzstrukturen richtete der größte Teil der KünstlerInnengruppen die Arbeit soziokulturell aus. Der Kulturverein »riesa efau« war eine der ersten und ist inzwischen eine der stabilsten Gründungen solcher Art. Einfallsreich bei der Namensfindung (abgeleitet von der ehemaligen Kneipe »Stadt Riesa« und einer Poetisierung von e.V.) wie in der Arbeit, brachten die Initiatoren in einem besetzten Haus in Dresden-Friedrichstadt Kinderladen und Kneipe, Veranstaltungsräume, Druckwerkstätten, Malschule und die Galerie Adler-

Lithografiewerkstatt Alte Feuerwache

gasse unter ein Dach. Die Hausbesetzung im Januar 1990 rettete das Haus vor dem Abriß. Mit eigner Hände Arbeit und findiger Nutzbarmachung finanzieller Mittel von Stadt, Land und Sponsoren richteten die Rührigsten des Vereins Raum für Raum nach und nach her. Bildende Künstler waren von Anfang an mit dabei: Wolfgang Bruchwitz, Frank Eckhardt, Christiane Just, Andreas Hegewald, Thomas Matauschek, Andreas Dörfel und Stefan Voigt sorgten für die Eröffnung der Galerie Adlergasse im April 1990. Inzwischen kamen Andreas Seeliger, Christopher Simpson und Frank Herrmann dazu. Möglichst frei von kommerziellen Zwängen wollen sie vor allem nicht etablierte junge Kunst von Dresdner und auswärtigen KünstlerInnen zeigen, sich dabei auf keine Richtung einschränken. Mit Austauschprojekten, galerieübergreifenden Aktionen sowie im unmittelbaren Neben- und Miteinander von kreativen Arbeitsmöglichkeiten, Sub-/Breitenkultur und Ausstellungen sollte die Galerie den ausschließlichen und elitären Charakter verlieren. Ein Plus ist die Offenheit gegenüber verschiedenen künstlerischen Medien, besonders der Fotografie.

Auch der Kunstverein »Alte Feuerwache e.V.« besetzte kurz nach seiner Gründung 1991 ein Haus. Eine Künstlergruppe um Gudrun Oltmanns schuf im denkmalgeschützten Gebäude der Alten Feuerwache in Loschwitz Arbeitsmöglichkeiten, richtete eine Lithografiewerkstatt ein und verwirklichte ein eigenes Ausstellungsprogramm, das Musik, Performance und Tanz integriert. Die KünstlerInnen der Gruppe, Gudrun Oltmanns, Sándor Dóró, Andreas Garn, Christiane Harig, Cornelia Janecke, Volker Lenkeit, Richard Mansfeld, Torsten Reimer, Detlef Schweiger, Inge Thiess-Böttner, Maren Uhlherr, bilden das Zentrum, laden Freunde, Sympathisanten, sie interessierende internationale Gäste ein. Eine Ausstellungsgruppe bestimmt das Programm. Der Kunstkonsum auf der Grundstraße 45 kam als zweite Ausstellungsstätte hinzu. Mit soziokulturellen Kurs- und Veranstaltungsangeboten für Kinder und Erwachsene richteten sich die Vereinsmitglieder eine Basissphäre in der Stadtteilkulturarbeit ein. Der Ausstellungsraum funktioniert gattungsübergreifend, ist gleichzeitig Veranstaltungsraum für Konzerte, Lesungen, Theateraufführungen. Obwohl die Hausbesetzung 1992 legalisiert wurde, mußte man sich auch hier gegen andere Nutzungsinteressen verteidigen. Eigene Instandsetzungsarbeiten und alles vereinigendes Improvisationstalent gehören zum Alltag, sind herausfordernd und kräftezehrend zugleich. Elbhangfestbeteiligung mit einem umfangreichen Programm, ein eigenes Herbstfest und die Veranstaltungsreihe »NachtKerzen« sind die Höhepunkte.

Ein zweiter Kunstverein hat in Loschwitz seinen Platz und sein Publikum: Eine Gruppe von KunsthandwerkerInnen und KünstlerInnen, u.a. Marion und Uwe Hempel, Katarina Gnauck, Andrea Herrmann, Reinhold Herrmann, Gisela Kaiser, Brigitte Müller, Annerose Schulze, Rainer Schumann, rief 1992 die »Fördergemeinschaft Kunst Loschwitz e.V.« ins Leben, baute ein kleines Weinberghaus in der Pillnitzer Landstraße 1 zur Galerie an der Schwebebahn aus, mit der den Loschwitzern eigenen Liebe und Geduld, aber auch mit ökologischen Materialien und kundigem Design. Es ist der wichtigste Präsentationssort für qualitätvolles Kunsthandwerk in Dresden. Verein und Galerie wollen der schubkastenmäßigen Trennung von bildender und angewandter Kunst entgegenwirken. So stellen KünstlerInnen beider Bereiche aus. Im glücklichsten Falle interessiert die Zuordnung nicht, im unglücklichsten bestätigen konventionelle Ausstellungen gängige Vorurteile. Das Ausstellungsprogramm hat seine Dreh- und Angelpunkte in der Region und ist in diesem Sinne ein populärer Kommunikationsort im regional bewußten Loschwitz. Das Mittun beim Elbhangfest versteht sich von selbst und ein spezifisches So-

ziokulturangebot auch. Außerdem hat sich der Verein auf die Fahnen geschrieben, die Diskussion um Kunst im öffentlichen Raum, je nach Standpunkt auch »baubezogene Kunst« genannt, anzuregen.
Das »Kunsthaus Raskolnikoff e.V.« in der Dresdner Neustadt startete ebenfalls mit Haus, Kneipe, Arbeitsräumen. Später kam die Galerie Erhard dazu, mit für Dresden wichtigen Ausstellungen wenig bekannter, experimenteller auswärtiger Kunst. Die Interessen gingen jedoch so weit auseinander, daß interne Querelen zum Abbruch alles Begonnenen führten. Die Immobilie war heiß umkämpft. Es ist zu wünschen, daß der jüngste Versuch, das Haus wiederzubeleben, Erfolg haben wird.
Die Künstlergruppe B 53 und die Dresdner Sezession 89 sind die einzigen Gruppen, die sich nicht soziokulturell verstehen. B 53 nennen sich Jürgen Wenzel, Anton Paul Kammerer, Bernd Hahn, Andreas Küchler; Maler und Grafiker mit unterschiedlichen Handschriften, die in loser Verbindung seit 15 Jahren zusammen arbeiten, ausstellen und zu Beginn der 80er Jahre in einem Abrißhaus auf der Bürgerstaße 53 in Dresden-Pieschen eine Druckwerkstatt einrichteten. Das Kürzel B 53 steht für eigene Grafikeditionen, u.a. Jahresmappen, Künstlerbücher, Kalender, und wird beibehalten, obwohl sich die Werkstatt seit 1992 am Rande von Dresden, in Burgstädtel, befindet.
Hat diese männliche Künstlergruppe kaum Polemik ausgelöst, forderte die von 21 Dresdner Künstlerinnen und zwei Kunstwissenschaftlerinnen im Dezember 1989 gegründete Dresdner Sezession 89 widersprüchliche Reaktionen heraus. Von vielen Seiten und zahlreichen fördernden Mitgliedern unterstützt, waren doch viele (Männer) befremdet. Das Anliegen, über die gemeinsame künstlerische Arbeit hinaus dem Schaffen von Künstlerinnen die ihm gebührende Geltung zukommen zu lassen, reagiert auf dieses Defizit anderer kultureller Institutionen und Gruppen.
Was inzwischen auch zahlreiche männliche Theoretiker und Künstler außerhalb Deutschlands benennen – europäische Kunstgeschichte und zeitgenössische Kunst sind eine männliche Domäne – will man in Dresden nicht wahrhaben. Analytische Schärfe verträgt sich eben nicht gut mit sächsischer Gemütlichkeit. Dabei prägen die Dresdner Sezession 89, 1990 als e.V. eingetragen, sehr unterschiedliche künstlerische Haltungen und Weltsichten von ansonsten autonom arbeitenden Künstlerinnen. Im April 1990 übernahm die

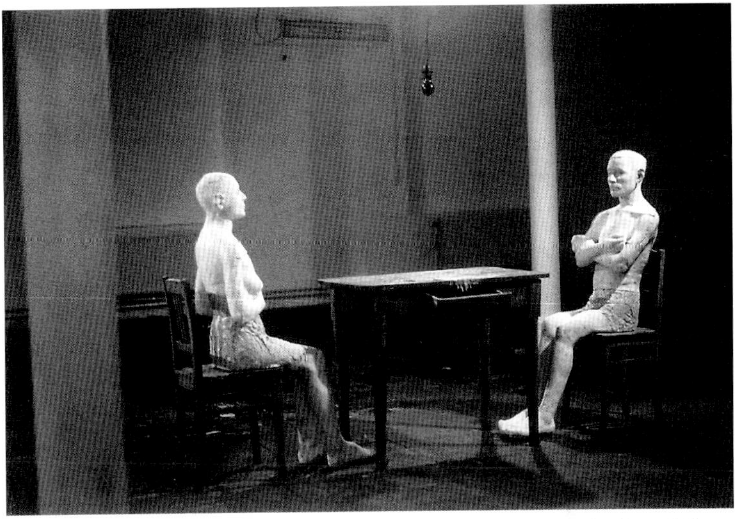

Thea Richter: Gespräch, blauäugig, 1994, Gips, Holz, Bienenwachs, blaue Glühbirne

Dresdner Sezession 89 die Galerie Comenius, deren wechselvolles Schicksal zu DDR-Zeiten Dresdner Kunstgeschichte prägte, und stellte seitdem das Schaffen von Künstlerinnen aus dem In- und Ausland in Dresden vor. Entdeckungen in der ältesten und jüngsten Dresdner Künstlerinnengeneration dieses Jahrhunderts sind dabei ebenso wichtig wie Ausstellungen von Künstlerinnen, die internationale Kunsttendenzen (z.B. VALIE EXPORT) mitbestimmen. Im Wirrwarr und Wechsel von Eigentumsrechten genutzter Räume stand nach dem Umzug in die Galerie Nord 1992 zu Beginn des Jahres 1996 ein zweiter Umzug an. Diesmal zurück in die Dresdner Neustadt, in schöne sanierte und erstmals eigene Räume. Aller guten Dinge sind drei. Das ist nur einer der Gründe für den neuen Namen »galerie drei«. Die Galerie ist Ort und Ausgangspunkt für Ausstellungen, Installationen, Begegnungen, Diskussionen, intermediale Projekte. Künstlerinnen initiierten im öffentlichen Stadtraum Dresdens ein sich jährlich fortsetzendes Wasserkunstprojekt: Melusine 1993 am Zwingerteich, Mnemosyne 1994–96 im Großen Garten, entlang des Kaitzbaches und im Stadtzentrum. Zur Gruppe gehören die Künstlerinnen Leonore Adler, Sigrid Artes, Christa Donner, Heidemarie Dreßel, Kerstin Franke-Gneuß, Petra Graupner, Angela Hampel, Mandy Herrmann, Christine Heitmann, Karin Heyne, Bärbel Kuntsche, Gerda Lepke, Kerstin

Quandt, Gabriele Reinemer, Thea Richter, Annerose Schulze, Gudrun Trendafilov, Ulrike Triebel, Petra Vohland, Tanja Zimmermann und die Kunstwissenschaftlerinnen und Galeristinnen Karin Weber und Sigrun Hellmich. Die Kreative Werkstatt e.V. von Karin Heyne, die jetzt in der Bürgerstraße zu finden ist, ging aus der Arbeit der Gruppe hervor.

Mit den genannten und einigen weiteren kleinen Gruppen hat Dresden 1996 so viele von KünstlerInnen, also MacherInnen, initiierte »Unternehmungen« wie wohl noch nie zuvor. Neben bereits genannten Gründen spielen natürlich auch die rechtliche und finanzielle Basis und Fördermechanismen für gemeinnützige Vereine eine Rolle. Und noch etwas kommt hinzu: Die Szene der Kunstvermittlung, vor allem die Galerienszene, hat sich ganz entscheidend verändert, ist subjektiver, kommerzieller, wählerischer, auch autoritärer geworden. Dem entziehen sich einige KünstlerInnen, indem sie sich selbst »managen« oder darauf pfeifen, wenn sie es sich so oder so leisten können, andere gründen eben eigene Gruppen und Galerien. Von den überkommenen Formen des Ausstellungswesens vor 1990 existieren neben den Staatlichen Kunstsammlungen und der Galerie der Hochschule für Bildende Künste – natürlich auch mit neuen Konzeptionen – nur noch wenige Räumlichkeiten. Von fünf städtisch finanzierten »Stadtbezirksgalerien« mit den Namen der vier Himmelsrichtungen und ihrer »Mitte« gibt es nur noch die soziokulturelle Kulturetage Prohlis (ehemals Galerie Süd) und die Galerie Mitte, seit 1991 privatisiert, die einzige, die ihren Namen behalten hat. Dafür sind aus der Galerie Rähnitzgasse (ehemals Zentrum für Kunstausstellungen der DDR) und dem Leonhardi-Museum (ehemals Galerie des Künstlerverbandes, zuletzt auch Galerie Ost) städtische Galerien geworden. Doch diese stehen hier nicht zur Debatte.

Ganz und gar politisch kontrollierte Ausstellungsformen, die freilich im konkreten von GaleristInnen und KunsthistorikerInnen fachkundig und mutig genutzt wurden, sind abgelöst von privaten Galerien. Ihre Gründung wurde, anders als Neugründungen in der Wirtschaft, nicht durch altbundesdeutsches Goldgräbertum gestört. Die fünf westdeutschen Galerien – Galerie Finckenstein, Galerie Teufel-Holze, Galerie Döbele, Galerie Michael Schultz, Galerie Kasten (in der Reihenfolge ihrer Ansiedlung benannt), die sich in Dresden ein Domizil schufen, kamen spät, wohlüberlegt, aber mit Enthusiasmus und

Petra Kasten: Neubau, 1992, Tusche/Bütten, Pinselzeichnung, 110 x 70 cm

seriösen Programmen. Sie sind eine wichtige Bereicherung der Szene, die Zeit hatte zu wachsen und eigentlich doch keine Zeit hatte. Denn mit dem Mauerfall sah man sich einem in 40 Jahren strukturierten, verfestigten Kunstbetrieb gegenüber. Gründerlaune, Energie und Lust haben glücklicherweise für eine späte Desillusionierung gesorgt. Und so waren und sind es immer noch mehr kulturelle Ambitionen, die Dresdner GaleristInnen antreiben, als händlerische Geschäftigkeit. Ideal, wenn beides günstig zusammenfällt.

Claudia Reichardt – meistens »Wanda« genannt – wollte es sich schon 1986 nicht nehmen lassen, Ausstellungen nach eigener Fasson zu zeigen. Doch ihre Galerie »fotogen« in der Villa Marie am Blauen Wunder wurde nach einem Jahr vom Rat der Stadt verboten, und sie hat doch weiter gemacht. Ein bißchen dort, vor allem aber mit Ausstellungen, Veranstaltungen, Performances im Studentenclub der Dresdner Kunsthochschule. Das war eine Zeit, als Studenten diese Lehrstätte auch als untergründige Experimentierstätte vereinnahmten, z.B. die schon erwähnten Auto-Perforations-Artisten. Alte Seilschaften und neue Besitzansprüche zwangen Wanda im Mai 1990, die Villa Marie endgültig zu verlassen. Die symbolische »Verschließung«, an der sich sympathisierende Künstler mit Installationen und Aktionen beteiligten, nahm sie selbst vor. Im Januar 1990 eröffnete sie in der Dresdner Neustadt die galerie autogen programmatisch mit einer Ausstellung von Willy Wolff, präsentierte dann Malerei, Grafik, Objekte, Installationen und Fotografie, vor allem von jüngeren Dresdner KünstlerInnen, bis sie im Mai 1992 auch diese Räume aufgeben mußte. Wo hohe Gewerbemieten zählen, gibt es wenig Kunstverständnis und keinen »Vorwende-Subversivitätsbonus«. Mit den geplanten Ausstellungen von Peter Graf und Ekkeland Götze war sie Gast in der Blauen Fabrik. Von Januar 1993 bis Dezember 1995 führte sie die galerie autogen in der Rähnitzgasse 25 weiter. JeanLuc Cornec, Ekkeland Götze, Petra Kasten, Stefan Nestler, Jo Siamon Salich, Holger Stark, Claus Weidensdorfer, Runhild Wirth sind StammkünstlerInnen der Galerie, mit denen sie weiterarbeiten will, wenn sie wie geplant ihre Galerie 1997 wiedereröffnet. Zwischenzeitlich engagiert sie sich im Hellerau e.V., dessen geistiger Anspruch und dessen interime, von Geschichte gezeichnete Räume ihrer Mentalität wohl mehr entsprechen als das Zufriedensein mit eigenen, teuer zu bezahlenden Galeriewänden. Sie denkt über neue Austellungsformen nach. Die von ihr in Hellerau organisierten Projekte, wie die Ausstellung »Einschritt« (1994), die Einladung von Ilya Kabakov (1995) und die Ausstellung »ALL WORK – NO PLAY« mit dem Kurator Micha Kapinos, gehören zu den seltenen streitbaren Kunstereignissen in Dresden.

Frank und Ralf Lehmann begannnen im Januar 1988 mit nicht-offiziellen Ausstellungen in der eigenen Wohnung in der Institutsgasse 4. Sie stellten vor allem Autodidakten aus, die im erlaubten Kunstbetrieb der DDR keine Ausstellungschance bekommen hätten. Das eindringliche Interesse der staatlichen Beobachter schüchterte nicht ein, und so konnten sie nach 1989 ihr Ausstellungsprogramm nahtlos fortsetzten. Die Wohnung wurde nun offiziell zur Galerie gemacht. Ein guter Start, den sie nicht auf sich beruhen ließen. Frank Lehmann arbeitete bei den renommierten Kölner Galeristen Rudolf Zwirner und Karsten Greve. Das half nicht nur der eigenen Professionalität, sondern brachte auch wichtige Kontakte. So ist die Galerie Gebrüder Leh-

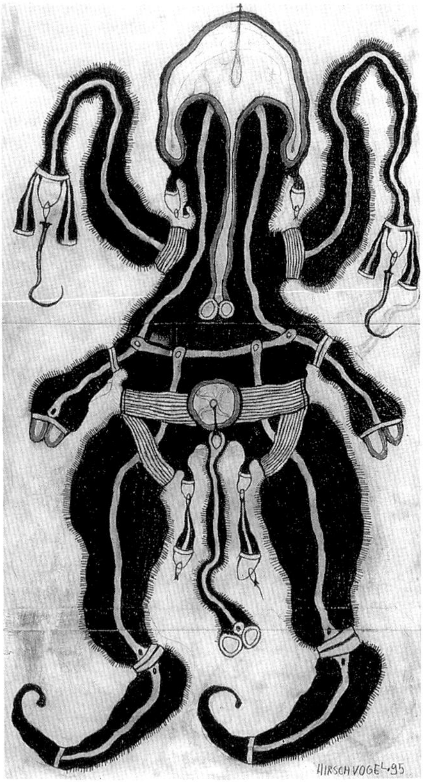

Hirschvogel: o. T., 1995, Farb- und Bleistift auf Papier, 86,5 x 38 cm, c/o Galerie Lehmann

mann neben der Galerie Hübner & Thiel sowie vier aus Westdeutschland gekommenen als eine der wenigen Galerien aus den neuen Bundesländern Mitglied im Bundesverband Deutscher Galerien und konnte seit 1991 fast regelmäßig an der Kölner Kunstmesse ART COLOGNE teilnehmen. Die in Dresden zunächst größtenteils unbekannten Künstler ihrer Galerie, mit denen sie teilweise schon seit 1988 zusammenarbeiten, machten sie in Dresden und überregional bekannt. Einige haben inzwischen ein Studium absolviert. Nach wie vor bestimmt das Interesse der Lehmanns an eigenwilligen Autodidakten das Programm. Als Kontrast dazu gibt es jährlich Ausstellungen anerkannter deutscher und internationaler KünstlerInnen, u.a. Nancy Spero, Raimund Girke, Felix Droese. Aber auch ein Altmeister Dresdner Kunst interessiert, Curt Querner, der zeitlebens eher Einzelgänger blieb, als sich in

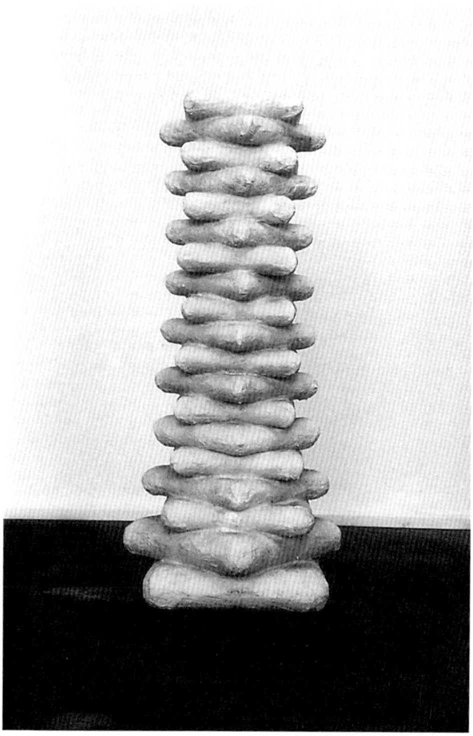

Jürgen Schön: aus »Schichten und Tiefen«, Nr. 8, 1992/ 93, Papier, Karton, geklebt

festgelegten Richtungen zu bewegen. Auch den Gebrüdern Lehmann blieb ein Umzug nicht erspart.

1994 bauten sie schlichte, preisgünstige Räume einer ehemaligen Tischlerei in der Dresdner Neustadt aus. Zu den Künstlern der Galerie gehören u.a. Hirschvogel, Holger Lippmann, Eberhard Havekost, Nana Funek, Richard Mansfeld, Hendrik Silbermann, Thomas Scheibnitz, Frank Maasdorf, Frank Nitsche, Wilhelm Müller.

In der Dresdner Neustadt eröffnete schon im Mai 1992 die Galerie Hübner & Thiel mit einer Ausstellung von Cornelia Schleime, brachte sie und ihre Arbeiten zurück nach Dresden, wo sie studiert hatte, bevor sie diese Stadt und die DDR verließ. Die Räumlichkeiten sind nicht besonders groß, die Ausstellungen jedoch immer gut gehängt und das Programm eines der konsequentesten in Dresden: Figurative Kunst im weitesten Sinne, benennt es der

Galerist Uwe Hübner. Neben Cornelia Schleime arbeitet er vor allem mit Volker Mehner, Siegfried Anzinger, Jürgen Schön und Thomas Florschuetz – mit Nicht DresdnerInnen in der Regel. Ein Verdienst der Galerie sind gut eingerichtete Kabinettausstellungen wichtiger Vertreter zeitgenössischer deutscher und internationaler Kunst, wie Per Kirkeby, R. A. Penck, Georg Baselitz, Annegret Soltau.

Die Dresdner Neustadt ist eigentlich prädestiniert als Galerienviertel. Neben den schon genannten gibt es hier seit Ende 1995 die Galerie Kalinka mit farbigem Interieur und unkonventionell autodidaktischen Ausstellungen, gibt es nicht mehr die Galerien Raute und Blaue Fabrik. Das Experiment Blaue Fabrik ist ideell und finanziell gescheitert, obwohl nach der hoffnungsvollen Eröffnungsausstellung »Blau« im Dezember 1991 zahlreiche gute Ausstellungen folgten. Die Räumlichkeiten der kleinen Fabrik in einem Neustädter Innenhof hatten den wunderbaren Reiz des Provisorischen. Der Siebdrucker Thomas Haufe und der Künstler Lutz Fleischer begannen mit Enthusiasmus und Widerwillen gegen gängige Strukturen, erprobt schon in den 80er Jahren mit der Herausgabe von Grafikeditionen, die sich nicht um Postulate offizieller Kulturpolitik scherten. Unterstützt wurden sie von Sigrid Walther, die ihre verdienstvolle Arbeit als Galeristin der Galerie Nord nach der »Wende« in Auseinandersetzung mit einer damaligen Kulturpolitikerin beenden mußte. MusikerInnen und die Tänzerin und Performerin Hanne Wandtke erhalten die Blaue Fabrik nun als offene Werkstatt für Improvisationen, nachdem sie Thomas Haufe allein nicht mehr weiterführen konnte. Viele Personen und Projekte haben ihre Geschichte, die es lohnte, ausführlicher aufgeschrieben zu werden, die Blaue Fabrik gehört unbedingt dazu.

Im Dresdner Osten konzentrieren sich gegenwärtig nicht von ungefähr die meisten Galerien. Allein in Loschwitz gibt es neben den schon genannten und dem Leonhardi-Museum noch drei private Galerien. Eine der kleinsten ist die Galerie am Damm in der Einrahmwerkstatt von Peter Eisermann.

Die galerie am blauen wunder eröffneten Ulrike Dagen, letzte Leiterin der Neuen Dresdner Galerie des Staatlichen Kunsthandels, und Gunter Ziller 1991 im eigenen Haus. Ein breites, sachkundig ausgewähltes und präsentiertes Angebot von fast 100 Künstlern, überwiegend aus dem sächsischen

Raum, bestimmt das Programm. Gunter Ziller, einfühlsamer Kenner der Szene, hat sich vor allem auch mit der Aufarbeitung von Nachlässen einen Namen gemacht.
Durch den Ausbau eines schönen Fachwerkhauses am Körnerplatz konnte Angelika Makolies Ende vorigen Jahres ihre 1991 in der Wohnung begonnene Galerie Hieronymus einer breiteren Öffentlichkeit zugänglich machen. Erfahren im Kunsthandel und befreundet mit ambitionierten Künstlern ihrer Generation, konzentriert sie sich auf eine überschaubare Zahl von Malern, Grafikern und Plastikern, die sich mit qualitätvollen, artifiziellen Arbeiten in- und außerhalb Dresdens durchgesetzt haben, wozu auch sie mit Messebeteiligungen in Frankfurt und Düsseldorf beitrug. Sie zeigt vor allem Arbeiten von Eberhard Göschel, Bernd Hahn, Peter Herrmann, Hirschvogel, Veit Hofmann, Gerda Lepke, A.R.Penck, Stefan Plenkers, Strawalde, Max Uhlig.
Zwei Galerien aus den alten Bundesländern zog es nach Blasewitz. Kai-Uwe Holze, der als Abschluß seines Kunstgeschichtsstudiums eine Arbeit über geometrische Kunst in der DDR schrieb, eröffnete, unterstützt von Heinz Teufel, dem Inhaber der einzigen, nunmehr seit 30 Jahren im Kölner Raum bestehenden Galerie für konkrete Kunst, die Galerie Teufel-Holze in Dresden. Beide wußten, daß es lange dauern würde, bis aus dem interessierten Dresdner Publikum ein kauftüchtiges wird. Sie können sich jedoch, ebenso wie die aus Stuttgart kommende Galerie Döbele, auf Käufer und Sammler aus den alten Bundesländern verlassen. Während die Galerie Teufel-Holze ein spezielles Programm mit Klassikern konkreter Kunst – u.a. Max Bill, Richard Paul Lohse, Camille Graeser und ausgewählten, in dieser Tradition stehenden Jüngeren – zeigt, dabei nur wenige Dresdner Künstler an die Galerie bindet, zog es die Galeristin Hedwig Döbele nach Dresden, weil ihr Herz seit zahlreichen Ausstellungen Dresdner KünstlerInnen in ihrer Ravensburger Galerie in den 80er Jahren gerade für Dresdens Kunst brennt. Durch Kontakte zu Fritz Löffler, einem der kenntnisreichsten und profiliertesten Dresdner Kunsthistoriker, hat sie die gediegene Dresdner Malkultur in der Tadition von Impressionismus, Expressionismus und Neuer Sachlichkeit einschließlich ihrer Klassiker schätzengelernt. Unbestritten ist ihr Verdienst, sie vor 1989 in Westdeutschland bekannt gemacht zu haben. Dabei hat sie freilich auch das Talent und den Charme einer guten Kunsthändlerin. »Otto Dix und die

Künstler seiner Dresdner Zeit« (Eröffnung im November 1995) war ihre erste Ausstellung in Dresden. Ihr mit dieser Ausstellung markiertes Credo – die Pflege der besten Traditionen Dresdner Kunst – wird vom Dresdner Publikum begeistert aufgenommen. Wohl auch deshalb, weil die legendäre, älteste Galerie Dresdens, die Kunsthandlung Kühl, durch den Tod von Johannes Kühl nach 71 Jahren ein jähes Ende fand. Die besondere Atmosphäre dieser Galerie, das intime Nebeneinander von alter und neuer Kunst, altem Mobiliar, Büchern und Blumen bleibt unnachahmlich, die engagierte Ausstellungstätigkeit für gute Dresdner Kunst ist ein Höhepunkt Dresdner Kunstgeschichte. Etwas von diesem Flair versucht Henrik Weiland, ehemaliger Mitarbeiter bei Johannes Kühl, in die Räume der Galerie »Kunst der Zeit Dresden GmbH« hineinzutragen, die er 1995 mit eigenem Konzept als Geschäftsführer übernahm. Es ist die einzige Galerie im Dresdner Stadtzentrum, 1953 als Genossenschaftsgalerie von KünstlerInnen gegründet. In der Schere zwischen kommerziellen Pflichten und hochgesteckten galeristischen Zielen wird sie sich bewähren müssen, wovon einzelne Ausstellungen bereits zeugen.
Etwas abgelegen vom Zentrum, aber noch in der Stadtmitte, am Fetscherplatz, liegt die Galerie Mitte. 1979 von der jetzt in Berlin tätigen Kunsthistorikerin Gabriele Muschter eingerichtet, erreichte sie bald Anerkennung über Dresden hinaus. Die ersten Rauminstallationen in Dresden wurden hier in der zweiten Hälfte der 80er Jahre gezeigt. Karin Weber übernahm die Leitung 1984 und führte die Galerie über die finanziellen Unsicherheiten der unmittelbaren »Wendezeit«, bis sie sich 1994 entschloß, sie privat zu übernehmen. Der Name wurde beibehalten und ist vielleicht mehr als früher zum Synonym für das Konzept geworden. Viele Dresdner KünstlerInnen der mittleren Generation, einige jüngere und Inge Thiess-Böttner, Nestorin eigenwilliger konstruktivistischer Kunst in Dresden, fühlen sich im freundlichen Klima der Galerie gut aufgehoben. Seit 1991 betreut die Galerie das erst nur für Dresden, später für Sachsen und nunmehr bundesweit ausgeschriebene Stipendienprogramm der Philip-Morris-Kunstförderung. Jährlich werden die vier Stipendiaten mit einer Personalausstellung vorgestellt. Durch Kabinettausstellungen, Art Consulting und Ausstellungskuratorien, u.a. »Memento mori« 1995 in der Galerie Rähnitzgasse, erweiterte Karin Weber ihren Wirkungsradius.

Mit knapp 20 privaten, fünf von Vereinen getragenen, zwei städtischen Galerien, der Galerie der Kunsthochschule, dem Ausstellungsprogramm des französischen Kulturzentrums, den Ausstellungen im Schaufenster und im Veranstaltungsraum der Jugendbibliothek auf der Hauptstraße, dem Stadtmuseum und den staatlichen Kunstsammlungen, dem Hygienemuseum und der Kunsthalle im art forum verfügt die Stadt Dresden über ein reichhaltiges Angebot von Ausstellungen. Im Vergleich mit Städten in Westdeutschland ist Zuwachs möglich und wünschenswert, ohne daß Dilettanten die Szene verunklären, wie einige Galeristen befürchten. Waren 1990 die neuen Galerien noch an einer Hand abzuzählen, ist inzwischen jährlich Zuwachs zu verzeichnen; auch Verluste blieben nicht aus. Programme, Formen und Auffassungen von Professionalität sind sehr verschieden. Das Engagement beeindruckt jedoch in jedem Falle, noch dazu, wenn man um die allgemeinen Stagnationserscheinungen auf dem Kunstmarkt weiß.
Kräftigere Töne und eine stärkere Auseinandersetzung mit internationalen Kunstpositionen würden jedoch das doch zuweilen sich etwas ahnungslos gebende Elbtalleben erfrischen, ohne daß Eigenes aus dem Auge verloren wird. Ein wichtiges Zwischenglied zwischen Galerien und Museen sind in westdeutschen Städten Kunstvereine. Spannende Ausstellungsprogramme, wie die des Bonner und des Hamburger Kunstvereins, wären auch für Dresden äußerst anregend.
Der Neue Sächsische Kunstverein, der 1990 mit einer Veranstaltung in der Semperoper gegründet wurde, geht einen anderen Weg. Bildende Kunst ist neben Musik, Literatur, »Multimedia«, Baukunst nur eine Sektion des Vereins, der sich auf die Geschichte des 1828 entstandenen »Sächsischen Kunstvereins« und auf sein an die Kunsthochschule angrenzendes Gebäude beruft. Solange dieses Gebäude nicht nutzbar ist, sind fehlende eigene Ausstellungs- und Veranstaltungsräume ein Handikap. Aus der Not wäre zwar auch eine Tugend zu machen: Kunst an ungewohnten Orten. Mit den jährlichen Kunstfesten ist das versucht worden, besonders mit Prometheus 1991 in der Ruine des Kunstvereinsgebäudes, den Festen unter der Marienbrücke 1993 und 1994, LBRNTH in den Kasematten unter der Regie des Schauspielers Peter Meining 1995. Neben Kunstauktionen, der Mitorganisation des Pirckheimer-Grafikmarktes, der Herausgabe der Kunstzeitschrift »Fama« (1992 bis zu ih-

Strawalde: Parade, 1994, Tusche, Kreide auf Papier, 57 x 76 cm

rer finanziellen Krise 1996) bleiben von den zahlreichen Ausstellungsaktivitäten am meisten die in Erinnerung, die Arbeiten von Künstlern in Dresden vorstellten, die diese Stadt vor 1989 zumeist aus politischen Gründen verließen: Personalausstellungen von Hartmut Bonk, 1994 im Dresdner Schloß; Gerhard Richter, 1996 in der Kunsthalle Dresden, Strawalde, 1996 in Zusammenarbeit mit dem Leonhardi-Museum. Freilich sind sie auch ein Zeichen der »gnadenlos liebevollen Wiedergutmachung« (Kenneth Anders in einem Artikel der »fama« 1/96), zu der sich die Hiergebliebenen verpflichtet fühlen.

Der Dresdner Kunstverein, angetreten zu zeigen, was ein Kunstverein, der sich auf bildende Kunst konzentriert, in Dresden ausrichten kann, stand bei seiner Gründung 1993 nicht unter glücklichen Sternen und schlummert noch dahin. Ob er sich als Dornröschen entpuppt, wird sich zeigen. Die Ausstellung mit Jörg Immendorff im Dresdner Schloß (September/ Oktober 1996) soll Zeichen setzen, die Anbindung als Förderverein der Galerie Rähnitzgasse weckt Erwartungen.

Spannende temporäre Projekte oder Installationen an ungewohnten Kunst-Orten wurden bis auf die beschriebenen Ausnahmen (Hellerau, Mnemosyne,

Peer Alexander von Martens: Bramsch, Installation, 1994

Kunstfeste) zumeist von Leuten gemacht, die nicht fest in die Dresdner Kunstszene eingebunden sind. Nur einige Beispiele können hier genannt werden: Peer Alexander von Martens mit »Bramsch«, 1994 in einer leerstehenden Spirituosenfabrik in Dresden-Friedrichstadt; Jo Siamon Salichs »Botschaft II« 1994 auf dem Theaterplatz; »Zwischenstation, ein Experimentierraum für zeitgenössische Kunst und Architektur« in der Pfotenhauer Straße 63 (1994 – 1996) – initiiert u.a. vom englischen Künstler Adam Page; Rainer Müllers Zelte aus Kuhfellen auf den Raseninseln zwischen verkehrsdichten Fahrbahnen im Stadtzentrum 1996.

Diese nicht für die Ewigkeit geschaffenen Kunstwerke hielten die Diskussion zu »Kunst im öffentlichen Raum« in Gang, die nach 1990 wie gelähmt schien. Erst seit Ende 1994 gibt es eine städtische Richtlinie, seit 1995 die ersten, nicht mehr an Jahresfristen gebundenen Gelder und 1996 den ersten Wettbewerb.

Über die freie Kunstszene in sechs »Nachwende-Jahren« zu schreiben, auf wenigen Seiten, zwingt ein grobes Raster auf. Vieles kann nur angerissen werden, manches muß ungesagt bleiben. Einiges möchte ich noch aufzählen: Die Kulturzeitschrift »reiterIn« – sperrig im Format, unangepaßt im Inhalt, war ihr mit zehn Ausgaben von 1990 bis 1992 nur ein kurzes Dasein be-

Frank Stella: Entwurf Kunsthalle Dresden im Auftrag des Kölner Sammlerehepaares Hoffmann

schieden. Die acht künstlerischen Druckwerkstätten Dresdens, teilweise mit Ausstellungsambitionen. Zahlreiche druckgrafische Editionen. Die erste private Kunsthalle Dresdens, 1995 im art forum eröffnet.

Das Projekt einer modernen Ausstellungsstätte des Kölner Sammlerehepaares Hoffmann mit Architekturentwürfen des amerikanischen Künstlers Frank Stella war für Dresden eine Nummer zu groß ausgefallen, was nicht genug bedauert werden kann. Es scheiterte am Konservatismus sächsischer Provenienz. Auch nicht realisierte Projekte haben ihre Geschichte.

Viele der realisierten erhielten im Rahmen der Projektförderung des Kulturamtes seit 1991 finanzielle Unterstützung und Rat. Die 1992 von MitarbeiterInnen des Kulturamtes ins Leben gerufene Grafikmesse, seit 1996 »Kunstmarkt Dresden« genannt, ist ein wichtiges Forum privater Galerien und KünstlerInnen.

Sechs Jahre sind kunstgeschichtlich betrachtet marginal. Vieles braucht seine Zeit. Für manches ist die Zeit schon vorbei. Einiges hat keine Zeit. Was bleibt, wird nicht nur die Zeit entscheiden, sondern auch akute und zukünftige Bedürfnisse. Die Tempi sind verschieden, seit es die eine Grenze nicht mehr gibt.

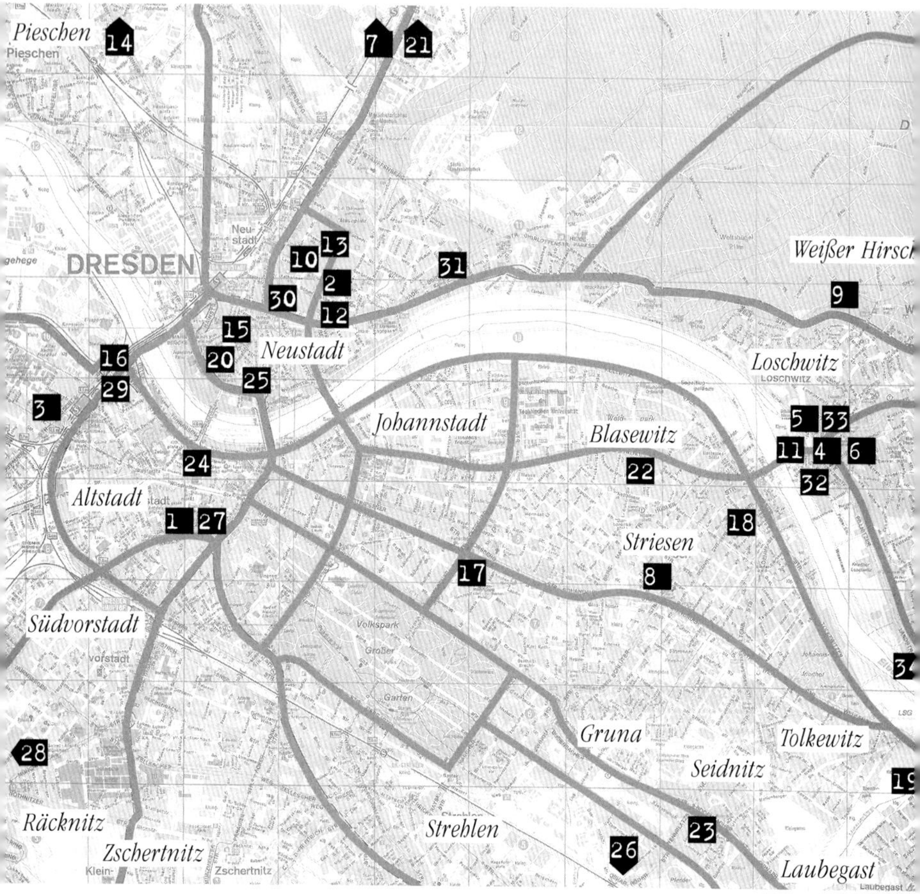

1 *Französisches Kulturzentrum* | Kreuzstr. 2, 01067 Dresden, Tel. 0351/ 4 95 14 78, Fax 0351/ 4 95 41 08

2 *Dresdner Sezession 89, galerie drei* | Prießnitzstr. 43, 01099 Dresden, Tel./ Fax 0351/ 8 02 67 10

3 *Galerie Adlergasse* | Adlergasse 14, 01067 Dresden, Tel. 0351/ 8 66 02 16, Fax 0351/ 8 66 02 12

4 *galerie am blauen wunder* | Pillnitzer Landstr. 2, 01326 Dresden, Tel. 0351/ 3 70 20, Fax 0351/ 3 72 20

5 *Galerie am Damm* | Körnerplatz 10, 01326 Dresden, Tel./ Fax 0351/ 3 74 00 79, 0351/ 2 67 92 18

6 *Galerie an der Schwebebahn* | Pillnitzer Str. 1, 01326 Dresden, Tel. 0351/ 2 64 05 05

7 *galerie autogen* | PF 530 118, 01291 Dresden, Tel. 0351/ 8 80 77 98

8 *Galerie Döbele* | Pohlandstr. 19, 01309 Dresden, Tel. 0351/ 31 82 90, Fax 0351/ 31 82 98

9 *Galerie Finckenstein* | Bautzner Landstr. 7, 01324 Dresden, Tel./ Fax 0351/ 2 68 38 35

10 *Galerie Gebrüder Lehmann* | Görlitzer Str. 21, 01099 Dresden, Tel./ Fax 0351/ 8 01 17 83

11 *Galerie Hieronymus* | Friedrich-Wieck-Str. 11, 01326 Dresden, Tel./ Fax 0351/ 2 67 87 56

12 *Galerie Hübner & Thiel* | Pulsnitzer Str. 10, 01099 Dresden, Tel. 0351/ 8 02 01 56, Fax 0351/ 8 01 45 64

13 *Galerie Kalinka* ❙ Bischofsweg 52, 01099 Dresden, Tel. 0351/ 8 04 70 37
14 *Galerie Kasten* ❙ Wilder-Mann-Str. 45, 01129 Dresden, Tel. 0351/ 8 58 46 73, Fax 0351/ 8 58 46 97
15 *Galerie Königstraße* ❙ Königstr. 11, 01097 Dresden, Tel./ Fax 0351/ 8 02 93 27
16 *Galerie Michael Schultz* ❙ Ostra-Allee 33, 01067 Dresden, Tel./ Fax 0351/ 4 90 37 45
17 *Galerie Mitte* ❙ Fetscherplatz 7, 01307 Dresden, Tel./ Fax 0351/ 4 59 00 52
18 *Galerie Niederwald* ❙ Niederwaldstr. 20, 01309 Dresden, Tel. 0351/ 3 36 02 54
19 *Galerie Punkt & Partner* ❙ Laubegaster Ufer 24, 01279 Dresden, Tel. 0351/ 2 52 15 48
20 *Galerie Rähnitzgasse* ❙ Rähnitzgasse 8, 01097 Dresden, Tel. 0351/ 8 04 14 56, Fax 0351/ 8 04 15 82
21 *Galerie Sillack* ❙ Königsbrücker Landstr. 63, 01109 Dresden, Tel. 0351/ 8 80 40 01, Fax 0351/ 8 80 13 79
22 *Galerie Teufel-Holze* ❙ Prellerstr. 31, 01309 Dresden, Tel./ Fax 0351/ 3 36 06 42
23 *Galerie Valté* ❙ Ludwig-Hartmann-Str. 1, 01277 Dresden, Tel. 0351/ 2 51 23 20, Fax 0351/ 4 41 14 19
24 *Hochschulgalerie* ❙ Brühlsche Terrasse 1, 01067 Dresden, Tel. 0351/ 4 92 67 16
25 *Jugendbibliothek* ❙ Hauptstr. 7, 01097 Dresden, Tel. 0351/ 8 04 39 58
26 *Kulturetage Prohlis* ❙ Herzberger Str. 30, 01239 Dresden, Tel./ Fax 0351/ 2 84 21 30
27 *Kunst der Zeit Dresden* ❙ Wilsdruffer Str. 7, 01067 Dresden, Tel./ Fax 0351/ 4 95 24 67
28 *Kunst Konzept Manda* ❙ Altplauen 12, 01187 Dresden, Tel. 0177/ 2 06 02 23
29 *Kunsthalle im art forum* ❙ Maxstr. 2, 01067 Dresden, Tel. 0351/ 4 92 27 62, Fax 0351/ 4 92 27 63
30 *Kunsthaus Raskolnikoff e.V.* ❙ Böhmische Str. 34, 01099 Dresden, Tel./ Fax 0351/ 8 04 57 04
31 *Kunstkeller* ❙ Radeberger Str. 15, 01099 Dresden, Tel. 0351/ 4 42 90 31, Fax 0351/ 5 40 30
32 *Kunstverein Alte Feuerwache e.V.* ❙ Fidelio-F.-Finke-Str. 4, 01326 Dresden, Tel. 0351/ 2 67 86 26
33 *Leonhardi-Museum* ❙ Grundstr. 26, 01326 Dresden, Tel./ Fax 0351/ 2 68 35 13
34 *Zeitgenössische Kunst* ❙ Schloß & Park Pillnitz, 01326 Dresden, Tel. 0351/2 61 32 60, Fax 0351/2 61 32 61

Staatliche Kunstsammlungen Dresden ❙ Albertinum: Gemäldegalerie Neue Meister, Skulpturensammlung, Brühlsche Terrasse, 01067 Dresden, Tel. 0351/ 4 91 46 43, 4 95 55 30 56, 49 91 47 40;
Kupferstichkabinett: Güntzstr. 34, 01307 Dresden, Tel. 0351/ 4 59 38 13;
Kunstgewerbemuseum, Schloß Pillnitz: 01326 Dresden, Tel. 0351/ 2 61 32 00
Stadtmuseum Dresden ❙ Landhaus, Wilsdruffer Str. 2, 01067 Dresden, Tel. 0351/ 4 98 66 13

Druckwerkstatt Rohland Ehrhardt ❙ Pillnitzer Landstr. 59, 01326 Dresden, Tel. 0351/ 8 04 32 09
Grafikwerkstatt Dresden ❙ in den technischen Sammlungen der Stadt Dresden, Junghansstr. 1-3, 01277 Dresden, Tel. 0351/ 3 46 22 56, Fax. 0351/ 3 46 25 78
Haufenpresse über Blaue Fabrik ❙ Prießnitzstr. 44, 01099 Dresden
Lichtdruckwerkstatt ❙ Bärensteiner Str. 30, 01277 Dresden, Tel. 0351/ 3 36 11 14, Fax 0351/ 3 36 11 17
Obergrabenpresse ❙ Ritzenbergstr. 5, 01067 Dresden, Tel. 0351/ 8 01 08 65
Rautedruck ❙ Prießnitzstr. 60, 01099 Dresden, Tel. 0351/ 8 01 39 92
Tiefdruckwerkstatt e.V. ❙ Adlergasse 14, 01067 Dresden, Tel. 0351/ 4 32 89 68
Werkstattgemeinschaft für Freie Druckgrafik B 53 ❙ Am Rundling 1, 01809 Borthen/ OT, Burgstädel, Tel. 0351/ 2 84 55 14

Dresdner Künstlerbund e.V. ❙ Fechnerstr. 2, 01139 Dresden, Tel. 0351/ 8 49 23 11
Neuer Sächsischer Kunstverein e.V. ❙ Bautzner Str. 130, 01099 Dresden, Tel./ Fax 0351/ 8 04 56 55
Dresdner Kunstverein e.V. ❙ Rähnitzgasse 8, 01097 Dresden, Tel. 0351/ 8 04 19 53, Fax 0351/ 8 04 15 82

DIE KULTUR DES UNTERSCHIEDS UND DIE DRESDNER KULTURPOLITIK

Jörg Stüdemann

Welche Rolle hat Kulturpolitik im städtischen Leben, nachdem in der DDR ausgiebig mit Kultur und Kunst Politik gemacht worden ist? Jenseits eines staatlichen Erziehungs- und Repräsentationsauftrages müssen heute die Ziele der Kulturpolitik neu gefaßt werden – unter den Bedingungen von grundgesetzlich verbürgter Kunstfreiheit, demokratischer Verfassung, Föderalismus und Marktwirtschaft.

In memoriam: »Die Kunst wirkt über die Entwicklung des sozialistischen Bewußtseins auf die Herausbildung sozialistischer Persönlichkeiten, Verhaltensweisen, die Entfaltung der Gefühle und bildet damit einen wichtigen Entwicklungsfaktor der sozialistischen Gesellschaft.« (Kulturpolitisches Wörterbuch. Bln. 1978, S. 432) Im Kontext der »sozialistischen Kulturrevolution« hatten Kunst und Kultur in der DDR einen erklärten gesellschaftlichen Ort, ihnen war die eindeutige gesellschaftliche Bildungsfunktion aufoktroyiert, der sich selbst das staatliche Repräsentationsbedürfnis – stets Ausweis der »besseren Lebensart« – unterwarf. Die sozialistische Prädestinationslehre arbeitete mit einer einfachen Zweiteilung: hie die gesellschaftskonforme Kunstproduktion, ausgestattet mit besagtem Erziehungsauftrag und exponierter Wunschpartner der politischen Machthaber, da Strömungen eines historisch überwundenen bourgeois-kapitalistischen Kunstbetriebes, die sich der geschichtlichen Alternative verweigerten und infolgedessen, eben weil sie nicht mit den »Bedürfnissen der Werktätigen« übereinstimmten, Repressionen ausgesetzt waren. Ein leichtes Spiel für die sozialistische Kulturpolitik? Möglicherweise – jedenfalls soweit der gesellschaftliche Status von Kunst und Kultur, des individuellen Künstlers programmatisch fixiert war, soweit auch die Selbstverpflichtung auf die ästhetische Zielgröße des sozialistischen Realismus wirkte. Problematisch blieb die Tatsache, daß sich die 40 Jahre hindurch auferlegte Linientreue und die kulturelle Praxis nicht harmonisch zusammenfügten, daß die den Künstlerpersönlichkeiten zugestandene Vielseitigkeit des Schaffens unter der Doktrin des sozialistischen Realismus sich jeder Planbarkeit entzog und immer wieder in eine unübersichtliche Pluralität symbolischer Repräsentationen umzuschlagen drohte – doch dazu später.

Kultursoziologisch bleibt zu erwähnen: Die DDR nahm die Rolle der Kunst und der Kultur in der Gesellschaft ernst, gleiches taten Publikum und Künstler. Unerheblich, ob es sich um die staatstragende Kulturproduktion oder die – wie Christoph Tannert sie treffend charakterisierte – »oppositionelle Ergänzungskultur« (Christoph Tannert: Rock aus dem Unterholz. aus G. Muschter/ R. Thomas [Hg.]: Jenseits der Staatskultur. München, Wien 1992, S. 155) handelte, die Kulturschaffenden genossen öffentliche Aufmerksamkeit, sogar die Beachtung und Bewertung durch die höchsten Instanzen der Staatsmacht und wurden alimentiert, ohne daß sie sich auf einem Kunstmarkt zuvor hätten behaupten müssen. Das Bewußtsein, unabhängig vom Markterfolg gesellschaftlich herausgehoben zu sein, einte die Kulturschaffenden, man hatte etwas zu sagen. Dieser Umstand erklärt, warum nach der Wende, als die Sozial-, Wirtschafts- und Rechtsordnung der Bundesrepublik flächendeckend im Eilverfahren in den fünf neuen Ländern eingeführt wurde, die Kulturschaffenden im allgemeinen mit deutlichen Irritationen auf ihren plötzlich eintretenden Statusverlust reagierten. Unter den Bedingungen von Marktwirtschaft und Verfassungsdemokratie erfüllen Kunst, Kultur und Kulturpolitik nicht länger einen staatlichen Erziehungsauftrag, und Presse- wie Versammlungsfreiheit machen das Vehikel Kunst zur Artikulation oppositioneller Haltungen weitgehend überflüssig. Es verhält sich eben nicht so, wie es viele Künstler der ehemaligen DDR interpretierten, daß ihr Verlust an sozialer Wirksamkeit nach der Wende aus einer Mißachtung ihrer Kunst in den neuen Machtstrukturen resultiert. Sondern der soziale Sinn von Kunst und Kultur in der DDR bildete sich ehedem einzig im Kontext eines autoritären Staates aus; die Erfahrung des Statusverlustes für die Kunst markiert demnach den Zugewinn an Freiheit in der Gesellschaft.

Randbemerkung: Nach der Vereinigung hat sich in die Betrachtung des DDR-Kulturgeschehens eine neue Form der Legendenbildung eingeschlichen, die in ihrer Antithetik erstaunliche Parallelen zur Propaganda der einstigen sozialistischen Kulturpolitik aufweist, lediglich die Bewertung der Phänomene umkehrt. Danach wird ungenau und kurzschlüssig der affirmativen, staatsgenehmen Kunst und dem Kulturleben der DDR bescheinigt, daß hier bruchlos, ohne Widerstand ein ästhetisch-erzieherisches Programm in großem Einvernehmen mit dem Staat verwirklicht worden ist, während Häretiker und Dissidenten in der DDR geradezu antizipatorisch und nach dem Schema pars pro toto die Entwicklung zum pluralistischen, freiheitlichen Kulturleben , deren »Siegeszug« mit der Wende Einzug halten soll, vorwegnehmen. Die Konsequenz einer solchen simplifizierenden Sicht: eine Auseinandersetzung mit den künstlerischen Leistungen und den kulturellen Errungenschaften der DDR unterbleibt. Es wird halt still um die ehemaligen Heroen des DDR-Kulturbetriebes, die Medienresonanz der einst so stark Umworbenen sinkt – bundesweit betrachtet. Das Verdikt, lediglich Erfüllungsgehilfe der staatstragenden Partei gewesen zu sein, erstreckt sich bald auf Personen und Institutionen gleichermaßen. Es rechtfertigt auch eine offensive Abwicklungspolitik, wenn Betriebskulturhäuser, Schauspielschulen, Kinder-, Jugend- und Puppentheater, Literaturinstitute, Strukturen der »Massenkulturarbeit« oder Musiktheater abgeschafft werden sollen. Was in der Betrachtung ex post politisch verfänglich wirkt, hat kein Bestandsrecht. Schnell schlägt symbolische Politik im Wechsel der Gesellschaftssysteme in Strukturpolitik um. Die Finanznot der Öffentlichen Hände tut ein Übriges, so daß bald die richtige Festlegung des deutsch-deutschen Einigungsvertrages (Art. 35), nach der die »kulturelle Substanz im Osten Deutschlands keinen Schaden nehmen« dürfe, in Vergessenheit gerät. Bedenklicher noch stimmt, wenn allmählich gar die künstlerische Bedeutung des oppositionellen DDR-Kulturbereichs in Abrede gestellt, ihren Protagonisten lediglich als Wegbereitern der Wendeereignisse Respekt gezollt wird. Einerlei, in welcher ideologischen Verzerrung der Versuch daherkommt, kulturelle Phänomene und künstlerische Prozesse politischem Wunschdenken zu unterwerfen, die Kongruenz von Ideologie und kultureller Wirklichkeit will sich nicht einstellen. Schon das DDR-Kulturleben war mannigfaltiger und in sich widersprüchlicher, als manche Interpretation einst und jetzt es uns weismachen will. Davon zeugen Werk und Vita der meisten DDR-Künstlerinnen und Künstler von Peter Huchel, Hans Mayer über Uwe Johnson, Sarah Kirsch, Christa Wolf bis zu Sascha Anderson, von A. R. Penck bis zu Via Lewandowski und Max Uhlig – um nur einige Personen namentlich herauszugreifen. Ausdifferenzierung in der Kulturproduktion, Heterogenität im künstlerischen Schaffen waren keine unbekannten Erscheinungen im DDR-Kulturbetrieb, sie formierten sich allerdings anders als in der Bundesrepublik, unterlagen anderen Restriktio-

nen und waren bekanntermaßen eingebettet in andere Modelle der Öffentlichkeit. Das erklärt zudem die auf den ersten Blick erstaunliche Kontinuität der künstlerisch und kulturell Aktiven über die politische Wende hinweg. Etwas überpointiert könnte man sagen: 1990/91 bedeutet keinen vollständigen Neubeginn, sondern Transformation für die Kultur – das dokumentiert auch diese Publikation.
Mit der Vereinigung setzt im Kulturbereich ein immenser Anpassungsprozeß ein, der die Auflösung zentralistischer administrativer Strukturen nach sich zieht. Wir erleben die föderalistische Reorganisation der öffentlichen Kulturverwaltung mit neuen Aufgabenabgrenzungen in der öffentlichen Kulturpflege von Bund, Ländern und Gemeinden, d.h. Kultureinrichtungen werden nunmehr in neuen Zuständigkeitsregelungen und Abhängigkeiten geführt. Besondere Betreuung benötigt das seit 1990 wieder erstarkte Vereinsleben im Kulturbereich. Seit der Wende haben sich in einem einmaligen Gründungsboom ca. 340 kulturell tätige Vereine in Dresden konstituiert. Chöre, Umweltzentren, Film- und Medieninitiativen, soziokulturelle Zentren, freier Tanz, freies Theater u.v.m. verdanken diesem Impuls ihre Existenz. Qualifizierungsprogramme und Förderinstrumentarien mußten von der Kulturpolitik mit entwickelt werden, damit nicht im Keim erstickte, was als Ausweis neuer demokratischer Freiheit gerade erst zu blühen begann. In Anbetracht der Aufgabenfülle ist nachvollziehbar, daß kommunale Kulturpolitik heute divergierenden Handlungsanforderungen ausgesetzt wird. Der Strukturwandel in der Kultur seit 1990 stellt insgesamt ein umfangreiches und kostenträchtiges Umbauprogramm dar, das die städtische Kulturverwaltung als Management-, Dienstleistungs-, Planungs- und Finanzierungsabteilung arg strapaziert. Wenn also nach den konzeptionellen Leitlinien der städtischen Kulturpolitik gefragt wird, so ist deutlich zu unterscheiden zwischen der Reorganisation großer Kultureinrichtungen, Maßnahmen der Bausanierung, der Unterstützung kulturwirtschaftlicher Initiativen und der Selbstorganisation von der freien Szene bis zum bürgerschaftlichen Engagement im Kulturbereich. Im letztgenannten Feld, auf das wir uns aus gegebenen Anlaß konzentrieren wollen, läßt sich die städtische Kulturpolitik von der Idee leiten, einen Beitrag zur Entfaltung einer humanen Urbanität leisten zu wollen. Zu deren zivilisatorischen Leistungen gehört es, anzuer-

kennen, daß wir eine Schichtung kultureller Stilbildungen und eine Pluralität von Lebensentwürfen in einem demokratischen Gemeinwesen tolerieren wollen, wobei die Anerkennung des Anderen, des Fremden nicht nur ästhetisch, sondern auch sozial zur Relativierung des Eigenen in der Konfrontation mit Werten, sozialen Verhaltensformen und kulturellen Symbolen beiträgt. In der praktischen Umsetzung verlangt diese handlungsleitende Idee nach einem partnerschaftlichen Dialog zwischen Kulturpolitik und freier Kunst- und Kulturszene. Neben die strukturpolitischen Entscheidungen, die grundlegend zur Verbesserung der Arbeitsbedingungen für die Kunst- und Kulturszene beitragen sollen, treten Schwerpunktprogramme – hier nur ausschnitthaft vorgestellt – für einzelne Sektoren des Dresdner Kulturlebens: Um die Vernachlässigung der *Literaturförderung* in Dresden zu beheben, wurde auf Betreiben des Dezernates Kultur und Jugend und des Sächsischen Staatsministeriums für Wissenschaft und Kunst im April 1995 das Literaturbüro e.V. in die städtische Kinder- und Jugendbibliothek integriert. Es richtet in Abstimmung mit den Städtischen Bibliotheken, ortsansässigen Buchhandlungen und Literaturvereinen jährlich mehrere literarische Großveranstaltungen aus und führt Stipendiatenlesungen durch. Seit 1996 vergibt die Stadt Dresden gemeinsam mit der Stadtsparkasse und der AnStiftung e.V. ein halbjähriges Stadtschreiberstipendium. Und 1996 wird im Rahmen eines umfangreichen Wettbewerbes für polnische, tschechische und deutsche Teilnehmerinnen und Teilnehmer der »Dresdner Lyrikpreis« ausgereicht. Die *Bildende Kunst* ist auf bezahlbaren Atelierraum angewiesen, mit der »Atelierbauförderung« und der Ansiedlung von Gastateliers versucht die Kulturpolitik, Hilfestellung zu geben. Das Programm «Kunst im öffentlichen Raum«, eine Vielzahl städtischer Ausstellungsprojekte und die Aktivitäten um die kommunale Grafikwerkstatt in den Technischen Sammlungen dienen dazu, die Bildende Kunst ins öffentliche Bewußtsein zu heben. Bei der *Musik* rangieren die Förderung der Alten Musik und der Dresdner Chöre obenan. Besondere Anstrengungen werden unternommen, um die Heranbildung des musikalischen Nachwuchses zu unterstützen. Die Maßnahmen reichen hier von der Einbeziehung junger Ensembles in die Veranstaltung der Schulkonzerte über die gezielte Förderung von Rocktheater- und Musicalproduktionen bis zur Erschließung von Bandproberäumen. *Rockmusik* verfügt in Dresden zwar über eine große Anzahl kleinerer Spielstätten, doch mangelt es an einer Halle für Konzerte über 600 BesucherInnen. Infolgedessen hat es sich die städtische Kulturpolitik zum Ziel gesetzt, ein entsprechendes Domizil aufzuschließen. Mit dem Wiederaufbau des Societaetstheaters, der Erhaltung des projekttheaters, der Wiederherstellung des Festspielhauses Hellerau und der Etablierung der Internationalen Tanzwoche in Dresden sind die Hauptaufgaben für den Bereich *Darstellendes Spiel und Tanz* benannt. Im übrigen gilt es, die in der Stadt günstige Spielstättensituation für freie Tanz- und Theatergruppen auch in Zukunft zu erhalten. Die ausdifferenzierte *Film- und Medienszene* verdankt ihre Ausprägung den Anstrengungen zahlreicher Initiatoren. Die Stadt Dresden unterstützt zum einen Festials und pädagogische Angebote, die sich auf den analogen Film erstrecken, zum anderen begleitet sie mit dem Ausbau des Film- und Kulturzentrums PENTACON aktiv die Errichtung eines regionalen Film- und Medienzentrums. *Soziokulturelle Einrichtungen* widmen sich als kulturelle Praxis der Entfaltung alltagsorientierter, stadtteil-, mithin bürgernaher Kultur. Sie sind Treffpunte von Vereinen, Veranstaltungs- und Ausstellungssorte, bieten Bildungs-, Kreativ- und Beratungskurse an, richten Feste und Feiern aus. Da sie der individuellen Selbstverwirklichung, der Herausbildung künstlerischer Fähigkeiten ebenso wie dem Gefühl der Geborgenheit und des Gebrauchtseins, – kurz gesagt, der Herausbildung von Sozialität – dienen, widmet sich die städtische Kulturpolitik besonders diesem Bereich.

Parallel zu vielen positiven Entwicklungen ist zu verzeichnen, daß Existenznöte, Identifikationsverluste auch bei Künstlern zu verzeichnen sind und Lebenssinnfragen vor dem Hintergrund der Arbeitslosigkeit, Werteverluste, Orientierungslosigkeit und zunehmender Gewaltbereitschaft in der Gesellschaft gestellt sind. Gestaltende Kulturpolitik kann jedoch nicht gesellschaftliche Konflikte und Widersprüche lösen, sie ist auch kein Instrument gesellschaftlicher Prophylaxe, sie kann aber und muß Entfaltungsmöglichkeiten für die Kultur einfordern, um Bedingungen zu schaffen, daß das Humanpotential in den Künsten und in der Kultur des Alltags erschlossen werden kann und ästhetische Lebensräume, die das Zusammengehörigkeitsgefühl und die Selbstfindung der Menschen unterschiedlichen Alters und unterschiedlicher sozialer Schichten wachsen lassen, befördern.

AUF GEHT'S ZUM ANDEREN THEATER

Olaf Bernstengel

Der Tourist wird kaum etwas von diesen Theatern bemerken, denn die meisten von ihnen arbeiten unauffällig im Alltag, sind nicht dort anzutreffen, wo er entlangspaziert: auf der Brühlschen Terrasse, im Zwingerhof, auf der Prager Straße oder auf dem Theaterplatz.

Die Rede ist von den Dresdner Puppentheatern, und das sind nicht wenige. Sieht man von Berlin ab, gibt es wohl in keiner deutschen Stadt so ein Gedränge um das Puppenspielpublikum wie in Dresden. Mehr als zwanzig Bühnen, darunter auch das Puppentheater der Stadt, versuchen sich zu profilieren. Ein Drittel der Spieler sind alte Hasen, bereits zu DDR-Zeiten im Metier der Freiberufler tätig, andere schwenkten vom Amateurstatus in den des Berufsakteurs, und nicht wenige verließen kommunale Puppentheater, um ihre künstlerischen Absichten zu verwirklichen. Ihre Handschriften sind ganz unterschiedlich. Fast allen merkt man an, daß sie den tradierten Formen des Puppenspiels verhaftet sind, also der Handpuppe, dem Kasperspiel oder dem Marionettentheater. Das mag nicht verwundern, hat Dresden doch eine sehr ausgeprägte Puppenspieltradition. Dennoch ist für die Bühnen das Alte nur die Basis, auf der sie mit ihren künstlerischen Absichten aufbauen. So ist der Guckkasten für viele nur eine Spielmöglichkeit. Die Mehrzahl pflegt die offene Spielweise, das heißt, daß die Spieler sich selbst als Akteure in die Szene einbringen und unmittelbar mit dem Publikum kommunizieren. Das puppenspielerische Experiment, gedacht auch für den Disput mit den Kollegen, wird man in Dresden kaum finden. Die Sehgewohnheiten der Dresdner sind konventionell. Kindergärtnerinnen und Lehrer orientieren sich am Althergebrachten. Das ist nicht negativ zu werten, sondern eine Tatsache, der sich die Puppenspieler bewußt sind und die sie nutzen – so gehen sie nur in kleinen Schritten weiter. Daß heute das Puppenspiel in der öffentlichen Meinung nicht mehr auf das Kasperspiel reduziert wird, ist ein Erfolg ihrer Arbeit in den letzten zwanzig Jahren.

Schlägt man den Monatskulturkalender der Stadt auf, so stellt man fest, daß es kaum einen Klub gibt, der nicht Puppenspieler engagiert hat. Mitten in dieser Szenen steht auch das Puppentheater der Stadt Dresden. Mit einer reduzierten Verwaltung und mit neuen künstlerischen Überlegungen will es

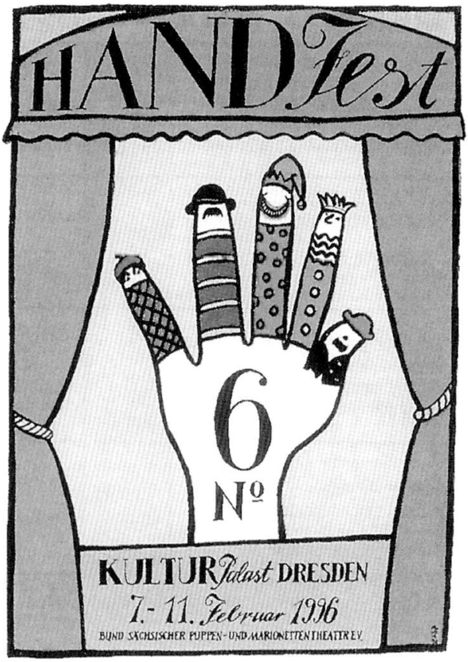

als Ensembletheater seinen Platz in der Dresdner Theaterlandschaft behaupten. Als neue Spielstätte übernahm es das beliebte »Sonnenhäusel« im Großen Garten. 1953 erbaut, wurde es rasch zu der Spielstätte in der Stadt. Heute kommt das Publikum der ersten Jahre bereits mit seinen Enkeln in dieses einzige Freilichtpuppentheater Deutschlands.
Aber jene jungen Großeltern finden seit 1991 auch den Weg zum »Hand-Fest« in den Dresdner Kulturpalast. Das »Hand-Fest«, organisiert vom Bund Sächsischer Puppen- und Marionettenspieler e.V., ist ein Publikumsmagnet. Einerseits sind die fünf Tage eine Leistungsschau der sächsischen Puppenspieler, andererseits haben mehr und mehr Gastbühnen aus anderen Bundesländern und aus dem Ausland die Möglichkeit, ihr Repertoire vorzuführen. Wenn jenes Fest im Frühjahr stattfindet, so lockt der Herbst zu einem Ausflug in die Puppentheatersammlung zur Radebeuler »Kasperiade«, zu den Radeberger »Schloßkaspereien« oder in die am Stadtrand gelegene Zschoner Mühle. Die Zschoner Mühle ist mit ihrer Theaterscheune ein fester Auftrittsort für Puppenspieler. An jedem Wochenende verbinden sich dort auf

Puppen von Carl Schröder

unterhaltsame Weise die Bedürfnisse der Familien nach Speis und Trank mit dem nach Kultur.

Schlägt man den Wochen-Veranstaltungskalender auf, wird man überrascht sein, fünf, sechs oder gar mehr Puppentheater-Aufführungen angekündigt zu finden. Oftmals – so in der Zschoner Mühle – sind gar die Plätze knapp. Es ist eben so: Dresden war und ist ein gutes Pflaster für die Kunst des Puppenspiels. Sie steht nicht im Mittelpunkt des städtischen Lebens, sondern ist eine Kunst am Rande, aber nicht am Abgrund. Die gesellschaftlichen Bedingungen zwingen zur Kreativität und zu einer Flexibilität, wie sie bisher hier noch nicht nötig waren. Doch das scheint die Dresdner Puppenspieler zu reizen. Sie sind da, wenn sie gefordert werden: zum Straßenfest, im Stadtteil, zu den Zuckertütenfesten in den Kindergärten, in den Horten der Schulen, zum Dresdner Sommer, beim Elbhangfest oder wo auch immer. Und lange wird es ja nicht mehr dauern, dann werden wir sie auch in den Touristenprogrammen finden. Erste Akteure sollen ja dort schon gesichtet worden sein...

EINE VERÄNDERUNG, UND NOCH EINE VERÄNDERUNG UND NOCH EINE...

Herbst 1984, Nieselregen. Ein lebhaftes Spiel der Grautöne. Das »Tal der Ahnungslosen« war der letzte Ort, an dem ich leben wollte. Die vielen Ruinen schockierten mich. Es war, als sei ich in die Erzählungen meines Vaters über das Kriegsende zurückversetzt, und ich beschloß, so schnell wie möglich diese Stadt wieder hinter mir zu lassen. Ich fühlte mich wie ein zorniger Preuße in der großen, alles umschließenden sächsischen Sahnetorte aus dumpfer Freundlichkeit und der unumstößlichen Sicherheit, die Weltkultur

allein zu besitzen. Dann wurde ich von der allmächtigen Wohnungsvergabe in die äußere Neustadt verfrachtet. Als die erste Freude über das eigene Innen-WC verflogen war, fand ich mich im Verfall wieder. Es war wirklich nicht mehr komisch. Und das war der Augenblick, wo man zur Flasche greift – oder das statt-theater FASSUNGSLOS gründet. Ich entschied mich für die gesündere letzte Variante.
Und es gab die Inseln. Die SCHEUNE wurde schnell zur Heimstatt. Das PODIUM ließ uns unsere erste Produktion ohne Ansehen und Kontrolle spielen und stand für uns auch gerade, als es uns ans Leder gehen sollte. Rainer Petrovsky, diese wirklich ehrliche Haut, schlug sich für uns im Hinterzimmer, während wir auf der Terrasse des PODIUMs fürchterlich soffen.

Sommer 1996. Es ist einfach zu heiß. Das statt-theater FASSUNGSLOS sieht der Premiere seiner 17. Produktion entgegen. Rainer Petrovsky, noch immer die ehrliche Haut, schlägt sich nunmehr für das Societätstheater – und noch immer auch für uns. Die Scheune ist noch immer die Insel mit den anderen Leuten im Biergarten, und wir spielen noch immer im PODIUM unsere kleineren Produktionen. Eine Kneipe nach der anderen entsteht in der noch immer etwas anders gepolten Äußeren Neustadt, und Dresden wähnt sich kulturell noch immer als Nabel der Welt. Es hat sich eigentlich nichts verändert. Und doch hat sich alles verändert.
Wir beginnen wieder zu kämpfen. Wolfgang Engel liest in Leipzig wieder Resolutionen von der Bühne herab, Petrovsky schwingt tapfer die Keule gegen das Hohe Bauamt, und das statt-theater FASSUNGSLOS versucht »Die ganz wüste und nervige Rauferei der Sinne« in den Griff zu bekommen, die uns so sehr beherrscht, aufsaugt und provoziert. Die Konventionen greifen uns nach der Gurgel, und die Allmacht des Geldes greift nach unserer kulturellen Identität. Und da hebt sich ein Speer aus dem Sumpf, mit dem kaum einer gerechnet hätte. Der so oft verfluchte Dresdener Konservatismus macht die Liebe zur Kultur zur Pflicht. Es reden, welch Wunder in der neuen deutschen Realität, die Theaterleute miteinander. Nicht viel und auch schon voller Vorurteile und Mißverständnisse. Aber alle ringen um die fast schon verschenkten Schätze auf ihren Bühnen – auch wenn man so manches künstlerische Ergebnis besser nicht gesehen haben will. Und, aus welchen

Gründen auch immer, die Monarchie in Dresden läßt eine lebendige Äußere Neustadt zu, in der die Punks noch immer vor der Scheune lungern, Sommerschuh den Raben Amasis fliegen läßt und das statt-theater FASSUNGSLOS seine 17. Produktion dem neuen Wessi im Regierungspräsidium, der Dresdens Kultur auf Hannoveraner Niveau stutzen will, zum Trotz in die Öffentlichkeit schleudert. Es ist nicht ganz zu fassen, aber es hat sich da ein Bastard fast unmerklich in der Kulturlandschaft festgesetzt, der nicht mehr wegzudiskutieren ist. Es lebt ohne Zweifel eine freie Kultur mit gut ausgebildeten Protagonisten und Ideen im Kopf, die sich ein Staatsschauspiel oft nur wünscht. Und auf einmal liebt man diese Stadt und versteht es selber nicht so recht. Man liebt entgegen besserem Wissen. Es ist ein wenig wie mit der verheirateten Geliebten, die man eigentlich nicht lieben dürfte.

Eines Tages. In einer vagen Zukunft. Das Klima ist ungewiß. Das statt-theater FASSUNGSLOS, Rainer Petrovsky und die anderen kämpfen noch immer um eine wunderbare Sache. Diese wunderbare Sache ist wohl das Publikum, das noch immer nicht sehr neugierig ist, dem man sagen muß, was gut ist und das doch zu gewinnen ist.
Das Publikum, welches sich noch immer nicht vorstellen kann, daß in Prag ein Theater existiert, dessen Professionalität und Energie für die hiesige Theaterszene mehr als ansteckend sein könnte, das sich noch immer nicht vorstellen kann, daß in Neubrandenburg ein Theater existiert, das nicht nur anders organisiert ist, sondern auch besser ist als so mancher fast unbezahlbare Langweiler, der sonst in diese Stadt eingeladen wird, das noch immer nicht weiß, daß in dieser Stadt nicht wenige Künstler aller Sparten arbeiten, die der Bühnenkunst wirklich neue Impulse geben könnten und es vielfach schon tun.
Und wir laden all diese Künstler in das dann schon nicht mehr ganz neue Societaetstheater ein, welches 1997/ 98 eröffnet wurde. Vorsichtig nähern sich die Vertreter der Dresdner Monarchie der Bühne und staunen über diese fremde mannigfaltige Welt, von der man bis dahin kaum hörte. Hier in Dresden geht alles ein wenig langsamer vonstatten. Man verliebt sich langsamer. Dafür liebt man dann aber um so intensiver. Und wenn auch das Theater aus dem 19. Jahrhundert lange schon in die Jahre gekommen ist, läßt man die

gute alte Dame nicht einfach fallen. Auch das ist doch sympathisch. Aber nur deshalb sympathisch, weil ich mir einfach nicht vorstellen will, daß man die junge Kunst wieder und immer wieder aus dieser Stadt treibt, wie man es seit Jahrhunderten getan hat.

Frank Schubert: **1959** in Berlin geboren **I** Studium der Theaterwissenschaft in Leipzig **I** Regieassistent am Schauspielhaus Dresden, u.a. bei Wolfgang Engel **1985** Gründung des statt-theaters FASSUNGSLOS **1988–91** Regisseur in Weimar **I** Als freischaffender Schauspieler und Regisseur in Dresden.

FREIES THEATER IN DRESDEN

Bistra Klunker

Damals und heute – zwei Stimmungsbilder

Dreißigster sozialistischer DDR-Sommer. Da nur wenigen die Reise in die richtige Schweiz gestattet ist, peilen einheimische Touristen wie gewohnt die Sächsische an. Einigen von ihnen, ob organisierter FDGB-Urlauber oder spontaner Ausflügler, muß in diesem Jahr etwas Ungewöhnliches aufgefallen sein: Ein Wandertheater zieht durchs Gebirge. Voran ein Planwagen, wie es sich zur Wiederbelebung dieser Tradition gehört – es ist der »Thespiskarren« der TU-Studentenbühne. Auch die lokale Presse ist vor Ort: »... da fehlt es nicht an neugierigem Publikum, weniger neugierig auf Shakespeare und sein ›Viel Lärm um nichts‹, viel eher auf die abenteuerlichen Akteure, auf das fahrende Volk, das den ›Studentensommer‹ nicht zum Faulenzen, sondern zum Schauspielern nutzt.«

So wurde damals zwischen den Zeilen das Regime unterhöhlt. Während also andere Jugendliche in VEBs und LPGs am Volkseigentum mären, ziehen die Mitglieder der TU-Studentenbühne auf festgelegter Route von Bad Schandau nach Pirna und spielen Theater – wie das Jahr davor im Osterzgebirge, wo die Planwagentour Premiere hatte. Ein Teil der Truppe eilt auf Fahrrädern voraus, um in tiefsten planwirtschaftlichen Zeiten mit Pauken und Trompeten Eigenwerbung zu machen und Karten zu verkaufen. Die anderen halten sich in der Nähe des Planwagens, der mit Kulissen und Technik beladen ist, um gelegentlich als Schubkraft die zwei PS zu unterstützen. Spiel- und Schlafstätten sind meistens die gleichen. Volksnähe wie zu Neuberin-Zeiten, und: Erlebnisreicher kann Basiskultur kaum sein.

Jahre später. Es ist der sechste marktwirtschaftliche Sommer. In Europa sind andere Grenzen entstanden, doch die innerdeutschen sind schon eine Weile weg. Die Welt ist für jeden offen, der sie bezahlen kann. Wieder rollt ein Planwagen durchs Land, das jetzt aus Bundesländern besteht. Eine bunt zusammengewürfelte Truppe bekundet in kleineren Ortschaften ihre Liebe zum Theater. Dieses Mal ist es die Amateurgruppe »Spielbrett«, die sich 1985 vor allem aus abtrünnigen TU-Bühnenmitgliedern rekrutierte. Damals wie heute mit dabei ist Ulrich Schwarz, mit etlichen Theaterwassern gewaschener Schauspieler und Regisseur. »Spielbrett« ist auch die studentische Planwagentour »in die Hände gefallen« – schon im Sommer nach der Gründung zogen sie durch das Osterzgebirge. Immer wieder Shakespeare unter blauem Himmel, das gehört hier zur Tradition: Nach »Falstaff«, »Wie es euch gefällt« und »Hamlet« ist nun das zweite Jahr »Die Zähmung (der Widerspenstigen)« auf dem Wanderspielplan. Sie ziehen von Ort zu Ort nach dem Vorbild der mittelalterlichen Gaukler und Artisten wie früher die Wegbereiter im aktiven Studentensommer.

Diese zwei zeitentfernten Stimmungsbilder sollen ein Beispiel für Dresdner Tradition sein und natürlich nicht glauben lassen, es habe sich auf dem nicht institutionellen Theatergebiet kaum etwas geändert. Einiges hat sich oder wurde geändert beziehungsweise beendet. Auch die Fragestellung der Träger erlebte eine Wende – vom politischen »Was wird hier gespielt?« zum wirtschaftlichen »Was soll es kosten?«

Realsozialistisch Fließendes und leichte Gegenströmung

Für eine Bestandsaufnahme der gegenwärtigen freien Theaterszene in Dresden ist es unverzichtbar, den Blick zurückzuwenden – zu den Zeiten, wo solche Aktivitäten weder »frei« noch »Szene« hießen, geschweige denn »Off«. Wichtig ist das vor allem deswegen, weil im letzten Jahrzehnt vor 1989 ein beachtlicher Vorrat an künstlerischen Potenzen angelegt wurde, von dem das freie Theater in der Stadt jetzt noch zehrt. Das betrifft Strukturen, Gruppen und einzelne Künstler. Die DDR hatte sich unter anderem auf die Fahne geschrieben, der realsozialistische Kultur-Fluß müsse breit und umfassend sein. In der Praxis bildeten zwar Elitekünstler eine Insel im Zaunstaat, aber die proklamierte proletarische Vielseitigkeit erlaubte eine flächendeckend gute materielle Grundlage. Ließ man sich doch Volkskunst etwas kosten. Am gemeinsamen Kulturtopf konnten die Gruppen relativ unkompliziert teilhaben, angemessene Honorare steigerten zusätzlich das Interesse von Theaterfachleuten am Amateurtheater. Die professionelle Betreuung trug vielerorts ansehnliche Früchte – heute noch ließe sich ein hohes handwerkliches Niveau an »überlebenden« Ost-Amateurgruppen ausmachen. Die offizielle politische Linie, nach der vom Arbeitsplatz bis zum Frieden alles gesichert war, sorgte auch für feste Auftrittsmöglichkeiten: von Spielstätten bis zur Einbindung in Kulturhaus-Veranstaltungspläne.

statt-theater FASSUNGSLOS

Ein typisches Beispiel für sozialistische »Großzügigkeit« war der Wiederaufbau des aus dem 17. Jahrhundert stammenden Hoym-Palais' auf der Straße der Befreiung (heute: Hauptstraße), das Haus wurde mit erheblichen Mitteln im klassizistischen Stil eingerichtet. Der damalige Rat des Stadtbezirkes Mitte, Abteilung Kultur, eröffnete dann dort 1979 das Volkskunstpodium. Gedacht war das Haus als Arbeits- und Spielstätte für zwei »Zirkel des Künstlerischen Volksschaffens«: das Arbeitertheater und der Zirkel Schreibender Arbeiter des Grafischen Großbetriebes Völkerfreundschaft. Unter der beherzten Leitung von Rainer Petrovsky (heute: Leiter des Kabaretts Herkuleskeule) konnte das »Arbeiterfeld« am Volkskunstpodium bald erheblich erweitert werden – bereits wenige Monate nach Eröffnung der Bühne standen Gastspiele anderer Amtateurbühnen und -musikgruppen auf dem Spielplan. Das Spektrum des Hauses wuchs unaufhaltsam: sowohl was die Zahl der sich engagierenden Freizeit- und Berufskünstler betrifft, als auch die verschiedenen künstlerischen Formen und Sparten. Im Juni 1984 brachte hier das gerade aus der Taufe gehobene »statt-theater Fassungslos« seine erste Premiere heraus, das Tucholsky-Programm »Hyperion 1935 oder eine Tasse Lumbarsch's Nudelbouillon«. Die zunächst lose Formation um Frank Schubert hatte sich ans Podium gewandt, da sie zur Daseinsberechtigung einen »Trägerbetrieb für Gruppen des künstlerischen Volksschaffens« brauchte. Rainer Petrovsky und Mitarbeiterin Brit Magdon (heute Leiterin des Podium) hätten sehr gern die schräg-philosophische Truppe unter »ihrem« Dach gehabt, aber als so ein Trägerbetrieb konnte das Volkskunstpodium nicht auftreten. Dafür aber das Kulturzentrum Scheune – es ging halt alles seinen sozialistischen Weg. Die Zusammenarbeit zwischen »Fassungslos« und Podium riß nicht ab und verstärkte sich wesentlich seit 1991.

Einen festen Platz in der nichtinstitutionellen Theaterszene hatte sich auch die TU-Studentenbühne erspielt. Erarbeitet wurden Stücke zur anspruchsvollen Unterhaltung (»Viel Lärm um nichts« auf der Planwagentour), aber auch zur zeitkritischen Auseinandersetzung: die Hitlerparodie »Der entfesselte Wotan« von Ernst Toller, Wampilows »Abschied im Juni« zum Thema Korruption an der Uni oder »Infarkt« von Joachim Walther, die szenische Anatomie eines kaputten Durchschnittslebens. Nicht alle Vorhaben der Studentenbühne konnten »durchkommen«: 1981 wurde »Karl« von Slawomir Mrozek verboten, im Karl-Marx-Jahr 1983 fand der FDJ-Zentralrat Anstoß an dem Schukschin-Abend »Striche zu einem Porträt« und ließ die Inszenierung als »antisowjetisch« vom Spielplan entfernen. Ulrich Schwarz, der bis dahin zusammen mit Ulrich Kunze und später mit Michael Linke die Bühne leitete, mußte gehen. Viele der Studenten verließen aus Protest die TU-Bühne. Einige von ihnen folgten Schwarz etwas später nach Dresden-West, wo im Kulturzentrum »Richard Gärtner« am 1. Oktober 1985 »Spielbrett« gegründet wurde. Die Gruppe nahm gleich darauf nicht nur den Kampf um den Titel »hervorragendes Volkskunstkollektiv« auf, sondern vor allem um das Interesse des Publikums. Neben der Traditionslinie mit Shakespeare-Stücken boten sie auch einiges vom »ernsten Fach« an – bis zum Wendejahr waren es »Randbewohner« von Joachim Walther, »Das Feuerzeug« von Rainer Kirsch, Schukschins »Energische Leute« und »Elisabeth« von Dario Fo. Die Mischung aus intelligentem Volkstheater und bitterem Ernst gehört noch heute zum Markenzeichen von »Spielbrett« – nach dem Motto »sinnlich – kräftig – plastisch – unterhaltsam – kritisch«. Zu den Mitbegründern und Aktivisten der Gruppe gehört auch Olaf Böhme, heute Dresdner Nonsenstheater-Größe und Kopf von theater 50 sowie der »Filiale« bebe.

Erste Dresdner OFF-Oper

Interessantes regte sich auch unter dem Dach des Kleinen Theaters Reick, das den Kulturpalast zum Trägerbetrieb hatte. Auch hier Versuche, Zeitkritisches mit Theatermitteln umzusetzen – die von Bernd Rump erarbeitete Bühnenversion des Buches »Das verschenkte Leben des Ferenc Makra« vom ungarischen Autor Ákos Kertész sei hier als Beispiel erwähnt. Aber auch »klassischere« Sachen wie Brechts »Dreigroschenoper« wurden zu dieser Zeit in Reick aufgeführt. In beiden Inszenierungen spielte Wolf-Dieter Gööck, Schauspieler, Regisseur oder Begründer der Ersten Dresdner Off-Oper. 1989 inszenierte er in Reick mit dem Rocktheater »Regenwiese« das Programm »Schlimmer geht immer« mit Texten von Lothar Koch. Ein Teil vom »Schicht-Theater« organisierte sich als neue Einheit unter dem Namen »Spalt-Theater für den Schmerzfall« und brachte 1990 eine einzige Produktion heraus: »Frühes Bücken zu spät getan muß leiden« mit Texten von Günter Bruno Fuchs. Mit von der Partie: Wolf-Dieter Gööck, Andrea Thelemann (davor und danach bei »Fassungslos« und dem Nachfolger von »Schicht«, »Vor-Ort-Theater«), Wolf-Guido Grasenick (»Vor-Ort-Theater«) und Jürgen Magister (später Soloproduktion am Podium oder zusammen mit W.-D. Gööck).

1987 gründete sich um Michael Gruhl die Theatergruppe »Traumtanz« und präsentierte bald darauf ihre erste Produktion »Traumtanz – Szenen aus

dem 19. Jahrhundert« von Frieder Venus. Der bissige Text beschreibt den Druck und die Verteilung des »Hessischen Landboten« durch die Gesellschaft für Menschenrechte um Georg Büchner. Die offene Auslegung von Ähnlichkeiten mit Realsozialistischem darin war Grund genug, das Stück zunächst nur in Kirchen zu spielen, bis nach und nach die Aufnahme in kommunalen Häusern möglich wurde. Ihre zweite Inszenierung, Büchners »Leonce und Lena«, hatte im Sommer 1989 am Volkskunstpodium Premiere.
Oft wird heute bei der Einschätzung der Kunst in der ehemaligen DDR nur die politische Widerstandskraft als Maßstock benutzt. Was im Extremfall dazu verleitet, nur verbotene Kunst als »wahre« Kunst anzuerkennen. Vergessen wird dabei, daß auch einiges Zugelassene kritische, wenn auch versteckte Spitzen hatte und lebendige Züge trug. Und daß die Reibung mit dem Gesellschaftssystem hier und da zu Experimenten und zu der Suche nach neuen Wegen anstachelte und so nicht zuletzt ostspezifische Qualitäten forderte. Diese Erscheinung trat selten genug auf, um heute nicht nachvollziehbar zu sein, und leise genug, um als großer Widerstand zu gelten. Im Theaterbereich wird in diesem Zusammenhang meistens das Staatsschauspiel erwähnt, wo in den 80ern die Mischung Zwischen-den-Zeilen-Lesen und Modernes Theater mit dem Regisseur Wolfgang Engel eine beachtenswerte Entwicklung erfuhr. Doch auch in der nichtinstitutionellen Szene lassen sich verschiedene Indizien von künstlerischen Grenzüberschreitungen finden. Bei der Inszenierung der TU-Studentenbühne »Der entfesselte Wotan« etwa wurde eine offene Spielweise versucht, oder die erwähnte Wandertheater-Traditon wurde zu neuem Leben erweckt. Die Gruppe »Traumtanz« konnte allmählich ihre heutige Arbeitsweise entwickeln, nämlich mit Geduld auf die Geschichten und Bilder hinter den Texten zu kommen. »stattheater Fassungslos« entdeckte mit der Produktion »Das Röcheln der Mona Lisa« für Dresden den österreichischen Autor Ernst Jandl – eine Quelle für ihre Arbeit, die bis heute nicht versiegt ist. Im Volkskunstpodium wurden eine Werkstattreihe, Publikumsgespräche nach den Veranstaltungen, Maxie-Wander-Wochenenden angeboten, ebenso andere Möglichkeiten zum intensiven Gedankenaustausch. Verstärkung für die kleine Form des literarisch-dramatischen Genres kam von dem 1988 im Jazzclub »Tonne« entstandene Dresdner Brett'l mit dem Schauspieler Friedrich-Wilhelm Junge.

Der Umbruch und andere Brüche

Der lang ersehnte politische Frühling kam – wenn man den Mauerfall und das Orientierungsjahr 1990 so nennen dürfte –, und er brachte neben Freiheit auch Gewitterwolken. Plötzlich war auch im Osten Geld das Hauptthema, die Begeisterung über eröffnete Horizonte wich vor ungewohnten Rechenaufgaben. Die nun mündigen Bürger, aus denen sich auch ein Publikum zusammensetzt, brauchten für den Augenblick keine Botschaften mehr – weder versteckte noch offene. Ein Volk tobte sich aus. Kunst war keine Waffe mehr und höchstens nützlich, wenn sie als Gegenstand für Westmark verpfändet oder verkauft werden konnte.

Die Theatersäle bescheiden gefüllt, die Zukunft nicht gesichert: Diese Situation betraf die gesamte Theaterszene. Stadt- und Staatstheater konnten sich zu diesem Zeitpunkt allerdings trotz der Krise des Überlebens relativ gewiß sein – abspecken, Strukturen mobiler machen (Theater lebt auch von Abwechslung), westerfahrene Fachleute holen (nur manchmal wurde außer acht gelassen, daß man nicht alles überstülpen kann), mit dem Spielplan den Nerv der Zeit treffen oder abwarten.

Etwas anders sah die Situation im nun freien Theaterbereich aus. Hier brach die ganze Grundlage zusammen. Noch hatte der Freistaat Sachsen per Kulturraumgesetz die Kultur nicht zur Pflicht erklärt (ein lobenswerter Versuch, der aber noch in einer Spagatphase ist) – für die freien professionellen und für die Freizeitkünstler stand die risikoreiche Kür auf dem Tagesplan. Die Einbindung an feste Häuser und Veranstaltungs- oder Produktionsbetriebe war in der vorher existierenden Breite finanziell nicht realisierbar. Das Spektrum der Laiengruppen schrumpfte erheblich zusammen, die Bezahlung von Fachleuten als Betreuer von Amateuren wurde schwierig. Proberäume blieben zunächst mietfrei, wurden aber rar. Neben Theaterspielen galt es nun, den dichten Fördergeldantrags-Wald zu durchschreiten.

Die schwierige Lage hatte auch ihr Gutes: Sie setzte kreative Energien frei oder spornte vorhandene an. Ende 1990 besetzten »Theaterwütige« das Haus auf der Louisenstraße 47 in der Dresdner Neustadt und gründeten das projekttheater. Dort trafen sich im Dezember in der »Werkstatt Freies Theater« Künstler und Enthusiasten aus Ost und West zum Erfahrungsaustausch. Schon im Vorfeld des Treffens gab es dunkle Vorzeichen für die nahe Zukunft:

Die beantragten Mittel krebsten auf umschlungenen Bürokratiewegen und standen zum festgelegten Termin nicht zur Verfügung. In der Dokumentation des Treffens dann diese Kassandra-Worte: »Ein bezeichnender Anfang für eine Arbeit im Bereich der Freien Theater und Freien Kultur. Bezeichnend insoweit, daß es etwas über deren Projekte/Ideen und den damit verbundenen Umwägbarkeiten erzählt; immer aufs neue Geld suchen zu müssen, abhängig zu sein von irgendwelchen Stellen. Was dann als Konsequenz bedeutet, daß bei Absagen oder plötzlichem Wegfall einer Bewilligung meist nichts stattfinden kann, oder nur etwas sehr Reduziertes«.
Ziel dieser Werksatt war, mehr über die andere Seite zu erfahren. Man versuchte, die Unterschiede zu benennen und Berührungspunkte zu finden. Als Dresdner Besonderheit wurde die Dresdner Neustadt genannt, »die ein wirklicher Nährboden für eine Vielzahl von Freien Initiativen werden könnte«. Das Projekttheater beginnt schon wenige Monate später, diese Kräfte zu bündeln und kann sich in den nächsten Jahren als alternative Spielstätte halten, allerdings nicht ganz behaupten – bis aus dem neuen Weg eine Sackgasse wird.
Bis 1992 reichte die neue Zeitrechnung für das Vor-Ort-Theater in Reick. Der Nachfolger von »Schicht« unternahm den enthusiastischen, aber kurzlebigen Versuch, mit dagebliebenen, neu dazugekommenen oder zurückge-

kehrten Künstlern auf dieser Bühne Experimentelles weiterzuentwickeln. Michael Linke übernahm die Aufgabe des amtierenden Leiters, spielte auch oder führte Regie. Er, Ulrich Schwarz, Andrea Rump, Heike Bittner, Andrea Thelemann, Wolf-Guido Grasenick und der Musiker Bertram Quosdorf (»Fassungslos«) waren noch dort in dem Heine-Programm »Fatale Vögel« zu sehen, Regie führte Frank Schubert (»Fassungslos«). Dann wurde das »Vor-Ort-Theater« abgewickelt. Etwas später folgte ein Revival-Versuch auf der Studiobühne des Kulturpalastes mit dem Jesus-Projekt »Unfaßbar – ein bunter Abend am Kreuz« in Zusammenarbeit mit statt-theater Fassungslos. Eine Fusion beider Gruppen schien zu diesem Zeitpunkt wahrscheinlich, fand aber nicht statt. Die anderen Künstler außerhalb des »Fassungslos«-Trios, Frank Schubert, Robby Langer und Bertram Quosdorf, engagierten sich dann in verschiedenen Projekten (Ulrich Schwarz, Michael Linke, Andrea Rump und Andrea Thelemann u. a. auch bei »Fassungslos«-Produktionen) und gehören größtenteils zum Rückgrat der gegenwärtigen Freien Theaterszene.

Auf und zwischen den Brettern, die die Welt bedeuten

Nach dem Aufwühlen durch die Wende hatte sich Anfang der 90er in der Dresdner Freien Theaterszene einiges »gesetzt«, wobei es auch heute Ängste und Probleme gibt. Durch Neuorientierung und Suche war mehr Farbe ins Tal der Ahnungslosen geflossen, auch wenn der Drang nach Experimentieren nicht immer künstlerische Qualität mit sich brachte. Von den alten Einrichtungen für Amateurtheater gehörte das Podium zu den wenigen, die sich schnell vom ersten Schreck erholten, und baute mit Beharrlichkeit die Grundlagen des vorhandenen Profils weiter aus: Lieder- und Literaturabende, Inszenierungen der kleinen Form, Workshops. Darüber hinaus bot die Spielstätte allen Interessierten die Nutzung des Proberaums, Hilfe bei der Öffentlichkeitsarbeit oder Unterstützung bei Organisationsproblemen und Finanzierungsanträgen. Das Resultat blieb nicht aus – die künstlerfreundliche »Politik« vom Podium lockte bald viele freie und an Häusern gebundene Künstler – inzwischen ist die Nachfrage nach Auftritts- und Probemöglichkeiten dort bedeutend größer als die vorhandene Kapazität. Auch das Publikum fand wieder zurück zum Theater auf der nunmehr in Hauptstraße umbenannte Promenade. Auch das Dresdner Brett'l konnte sein Profil behaupten und trotz Adressenwechsel (Tonne – Maternistraße – Theaterkahn) eine feste Adresse für Theater, Literatur und Kabarett bleiben. Der eingeschlagene Weg in die Selbständigkeit fordert nun Friedrich-Wilhelm Junge und seinen Mitstreitern den komplizierten Balanceakt zwischen Kommerz und Kunst ab. Das von der Pantomimegruppe »Salto Vitale« und Olaf Böhme ins Leben gerufene theater 50 wurde schnell zum Forum für Pantomime- und Kabarettkunst, im kleineren Rahmen auch für Theaterprojekte.

Bunt ging es zunächst im Projekttheater zu. Von der Spielstätte im »alternativen« Neustadt-Herzen Dresdens versprachen sich viele Gruppen Probe- und Auftrittsmöglichkeiten. Etwa die dort angesiedelte »Theaterbrigade« e.V., »Traumtanz« oder die heimatlos gewordene Gruppe »Spielbrett«. Hier kreuzten sich auch die Wege von verschiedenen Initiativen, Gruppen und Einzelkünstlern aus den Bereichen Musik, Tanz und Film – eine gegenseitige Befruchtung schien unvermeidbar. Die Gesamtproduktion mit dem Staatsschauspiel »Umstellt« von Michael Wildenhain 1993 weckte Hoffnungen, die nicht erfüllt wurden. Die Eigenproduktionen des Projekttheaters ließen bis zuletzt keine klare Linie erkennen – am Anfang hingen sie oft akademischem Geschmack nach, dann gab es unbeholfen-abstrakte Märchenadaptionen oder Modernes Theater als Modetrend. Auch die Auswahl der Gastspiele ließ kein glaubhaftes Kriterium erkennen. Das Publikumsinteresse verkümmerte zunehmend. Innerbetriebliche Querelen und finanzielle Schwierigkeiten drohten, dem Projekttheater den Gnadenstoß zu geben. Seit Anfang 1996 hat der Verein einen neuen Vorstand, neue Ziele und ein verändertes Konzept. Es dauert noch eine Weile, bis davon etwas zu sehen ist. Fest steht die Absicht des Vereins, kein Repertoiretheater mehr anzustreben, sondern zusammen mit anderen freien Initiativen (Förderverein für die Europäische Werkstatt für Kunst und Kultur Hellerau e.V., Tanzbühne Dresden e.V., der russischen Tanzcompany »Derevo«) gezielt projektbezogen zu arbeiten. Zur Wiederbelebung des Theaters als Schnittstelle verschiedener Künste sollen etwa Installationen bildender Künstler gezeigt werden. Wahrscheinlich ist, daß in diesem Haus das freie Tanztheater zum Schwerpunkt wird.

Seit etwa zwei Jahren hat das Theater in der Fabrik (TiF) des Staatsschauspiels Dresden ebenfalls Land in der Dresdener Off-Szene »erobert« und ermöglicht auch freien Schauspielern und Tänzern projektbezogene Auftritte.

Das Kleine Theater Reick ist heute Domizil vom Brennhaus e.V. und wird vom Rocktheater e. V. mitgenutzt, ansonsten treten dort vorwiegend Musikgruppen auf. Das Kleine Theater Ost im Pentacon konnte sich bis jetzt noch nicht als begehrte Spielstätte durchsetzen – einige Gruppen bemängeln die technischen Bedingungen, andere das geringe Publikumsinteresse im Stadtteil. Ungewiß ist noch die Zukunft vom Kulturhaus Cotta, ehemals »Richard Gärtner«. Mit der noch ausbleibenden Entscheidung sind die großen Erwartungen von »Spielbrett« verbunden, da die Gruppe zur Zeit »zwischen den Brettern« spielt und auf Probe- und Spielräume im alten Domizil hofft. Es gibt diesbezüglich Zusagen vom Kulturamt, aber noch kein Schwarz-auf-Weiß. Eine Reihe von Theaterexperimenten waren in den letzten drei-vier Jahren auf dem Festspielhausgelände in Hellerau – zum Beispiel die zwei Collagen aus bitterbösen Texten des Russen Wladimir Sorokin in der Regie von Carsten Ludwig. Wechselnde Vorhaben werden gelegentlich in Jugend- und Klubhäusern realisiert, meistens sind es Schülertheatergruppen. In der Loschwitzer Feuerwache werden ebenfalls kleinere Produktionen aufgeführt. Das Theater Junge Generation bietet sich als Gastgeber für Schülertheater- und Amateurtheatertreffen an.

Die nun seit vier Jahrzehnten bestehende Studentenbühne der TU-Dresden hat seit Herbst 1989 ihr Domizil im Victor-Klemperer-Saal an der Teplizer Straße: »die bühne – das kleine theater der tu«. Gemeinsam mit der englischsprachigen Studentenhtheatergruppe FAST werden hier etwa zwölf Vorstellungen im Monat gespielt (außer August und September). Probleme bringt der Mangel an Hörsälen an der TU: Schon bald muß in dem Festsaal unterrichtet werden, auf dessen Podiumsfläche sich »die bühne« befindet. Das führt unausweichlich zu Überschneidungen und Vorstellungsausfällen. Unglaublich in diesen sparsamen Zeiten, aber wahr: voraussichtlich 1997 soll in Dresden eine nicht kommerzielle Spielstätte den Vorhang heben – das Societaetstheater. Der Gedanke, das Haus für freie Theaterarbeit und Gastspiele zu nutzen, hat Tradition – das von der Societaets-Gesellschaft 1776 gegründete Theater bildete ein paar Jahrzehnte die Alternative zum sächsischen Hoftheater. Im November 1994 hat die Stadtverordnetenversammlung den Wiederaufbau des Gebäudes und seine weitere Nutzung als Theater beschlossen. Der Verein Societaetstheater e.V. hat sich zum Ziel gesetzt, verschiedene

Künstler, Künste, Nationalitäten und Kulturen an diesem Ort zusammenzuführen. Prolog I und II hießen die zwei Theaterfeste vor dem zukünftigen Societaetstheater sowie in seiner Nähe im Herbst 1995 und 1996 – sie sollten das Publikum schon vor der Eröffnung auf das angedachte Profil neugierig machen.

Neben diesen erhaltenen, neu gewonnenen oder erhofften Spielstätten wurden in den letzten Jahren immer wieder neue, oft ungewöhnliche Spielorte entdeckt: die ehemalige Zigarettenfabrik Yenidze, der Ernemannspeicher, der Panzerhof, die schon abgerissene ehemalige Lederfabrik auf der Böhmischen Gasse, das Kraftwerk Cotta, die Ruine des Kunstvereins auf der Brühlschen Terrasse, verschiedene Gebäude auf dem Industriegelände in Klotzsche, die ZERMA-Fabrik in Radebeul, Schloß Albrechtsberg oder Schloß Nickern als Kulisse.

Szenendichte, Spurenbreite

Auch wenn es zunächst widersprüchlich klingt, beides stimmt: Heute hat sich in Dresden eine breit gefächerte freie Theaterszene etabliert, und sie befindet sich ständig im Wandel. Auf feste Traditionen bauen die größeren Gruppen – »statt-theater Fassungslos«, »Spielbrett«, »Traumtanz«und die TU-Studentenbühne. Hier ein paar Worte zu der Entwicklung jeder von ihnen.

Das »statt-theater Fassungslos« ist inzwischen im ideelen Sinne eine Institution: »Die freundliche, aber bestimmte Einladung, sich mit ohne Fassung zu amüsieren, sichert seit elf Jahren volle Häuser von Dresden bis Salzburg«. Der feste Stamm der Truppe und seine Gäste haben ihren absurd-skurrilen Stil, erarbeitet aus Sprache und Musik, behaupten können. Die bevorzugten Autoren – Charles Bukowski, Ernst Jandl oder Paolo Pasolini – sprechen für sich. Ein Teil des Erfolgs der Gruppe ist auch der einheimische Autor Matthias (Pfennig) Dix, dessen Texte die Grundlage für einige »Fassungslos«-Produktionen bilden: »Die Dixtinische Kapelle«, »Passion – eine Versenkung« oder für das neue Projekt »Die ganz wüste und nervige Rauferei der Sinne«. Für »Passion« hat Dix den Literaturpreis der Akademie Trier erhalten. Die Gruppe selbst wurde 1992 mit dem Ensemblepreis des ZDF beim Festival »Impulse« und 1993 mit dem Ensemblepreis beim 2. Festival »Politik im freien Theater« in Dresden ausgezeichnet. »Spielbrett« hält nach wie vor zu

der Planwagentour- und Freilichttradition – vorwiegend mit Shakespeare-Stücken. Parallel dazu bietet sie immer noch »harte Kost«: »Der Drache« im Sinne von Wolf Biermann oder das gnadenlos-skurrile Tabori-Stück »Jubiläum«. Im experimentellen Bereich liegt die Inszenierung des bekannten Hörspiels »Träume« von Günter Eich.

Die Theatergruppe »Traumtanz« brachte nach 1989 nur zwei Produktionen heraus: »Mißglücktes Spektakel« – eine absurde Collage aus Texten von Charms, Schwitters, Schopenhauer – und »Elizaveta Bam« von Daniil Charms. Zwei klingt wenig, aber es ist ein erklärtes Credo der Gruppe, sich Zeit zu nehmen, die Texte behutsam zu erarbeiten und zu proben. Ob diese Methode besser ist als andere oder nicht, sei dahingestellt, die Qualitätssteigerung der Truppe ist unverkennbar. 1994 erhielt »Traumtanz« auf dem 7. Internationalen Theaterfest der Freien Gruppen in St. Vith/Belgien den Preis für die beste Ensembleleistung.

Die Inszenierungen der TU-Studentenbühne haben sicherlich unterschiedliches Niveau, das Engagement der Studenten und der Treugebliebenen ist jedoch allgemein sehr schätzenswert. Versucht wird eine Mischung aus Unterhaltung und Nachdenken: »Arzt wider Willen« von Moliére oder »Zieh den Stecker aus, das Wasser kocht« von Kischon auf der einen Seite und auf der anderen »Sprich zu mir wie der Regen« von Tenessee Williams, »Ein Blick von der Brücke« von Arthur Miller, Slawomir Mrozeks »Tango« oder »Nach Jerusalem« von Tankred Dorst. Mut zeigt die TU-Studentenbühne auch mit Uraufführungen von weniger oder kaum bekannten Autoren.
Im Podium kreuzen sich regelrecht die Wege von Amateur-, freien oder fest engagierten Künstlern. Das Amateurtheater »H. O.« (früher »Hans Otto«) widmet sich unter der Leitung von Gisela Donath engagierten und heiklen Themen: »Schreib mich in den Sand« von Inez van Dulleman über Kindermißbrauch oder »Messiah« von Martin Sherman über Religion und Menschlichkeit. Etwa vier Produktionen hat hier die Gruppe »Theater kaputt« in verschiedenen Besetzungen herausgebracht. Im April 1993 wurde das erste Seniorinnentheater gegründet (inzwischen gibt es nocht eins in der Scheune), das aus sieben aktiven Spielerinnen besteht und bereits vier Projekte realisiert hat. Zur Zeit arbeitet W.-D. Gööck mit den Frauen an einem Dürrenmatt-Stück, und im Winter soll es zum zweiten Mal eine Märchenstunde geben. Um das bunte Spektrum deutlich zu machen, seien hier einige der »gemischten« Produktionen erwähnt: »Krieg der Möbel« mit Jürgen Magister, W.-D. Gööck und Claudia Schmutzler; »Die Kurve« von Tankred Dorst mit Juliane Barske, Holger Fuchs und Dietmar Hinke; Georg-Trakl-Abend »Schwarzer Schnee« – eine Collage aus Wort, Musik und Licht; Woody-Allen-Abend in der Regie von Michael Linke; »Die Würde der Gewalt« mit Michael Linke und Heike Bittner in der Regie von Ellen Schaller nach dem »kunstterroristischen« Text von Matthias Dix; das »Erste Dresdner Geruchstheater« mit W.-D. Gööck, Peter Rötig und Wolfgang Suckow zeigte in seiner einzigen Produktion »Beefsteak Tatar« einen »gar gekochten« Brecht – der Tod von Wolfgang Suckow setzte dem einen tragischen Schlußpunkt; zwei Gastspiele und zwei Podium-Produktionen des Regisseurs Jens Mehrle mit verschiedenen Künstlern; der Schauspieler Lars Jung gestaltete mit den Musikern Annette Thiem, Thomas Mahn und Cornelia Schumann im Po-

dium bereits zwei interessante Programme – ein Hesse- und ein Nietzsche-Abend, »JWG – ein un(t)adeliges Programm ›von‹ Goethe« soll demnächst folgen. Durch die intensive Beschäftigung mit dem Werk Nietzsches entstand Material für ein großes Projekt im Panzerhof, das Lars Jung zusammen mit Tänzern, Musikern und Lichtgestaltern veranstaltete. Erwähnt seien noch einige Solo-Programme des Podiums: »Blutnacht« – erdacht, vertont und gespielt von Jürgen Magister, »Abschied von Bechstein« mit Andrea Thelemann, »Man bittet zu läuten« mit Ulrich Schwarz oder »Kassandra« mit Angelika Dintinger.

Vor und nach einem Intermezzo im Staatsschauspiel gehört der Schauspieler Peter Meining mit Haut und Haar dem freien Theater. Angefangen von der ersten hauseigenen Projekttheaterproduktion »Rumor« von Botho Strauß über die Sorokin-Inszenierung »Dysmorphomanie« im Kraftwerk Cotta als Teil des Großprojektes »Leben in geschlossenen Räumen« bis zum letzten medienbrachialen Projekt »Rauschen« im Projekttheater.

Das »Kerijatheater« ist eine Amateurgruppe, die vor etwa einem Jahrzehnt aus der Jungen Gemeinde Radebeul-Ost hervorging. Die Gruppe versucht, christliche Botschaften kritisch oder witzig mit den Mitteln des Theaters zu vermitteln. »Kerija« engagiert sich auch bei der Organisation des Festivals »Play on« in Radebeul.

Die Theatergruppe »Hans Sachs« mit dazugehörigem Trägerverein hat sich hauptsächlich Fastnachtsspielen von Hans Sachs verschrieben. Neu im Repertoire sind zwei Stücke im Commedia dell'arte-Stil: »Nie wieder Makkaroni« und »Nie wieder Brighella«.

Was den Wandel in der freien Theaterszene Dresdens betrifft, das liegt in der Art der Dinge. Zum einen lebt Kunst davon, daß sie immer wieder hinterfragt wird. Zum anderen zwingt der kulturpolitische Sparkurs sowieso zu Kunststücken und Flexibilität. Solange die Wandlungen Kreativität und Existenz zulassen und nicht die Grundlagen zerstören, solange wird sich die Kunst- und Kulturstadt Dresden an ihrer freien Theaterkultur erfreuen können.

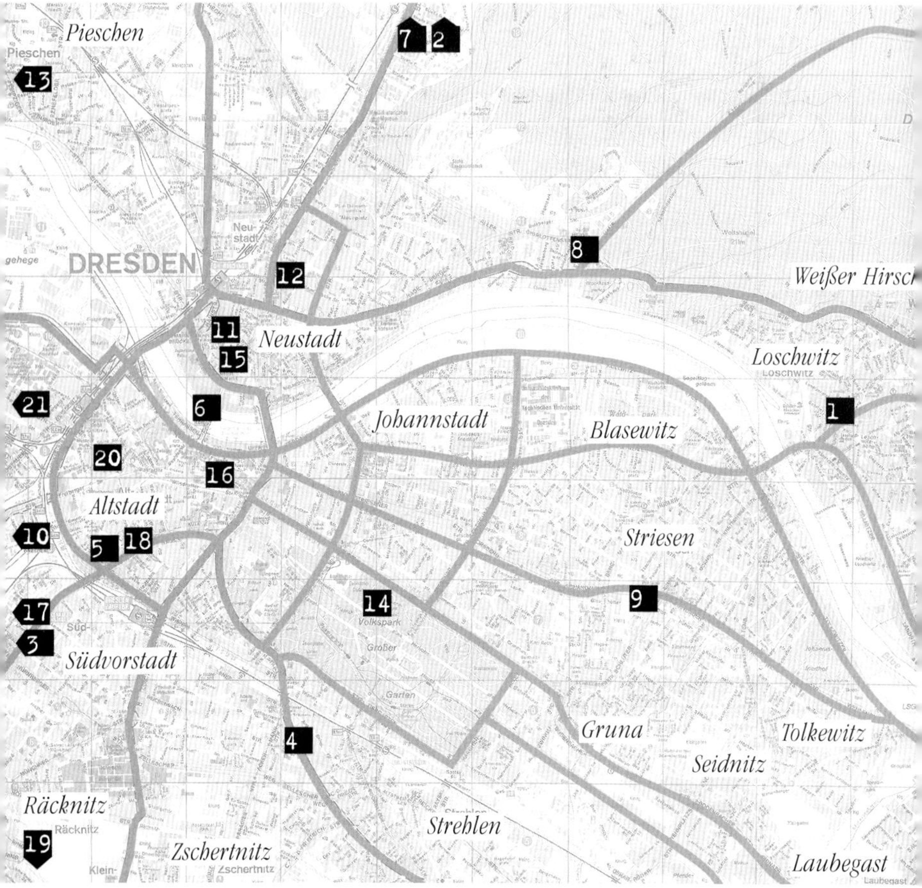

1 *Alte Feuerwache Loschwitz e.V.* | Fidelio-F.-Finke-Str. 4, 01326 Dresden, Tel. 0351/ 2 67 86 26

2 *AnStiftung* | Peter Grohmann, Goethestr. 23, 01109 Dresden, Tel. 0351/ 88 55 11, Fax. 0351/ 88 55 18

3 *bebe* | Kabarett-Theater Olaf Böhme, Clara-Zetkin-Str.44, 01159 Dresden, Tel. 0351/ 4 12 13 75

4 *die bühne* | Teplitzer Str. 26, 01219 Dresden, 0351/ 4 63 63 51

5 *Die Herkuleskeule* | Sternplatz, 01067 Dresden, Tel. 0351/ 4 92 55 55

6 *Dresdner Brettl* | Terassenufer an der Augustusbrücke, 01067, Tel. 0351/ 4 96 94 50

7 *Förderverein für die Europäische Werkstatt für Kunst und Kultur Hellerau e.V.* | Karl-Liebknecht-Str. 56-58, 01109 Dresden, Tel. 0351/ 8 80 77 98

8 *Kleine Szene* | Bautzner Str. 107, 01099 Dresden, Tel. 0351/ 4 84 23

9 *Kleines Theater Ost/ Pentacon* | Schandauer Str. 64, 01277 Dresden, Tel. 0351/ 3 40 00 34

10 *Kulturhaus Cotta* | Hebbelstr. 35 b, 01157 Dresden, Tel. 0351/ 4 22 31 62

11 *Podium* | Hauptstr. 11, 01097 Dresden, Tel. 0351/ 8 04 32 66

12 *projekttheater Dresden e.V.* | Louisenstr. 47, 01099 Dresden, Tel. 0351/ 8 04 30 41

13 *Puppentheater der Stadt Dresden* | Leipziger Str. 220, 01139 Dresden, Tel. 0351/ 8 49 04 18, Tel./ Fax. 0351/ 8 49 06 68

14 *Puppentheater Sonnenhäusel* | Großer Garten, Herkulesallee, 01277 Dresden

15 *Societaetstheater* | (geplant Ende 1997), Hauptstr. 19, 01096 Dresden

16 *Studiotheater* | Kulturpalast, Eingang Schloßstraße, 01067 Dresden

17 *Theater Junge Generation* | Meißner Landstr. 4, 01157 Dresden Tel. 0351/ 4 21 45 67

18 *theater 50* | Maternistr. 17, 01067 Dresden, Tel. 0351/ 4 95 41 23

19 *TIF* | Tharandter Str. 33, 01159 Dresden, Tel. 0351/ 4 21 45 05

20 *Theater Oben* | Ostra-Allee 3, 01067 Dresden

21 *Zschoner Mühle* | Zschoner Grund 2, 01462 Podemus bei Dresden, 0351/ 4 21 04 70

DIE KUNST DER IMPROVISATION

Ende 1989 war es endlich soweit, der Kulturbund der DDR bewilligte nach langem Kampf seiner Interessengemeinschaft Jazz die Stelle eines Clubsekretärs, deren Übernahme für mich ein ziemliches Abenteuer war und einem Sprung ins kalte Wasser gleichkam. Ich wechselte vom bequemen Bürosessel in ein finsteres Kellerloch, in dem damals vor allem Mäuse und wilde Katzen zu Hause waren. Die Kunst der Improvisation war von Anfang an bei meiner Arbeit gefragt, denn ich mußte mich neben der dringend notwendigen Konsolidierung der Vereinsarbeit auch um den Ausbau der in der Restruine vorhandenen Räume als Büro kümmern, um nicht ewig im Keller arbeiten zu müssen.

Während die TONNE vor 1990 noch den Ruf eines permanent ausverkauften Clubs hatte, kam mit der Wende ein extremer Besucherrückgang auf zehn bis fünfzehn Zuhörer pro Konzert. Die Gründe dafür waren nicht nur die anfangs mehr reise- anstatt kulturorientierten Freizeitinteressen vieler, sondern auch der Wegfall der Nischenfunktion, die der Club u.a. innehatte.

Zu diesem wirtschaftlich komplizierten Zustand kam Mitte 1990 mit der Auflösung der Kulturbund-Stadtleitung noch ein weiteres Fiasko, denn die

beiden für den Club bezahlten Arbeitskräfte (es gab außer mir noch eine Büro- und Buchhaltungskraft) wurden kurzfristig gekündigt. Als Mensch mit ausgeprägtem Stehvermögen habe ich nicht (was aus heutiger Sicht ein großer Fehler war) um Hilfe gerufen, sondern versucht, die Situation im »Krisenmanagement« zu meistern.
Anfangs als »Arbeitslose«, später als ABM-Kraft und erst 1992, als die finanzielle Lage des Vereins es einigermaßen erlaubte, als festeingestellte Geschäftsführerin mußte ich, immer allein, die ehemals von 2 Personen geleistete und im Laufe der Jahre immer umfangreicher werdende Arbeit bewältigen. Dazu kam noch, daß die Bereitschaft und die Möglichkeiten vieler Clubmitglieder, ehrenamtlich für die TONNE tätig zu sein, sich nach der Wende zunehmend auf sporadische Einzelaktionen beschränkten und für die Aufrechterhaltung der Veranstaltungstätigkeit schwer planbar wurden. So wurden für mich 60 und mehr Wochenstunden zur Normalität.
Die positive Seite dieser Streßarbeit waren die erreichten Erfolge. Mit der Gründung des Jazzclubs TONNE e.V. als Nachfolger der IG Jazz des Kulturbundes im Juni 1990 wurden die Grundlagen für die rechtliche Selbständigkeit geschaffen.
Die Zahl der monatlichen Veranstaltungen stieg von früher acht auf derzeit zwölf bis fünfzehn. Die durchschnittliche Zahl der Besucher pro Konzert liegt mittlerweile wieder bei 135, was, wie uns Musiker aus aller Welt bestätigen, für einen Jazzclub mit anspruchsvollem Programm ziemlich einmalig ist. Neben unserem Satzungsziel, das Konzerte aller Spielarten des Jazz vorsieht, haben wir unser Veranstaltungsspektrum zunehmend erweitert. So werden auch Blues, Rock, Chanson und Folklore angeboten, wir führen Jazzdiscotheken, regelmäßige Jam Sessions für die Dresdner Szene, Schulkonzerte, Examenskonzerte für Dresdner Musikstudenten und Vernissagen zur Eröffnung der im Kreuzgewölbe gezeigten Ausstellungen durch. Zu den programmatischen Höhepunkten wie dem Internationalen Dixielandfestival und dem Blues-Wochenende sind Großkonzerte mit internationalen Spitzenbands des Jazz im Kongreßsaal des Deutschen Hygienemuseums, Open Air Konzerte im Römischen Bad von Schloß Albrechtsberg und seit 1992 das Festival Dresdner Jazzherbst, das als Pendant zum Dixielandfestival die zeitgenössischen Spielarten des Jazz präsentiert, hinzugekommen.

Nach langen Bemühungen erkennt das Kulturamt nicht mehr nur verbal unsere Rolle als wichtigen Kulturveranstalter an und gab uns 1995 erstmals eine, wenn auch gegenüber Kultureinrichtungen vergleichbarer Größe sehr geringe, institutionelle Förderung in Höhe von 40 000,- DM.
Das läßt zwar auf bessere Zeiten hoffen, bedeutet vorerst aber weiterhin extrem sparsames Arbeiten mit hohem »Verschleiß an Menschen und Material«, denn oberstes Gebot ist es, unser anspruchsvolles Programm nicht aus Geldgründen dem Kommerz zu opfern. Eine große Hilfe sind uns dabei die Musiker aus aller Welt, die die TONNE wegen ihrer optimalen Spielbedingungen in Konzertsaalatmosphäre, wegen des sachkundigen Publikums und aufgrund der einfühlsamen Betreuung rund um den Auftritt überaus schätzen und deshalb bereit sind, für extrem niedrige Gagen bei uns zu spielen und den Ruf unseres Clubs in alle Welt tragen. So gelang es uns in den letzten Jahren des öfteren, einige der Großen des Jazz, die sonst nur große Festivals bereisen, auf unserer Clubbühne zu erleben. Stolz macht dann auch, wenn die New York Times in einem Artikel über Dresdner Kultur neben der Semperoper und der Herkuleskeule die TONNE zu den drei bemerkenswertesten Dresdener Kultureinrichtungen zählt.
Nicht zuletzt ist es die ständig steigende Mitgliederzahl unseres Vereins (unter ihnen auch der Ministerpräsident des Freistaates Sachsen, Kurt Biedenkopf), die von 50 im Jahre 1990 auf mittlerweile über 200 angewachsen ist und ebenfalls eine Bestätigung für die gute Qualität der Arbeit des Clubs ist.
Aus der Tatsache, daß die weitere Existenz in unserem derzeitigen Domizil in den Kellerräumen des Kurländer Palais wegen der Grundstücks-Verkaufsabsichten des Freistaates Sachsen sehr unsicher ist, ergab sich eine neue große Herausforderung: Von den zahlreichen Angeboten, die TONNE zu beherbergen, erwies sich jenes der Bayerischen Hausbau, uns im Waldschlößchenareal die alten, denkmalgeschützten Bierlagerkeller auszubauen, als das interessanteste und zukunftssicherste. In den nach unseren Vorstellungen sanierten, dreimal so großen Sandsteingewölben erwarten uns ideale Bedingungen, unsere Arbeit in besserer Qualität und mit einer höheren Zahl an Veranstaltungen fortzusetzen.
Mit zwei Veranstaltungssälen (70 und 200 Plätze) können wir eine flexiblere Programmplanung durchführen, den jeweiligen Stilrichtungen feste Tage

reservieren und an den besucherintensiven Wochenenden durch parallel stattfindende Veranstaltungen noch besser auf die differenzierten Publikumswünsche eingehen.
Das täglich geöffnete Jazzcafé soll Anlaufpunkt für Neugierige und Musikertreff der Dresdner Szene werden. Die gleichfalls neu zur Verfügung stehende Freifläche gibt uns die Möglichkeit, im Sommer Open-air-Konzerte zu veranstalten.
Bleibt nur zu hoffen, daß es uns gelingt, die – trotz zahlreicher unentgeltlicher Hilfe noch offenen – Umzugskosten mit kommunaler und Sponsorenhilfe zu finanzieren und daß uns mit Beginn unserer Arbeit im Waldschlößchen endlich eine – vergleichbaren kulturellen Einrichtungen in Dresden adäquate – institutionelle Förderung gewährt wird, die es uns ermöglicht, ohne permanente Existenzängste unseren Beitrag zur kulturellen Vielfalt und Identität der Stadt in bewährter Qualität fortzuführen.

Angelika Schmidt: **1950** in Werdau geboren **I** Abitur, Facharbeiterabschluß als Betriebs- und Verkehrseisenbahnerin **I** Tourismusstudium an der HfV Dresden **I** seit **1983** ehrenamtliche Mitarbeit in der Tonne **I** seit 1990 Geschäftsführerin im Jazzclub Tonne e.V.

NO SATISFACTION

Andy Dallmann, Frank Fröhlich

Im August 1995 wären beinahe die Rolling Stones nach Dresden gekommen. Beinahe, und dann rockten und rollten Mick Jagger und Kollegen doch in Leipzig. Dresden ist in puncto Rock'n'Roll Entwicklungsland, nicht nur, weil die für spektakuläre Konzerte nötigen Hallen fehlen. Aber hoffnungsvolle Ansätze gibt es inzwischen: die Klubs bringen immer mehr Bands auf ihre Bühnen und damit zunehmend Vielfalt in die Live-Musik-Szene der Stadt. Noch kurz vor der Wende konzentrierte sich das Geschehen größtenteils auf das Neustädter Kulturzentrum »Scheune«. Der Studentenklub »Bärenzwinger« mühte sich redlich um Anschluß, und für kurze Zeit wurde der TU-Klub »Spirale« zum Anlaufpunkt für die Ende der achtziger Jahre aus dem realsozialistischen Boden schießenden Post-Punk-Kapellen. Ein Mega-Konzert ging im Sommer 1988 auf einer Wiese mitten in der Innenstadt über die Bühne: Joe Cocker beglückte damals knapp 100 000 Fans, und diese zehren offensichtlich trotz veränderter Bedingungen noch immer von diesem Eindruck. Denn das Areal ist Einheimischen bis heute als »Cocker-Wiese« ein Begriff, was nicht zuletzt daran liegt, daß seitdem keine vergleichbar gigantischen Rock-Spektakel in Dresden zu erleben waren. Dafür hat sich seit Anfang der Neunziger im kleinen sehr viel getan. Schon zu DDR-Zeiten war der Jazzklub »Tonne« selbst jenseits der Mauer ein Begriff, und mit der Grenzöffnung ging es weiter bergauf. Woche für Woche finden jetzt in den Sandsteingewölben unter der Ruine des Kurländer Palais mehrere Konzerte verschiedenster Jazz-Spielarten statt, verdienen sich Nachwuchs-Jazzer bei den regelmäßig stattfindenen Sessions erste Sporen oder hüpfen Tanzwütige zu Acid-Jazz-Klängen durch den Keller. Dessen Tage in der Innenstadt sind allerdings gezählt: Für Mai 1997 steht der Umzug ins Waldschlößchen-Areal am Rande der Neustadt an. Dort soll es dann durch die Nutzung zweier voneinander unabhängiger Konzertsäle noch mehr Live-Musik als bisher geben.

Live-Musik pur ist auch das verkürzte Credo des »Star Clubs«. Daß der Anfang der neunziger Jahre unter einigen Schwierigkeiten etablierte Laden in Altbriesnitz veranstalterisch überhaupt in die Gänge kam, verdankt er unter anderem dem Engagement eines Mannes: Uwe Heberer, genannt Hebbe, holte Bands nach Dresden, die selbst Trendsetter des »Rolling Stones« eben erst

Jürgen Lachotta – Lotte & Hebbe – Uwe Heberer

in der texanischen Wüste entdeckt hatten. Mit ihm bekam der Rock'n'Roll in Dresden eine kleine, aber feste Bastion, die höchstens vom Ausbleiben der Zuhörer bedroht ist. Denn das Publikum der Stadt will nur selten hören, was es nicht kennt. Fast legendär ist dagegen inzwischen der weihnachtliche »Striezelbeat« – wenn am Heiligabend die Mehrheit der Dresdner Weihnachtslieder singt, krachen in Altbriesnitz die Gitarren, lösen sich etliche Independent-Kapellen auf der Bühne ab. Hebbe, der im Frühjahr 1996 starb, machte den »Star Club« zu einer Institution; daß dort auch weiterhin der Beat tobt, ist sein Vermächtnis. Im städtischen Kulturzentrum »Scheune« setzt man bei der Veranstaltungsplanung dagegen ganz auf stilistische Breite im Programm. Neben diversen Theaterprojekten sind dort Punk- und Metal-Bands ebenso zu hören wie Jazzer oder Blueser. Skurrile Multimedia-Projekte (u.a. aus dem Hause der New Yorker »Knitting Factory«) polieren das leicht verblichene Image der »Scheune« jetzt wieder auf. Weniger experimentell, dafür stilistisch ähnlich vielseitig sind die Konzerte im »Bärenzwinger«. Die exklusive Lage – unmittelbar unter der Brühlschen Terrasse – wurde dem Betreiberverein allerdings schon fast zum Verhängnis. Die knapp dreißigjährige Live-Musik-Tradition dieses Studentenklubs steht – bedingt durch absehbare Besitzerwechsel – auf tönernen Füßen. Der gleichfalls studentisch geprägte »Klub Neue Mensa« arbeitet sicherer: getragen vom Studentenwerk Dresden, sorgt der Laden allmontäglich für Konzerte und jeweils im April für ein aufwendig konzipiertes Bluesfestival. An zwei Tagen schaffen sich dann etliche Bands, die teilweise eigens für dieses Spektakel aus den Staaten eingeflogen werden, zusammen mit Dutzenden europäischen Kollegen auf drei Bühnen. Außer den genannten Klubs kümmert sich das privat betriebene »Down Town« mit wenigen, aber auserlesenen Konzerten um Black Music von Soul bis HipHop. Liedermacher und Ethno-Kapellen haben im Club »Mari« und in der »Passage« feste Adressen, der Kulturverein »riesa efau« bringt Hardcore und zeitgenössische Musik unter ein Dach, und der Club »Müllerbrunnen« widmet sich hauptsächlich der Dark-Szene. Bands, deren Fans nicht in einen dieser Klubs passen, haben außerhalb der Freiluftsaison nur wenige Auftrittsmöglichkeiten. Daß größere Veranstaltungsorte wie der »Musikzirkus« und der »Panzerhof« geschlossen werden mußten, war ein großer Verlust für die Dresdner Musiklandschaft. Der »Panzerhof«, eine umgerüstete ehemalige Panzerreparaturhalle der sowjetischen Armee und einst ein wichtiger Anlaufpunkt am Rande der Neustadt, beherbergte außer der Veranstaltungshalle, in der neben zahlreichen Konzerten auch solche Ereignisse wie Waterloo stattfanden, eine Kneipe namens »Stahl-In«, Probenräume für junge Bands und Motorradwerkstätten.

Der Ruf nach größeren Auftrittsorten für Bands tönt seit 1990 durch die Stadt. Obwohl sich gleichzeitig manch einer in dieser Stadt auch fragt, ob es denn überhaupt lohnt. Ob nicht auch ein einziges Konzert der Stars in Leipzig oder Berlin den Bedarf deckt.

Denn des öfteren entsteht schon der Eindruck, daß an Dresden die Entwicklungen populärer Musik vorbeirauschen und hier kaum registriert werden. – Stell Dir vor, die neuen Stars kommen und keiner geht hin?

Säle mit einer Besucherkapazität wie der des Hygienemuseums (für ca. 1000 Besucher) und des Kulturpalastes (für ca. 2400 Besucher) sind aufgrund solider Reihenbestuhlung für Rockkonzerte ungeeignet, Interimsspielstätten wie dem »Alten Schlachthof« fehlt die nötige Technik, und die Eissporthalle (für ca. 7000 Besucher) ist außerhalb der Sommermonate in erster Linie zum Schlittschuhlaufen da. Besser wird's mit steigenden Temperaturen, dann steht die »Freilichtbühne Großer Garten« (für 7000 Besucher) zur Verfü-

gung, und alljährlich wird auf den Elbwiesen vor der malerischen Altstadtkulisse eine Open-air-Bühne installiert, vor der sich knapp 10 000 Menschen tummeln können. Dafür, daß diese sommerlichen Möglichkeiten auch genutzt werden, sorgen in erster Linie der einheimische Konzertveranstalter und Musiker Bernd Aust sowie die Filminititiative Dresden. Beide haben erreicht, daß die Stars auf ihren Tourneen inzwischen seltener einen Bogen um die sächsische Metropole machen. Aber Aust kümmert sich nicht nur um Konzerte, in seinem Tonstudio produzieren diverse Dresdner Bands ihre CDs oder Promo-Kassetten. Teilweise erscheint das Material auch gleich bei Austs Label sap-Records, das er gemeinsam mit dem Pianisten und Bandchef Thomas Stelzer aus der Taufe hob. Unter lokalem Konkurrenzdruck hat sap-Records nicht zu leiden, lediglich noch ein paar Nischenprojekte – wie das kultverdächtige Kassettenlabel »Zieh Dich warm an-Tapes« von Jörg Löffler – befassen sich mit der Tonträgerproduktion. Dafür gibt es zumindest eine Handvoll gutsortierter Plattenläden, die selbst rares Vinyl aus Übersee heranschaffen. Die Händler von Sweetwater, ZentralOhrgan, MfS, Abdulaye, Hard Wax und Blacksheep helfen den Dresdnern über manches konzertante Manko hinweg: was man hier schon nicht live erleben kann, läßt sich wenigstens auf Tonkonserve nach Hause tragen. Und dann bleibt ja noch die Hoffnung, daß es einem der immer wieder avisierten Konzerthallenerbauer tatsächlich

gelingt, seine Idee zu verwirklichen und in der Stadt einen Rockpalast zu errichten. Dann hätten auch die Rolling Stones und andere internationale Bands keinen Grund mehr, um Dresden einen Bogen zu machen; und für Dresdner Bands gäbe es vielleicht eine Möglichkeit mehr, auf einer großen Bühne als Support Act ihr Können unter Beweis zu stellen.

Denn Bands gibts auch hier genug, auch wenn Dresden keine landesweit bekannten Bands – wie Hannover die »Scorpions« oder Leipzig »Die Prinzen« – hat. Die bekanntesten Bands hier heißen »DEKAdance«, »Need a New Drug« und »Manic Sox«; nicht zu vergessen die Senkrechtstarter »Days of Fate«, welche mit ihrem Synthiepop in kürzester Zeit für volle Hallen sorgten.

Die Stadt der Vielfalt brachte ein buntes, quirliges Gemisch musikalischer Stile und einige Unikate hervor. Da gibt es die »Mutter aller Bands«: »DEKAdance« mit ihrem skurril-schrägem Entertainment, verqueren Bläsersätzen und rockig-funkigen Grooves. Zu dieser »Familie« gehören »A.I.D.S. – Aufruhr in der Savanne« (nicht zu verwechseln mit »Panik im Dschungel«), »Cliff Polpott und sein Knecht Matti« und »D.I.E. Theatergruppe« mit ihrem Programm »Was sie schon immer über Jazz wissen wollten…«. Die größte Besetzung aus diesem Dunstkreis ist mit achtzehn Musikern »The New Fantastic Art Orchestra of North«. Sie bietet an ihren guten Tagen eine völlig abgedrehte Mischung aus kollektivem Entertainment und musikalischer Piraterie von Hardrock über Freejazz, Country, beliebten Melodien aus Funk und Fernsehen bis hin zur Polka. Das Ganze wird vollständig improvisiert, »Gottvati« Bert Stephan steht am Steuer und dirigiert per Nummern und Spielanweisungen das Schiff um alle Klippen des guten Geschmacks. Auch das scheint symptomatisch für diese Szene zu sein: daß es gelingt, so viele von Alter, musikalischem Herkommen und Vorlieben her unterschiedliche Musiker unter einen Hut zu bekommen. In all diesen Bands gibt es übrigens einen Schlagzeuger namens Michael Haubold, welcher als Olaf Schubert – dem Sprachrohr von Gorbitz – alle guten und weniger guten Traditionen deutschen Liedermacherbrauchtums auf lachtränentreibende Art auf den Punkt zu bringen weiß. Und zuallerletzt muß noch Mirko Schubert, sein Bruder, erwähnt werden, welcher mit seinen Kassettenproduktionen »Hördialoge I und II« selbst einen Profi dieses Faches wie Helge Schneider blaß aussehen läßt. »Need a new Drug« und »Manic S.O.X.« überzeugen wie »Dekadance« mit eigenständigen Konzepten. Erstere erkämpften mit ihren krachigen Noisecore 1996 einen Platz auf der Popkomm in Köln. »The Manic S.O.X.« würde so eine Präsentationsmöglichkeit ebenso gut zu Gesicht stehen, damit sich auch Nicht-Dresdener von dem Slogan überzeugen könnten: »Wir kreuzen den Trend, ohne sich ihm zu ergeben«.

Zu den Jüngsten in der hiesigen Musikerszene gehören die Punkrocker »Rebel Power«, welche im zarten Alter von zwölf Jahren ihre ersten Support-Gigs bei »Die Firma« und »Feeling B« bestritten.

Das Elbtal scheint übrigens ein günstiges Klima für Country abzugeben, bedenkt man, daß es mit den »Bluegrass Country Ramblers«, »Country Team«, »Simple Man«, »Saxon Cowboy« und »Wild Eagle« gleich fünf Bands dieser Art gibt. Um den Bandoneonspieler Jürgen Karthe entwickelte sich eine aktive Tangoszene, welche neben ihren Konzerten regelmäßig auf Tangobällen in der Stadt spielt. Soul'n'HipHop nennen die »Jambo Mo & Flying Kangaroos« ihre Musik und bewegen sich stilistisch zwischen HipHop, Soul und Acid Jazz. Auf Black Music und Acid Jazz bezieht sich auch die mit exzellenten Musikern bestückte Band »Code M.D.«, welche mit ihrem Opening Act für das James Brown-Konzert im August 1995 am Elbufer für Aufsehen und Auf-Hören sorgte. Um den R&B-Sänger und -Pianisten Thomas Stelzer

gruppieren sich gleich mehrere erfolgreiche Projekte. In einer Stadt mit einer so reichen Theaterlandschaft fehlt es nicht an versierten Theater-Musikern wie Michael Fuchs (Brettl, Staatsschauspiel, Landesbühnen Sachsen) und Bertram Quosdorf (statt-theater Fassungslos, Staatsschauspiel), welche gegebenermaßen außerhalb der Stadtgrenzen seltener in Erscheinung treten. Ein Wort wie Brachialromantik ist in der Stadt mit der berühmten Silhouette neben der gehörigen Portion Hinterwitz nicht ohne tiefere Bedeutung. So jedenfalls beschreibt der »Kleinkunstbanause ersten Ranges«, Dieter Beckert, seine Projekte »Duo Sonnenschirm« und »Beckerts Banquet«. Mit einem sehr eigenständigen und offenen musikalischen Profil ist der klassisch ausgebildete Cellist Ulrich Thiem seit nun schon über fühnfzehn Jahren unterwegs. »Zwischen Bach und Blues« nennt er sein Konzerte und realisiert mit verschiedenen Musikern in unterschiedlichsten Besetzungen seine Vorstellung von konzertanter Musik zwischen E- und U-Musik. Die hochkarätigen Musiker Peter Koch, Cello, der Multiinstrumentalist Andreas Böttcher und der Saxophonist Hartmut Dorschner haben sich der improvisierten Musik verschrieben. Diese Musik hat seit einem knappen Jahr mit der Galerie Blaue Fabrik einen guten Ort mit dem passenden Ambiente gefunden.
Rock in der Provinz – und Dresden ist auf der Karte deutscher Musiklandschaft ein ziemlich weißer Fleck – muß nicht unbedingt von Nachteil sein. »Broom« und »Bang Johannsen« gehören zu einem Kreis junger Musiker, welche ihre Musik in aller Stille entwickeln. Ab und zu tauchen sie mit – von Musikern und Insidern wohlbeachteten – Konzerten auf, um sich dann wieder zum Experimentieren in den Proberaum zurückzuziehen.
Biographien, Besetzungen, Selbstdarstellungen... von immerhin 159 Bands sind in dem Buch »Bands in Dresden« nachzulesen, von dem mittlerweile schon die vierte Auflage kursiert. Dort findet man unter anderem Rockmusik für Geisteskranke, Industrial Singing Music, Liedermacherhaarkur, improvisierende Interpretationen, Country, melodiebetonte deutsche Popmusik, Irish Folk, Klezmer, Punk, Electro Rock, Songs zwischen Härte und scheuer Trauer, alternativ Rock, Lyrischen Rock, art rock, Nordrock, Punk-Rock, Zankpunk, Noise-Core, Slow-Core und Neo-Folk. (Es handelt sich durchweg um Zitate aus Selbstdarstellungen der Bands.) Es gibt Reggae, Salsa, Rock'n'Roll, Percussion Total, Hip-Hop, 60er Revival, Doors-Revvival,

Queen-Revival, Dresdner Jazz mit Zeitgeist und Tradition, Colour Jazz, Heiteren Jazz, mystic dance jazz, Rockige Niedermacher, Deutschrock, ultimative Bigbandsurrogate, Soul'n HipHop, Blues, cultpop, noisepop, English Pop, Swing, Rhythm & Blues, Rap, Blues, Thrash Metal, Scharaden & Bagatellen und... Lieder.

Spätestens jetzt stellt sich die Frage: Welche Spielart populärer Musik ist hier nicht vertreten? Dresden scheint ein fruchtbares Tal zu sein, um das das Artensterben einen respektvollen Bogen macht.

In Dresden gibt es übrigens mit dem Sächsischen Strukturfonds für Rockmusik seit 1991 ein deutschlandweites Novum, welches von westdeutschen Rockbüros mit einer Mischung aus Neid und Bewunderung zur Kenntnis genommen wird. Der beim Kultusministerium angebundene und bei der Geldvergabe von Runden Rocktischen beeinflußte Geldtopf fördert Clubs, Stu-

dios, Fanzines, Bandkataloge, um nur einiges zu nennen. Die hiesigen Musiker beklagen zwar regelmäßig, daß für sie »ja doch keine Kohle abfällt«, aber langfristig in Strukturen der sächsischen Musiklandschaft zu investieren, dürfte eindeutig als effizienter eingestuft werden.

Die Stadt hat natürlich auch eine Musikhochschule. An den Einstieg des international renommierten Jazzschlagzeugers Günther »Baby« Sommer in die Abteilung Jazz, Rock, Pop 1995 werden große Erwartungen geknüpft.

Ob es ihm gelingen wird, die Hochschule zu einem Impulsgeber musikalischer Entwicklungen zu formen, bleibt abzuwarten; wünschenswert wäre es allemal, weil die hiesige Rock/Pop-Abteilung schon lange ein Ort für gutes Handwerk und weniger ein Ort für gute Ideen war. Vielleicht liegen genau hier die Chancen für eine Weiterentwicklung, denn gut ausgebildete Musiker gibt es in Dresden wahrlich viele, ideenreiche Erfinder und kreative Köpfe hingegen nur wenige. Herausforderungen können Wunder wirken: Aus akademisch gebildeten Langweilern werden plötzlich inspirierte Künstler, aus Leuten, die beinahe olympische Hochleistungen vollbringen, einfallsreiche Musiker. Genug herausgefordert dürfte die Musikerszene durch die neuen Möglichkeiten und Gefahren des »kapitalistischen Musikbetriebes« jedenfalls sein.

RAP IN DRESDEN

Mike Wagner

Kurzer Abriß Rap in DD bis 12/'95 ❙ Die HipHop-Kultur vereint die Bereiche Graffiti, Breakdance, DJ-ing und Rap. In der DDR begann die »neue Modewelle« etwa im Jahre 1985, ausgelöst vor allem durch den Kultfilm »Beat Street« und natürlich beeinflußt von West-Teeniemedien. Dabei war das »Tal der Ahnungslosen« Dresden bis zum Herbst 1989 die HipHop-Hochburg.

Teil 1 – Back In Da Dayz… ❙ Landesweit unumstrittenes Vorbild und Idol der Szene war der Dresdner Rapper und Musiker Alexander Morawitz, Schlagzeuger unter anderem bei den Bands Code M.D., Zweites Material und Dekadance. Als »electric b« setzte er mit seinem Rapstil wegweisende Maßstäbe und erntete trotz der unkommerziellen Machart seiner Musik ein beachtliches Medienecho. (Nicht zu verwechseln mit der namensähnlichen Berliner »Electric Beat Crew«, einem Medienhype, welcher von der »Szene« stets als Sellout gedisst wurde.) Als »T. J. Big Blaster and the Electric Boogie Crew« lud er seit Sommer 1987 zu Black Music-Parties in die »Scheune«. Mit Unterstützung von Musikerkollegen, Tänzern von »Quick Animation« und ständigen Überraschungs-Special Guests wandelten sich diese anfänglichen Geheimtips zum weithin begehrten Tanzvergnügen. Gemeinsam mit Peter Figas organisierte »electric b« den Rap-Workshop im Schloß Nickern und die beiden legendären »Rap Contests« 1988/89 in der Tonhalle Radebeul. Bei diesen Wettbewerben der nach Vorausscheid besten HipHop-Bands erschienen ca. 1000 Besucher pro Abend, die aus der ganzen Republik angereist kamen. Ein Mastertape im Rucksack, hoffte der 24jährige »First Poet Of The Race« bei einem Londontrip 1990, seine Rap-Eigenproduktionen bei Plattenlabels vertraglich unterzubringen – vergebens. Enttäuscht und desillusioniert stieg Alex Morawitz aus dem Unterhaltungsbiz aus und widmet sich heute völlig anderen Dingen. Sein origineller Rapstil (»Rockin' In Double Speed«) mit der eigenartigen Musik bleibt nostalgische Erinnerung auf zwei Tapes und dem Soundtrack zum Zeichentrickfilm »Quick Animation« sowie seinem »My Neighborhood«-Videoclip.

Teil 2 – 1990 bis jetzt **I** Im Gegensatz zur Graffiti- und DJ-Szene, welche seit der »Wende« einen auch für Außenstehende merklichen Aufschwung erleben, hat sich die Sparte Rap in Dresden nicht viel weiterentwickelt. Seit den frühen Anfangstagen des Dresdner Breakdance und Electric Boogie in den Mittachzigern mixt und rappt DJ Gambler vor sich hin. Im Kinderzimmer begann Henry Kammler, heute 25, mit einfachsten Hometaping-Methoden, eigene Mix-Tracks zu produzieren und bei Parties oder auf der Prager Straße seine Tapes zu verkaufen. Gemeinsam mit »electric b« bildete der heutige Ethnostudent die Spitze des DDR-HipHop-Eisbergs, unterstützte ihn auch bei dessen Partyshows und Titelaufnahmen als DJ und Rapper. Zeitweilig Tänzer bei »Quick Animation«, konzentrierte er sich aber später auf's Musikmachen. Sein Slogan »Gambler's on the cut!« wurde Signal zum Abtanzen bei den After-Concert-Parties ebenso wie in der Black-Music-Sendung »Vibrationen« von DT 64. Um 1991/92 verstieg er sich zu spanischsprachigen Rapsongs und wandte sich mehr zum Reggae. DJ Gambler gilt als lebendes Old-School-Fossil der Szene, doch aufgrund seiner öffentlichen Zurückhaltung und »kreativen Funkstille« der letzten Jahre kennt ihn leider in der HipHop-Nachwuchsgeneration niemand mehr. Die seit acht Jahren in Urbesetzung bestehende HipHop-Band »Three M Men«, drei nunmehr 25jährige Rapper mit stets wechselnden Begleitmusikern, lassen alle Jubeljahre mal aufhorchen. Jeder neue der Faulheit abgetrotzte Titel wird von einem unangemessen fetten Promotionrummel begleitet, denn die »Three M Men« sind beruflich allesamt in der Werbebranche tätig... Die bisher letzte Veröffentlichung des Trios ist auf der CD »bleached – 10 Dresdner Bands spielen Nirvana« vom April '95 zu hören. »Pennyroyal Tea« ist ein halbherzig aufgenommener und grausig abgemischter Anti-Grunge-Track, ironischerweise auf einem Tribute-to-Kurt-Cobain-Sampler. Wahrhaft releasefreudig dagegen ist der erste hiesige MC, der ausschließlich auf deutsch reimt. »King Krell« (20 Jahre) war bisher selten live zu erleben, sondern stellt seine neuen Titel eher in Coloradios »Gorbitz HipHop Show« vor. Mit seinen Songs in sächsischer Mundart ist der vormals als »Krellhund« firmierende Gorbitzer bereits auf einem britischen Rapsampler und der 2. Dessauer »Pioniermanöver«-Compilation vertreten. Stefan Krell kooperiert für das Scratching mit dem Prohliser DJ Thomas Heil (25) von »Studio 17« und dem Soundtüftler der Beats und Samples Stephan Marche (21) aus Pappritz.

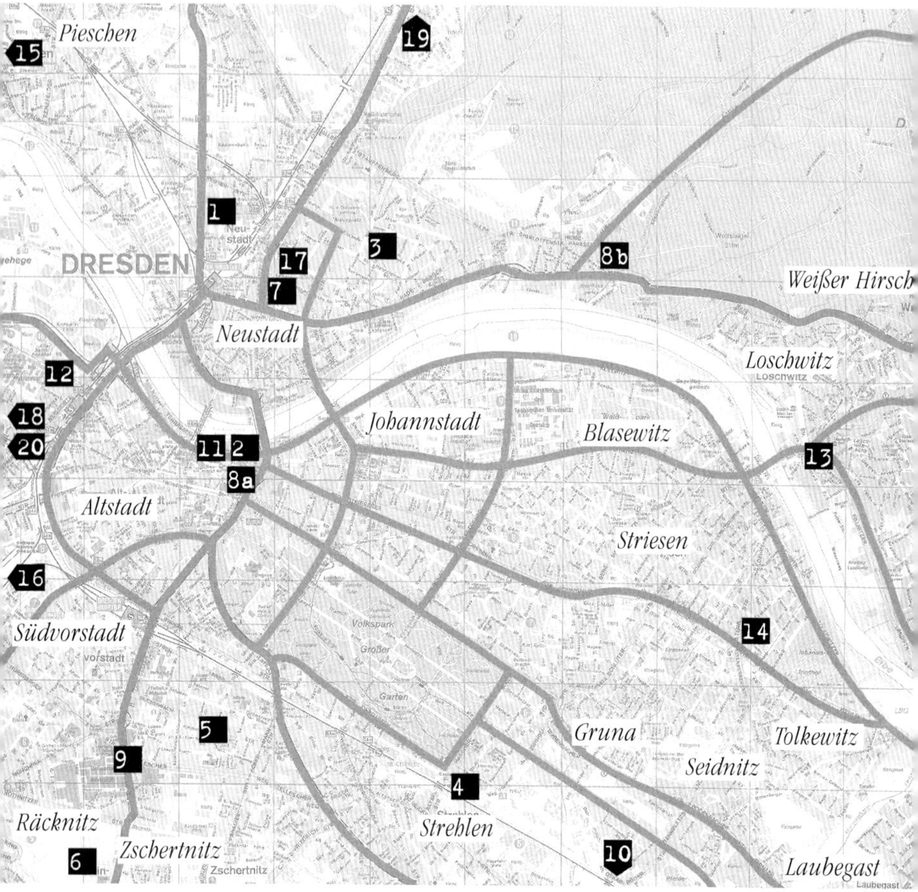

1 *AZ Conni e.V.* | Rudolf-Leonhardt-Str. 39, 01097 Dresden

2 *Bärenzwinger* | Brühlscher Garten 1, 01067 Dresden, Tel. 0351/ 4 96 51 53

3 *Blaue Fabrik* | Prießnitzstr. 44-48, 01099 Dresden, Tel. 0351/ 8 01 01 11

4 *Brennhaus* | Reicker Str. 89, 01237 Dresden, Tel. 0351/ 2 84 78 78

5 *Club Mensa* | Reichenbachstr.1, 01069 Dresden, Tel. 0351/ 4 62 26 20

6 *Club Müllerbrunnen* | Höckendorfer Weg 4, 01189 Dresden, Tel. 0351/ 403 21 46

7 *Downtown* | Katharinenstr. 11-13, 01099 Dresden, Tel. 0351/ 8 01 18 59

8a *Jazzclub Tonne* | Tzschirnerplatz 3, 01067 Dresden, Tel. 0351/ 4 95 13 54

8b *Jazzclub Tonne* | ab Mai '97: Waldschlößchenstr., 01097 Dresden

9 *Klub Neue Mensa e.V.* | Bergstr. 47, 01069 Dresden, Tel. 0351/ 4 76 25 50, Postanschrift: PF 400 115, 01174 Dresden

10 *Kulturanstalt Schloß Nickern* | Altnickern 36, 01239 Dresden, Tel. 0351/ 2 81 54 08

11 *Kulturpalast* | Schloßstr. 2, 01067 Dresden, Tel. 0351/ 4 86 60

12 *Kulturverein Riesa efau* | Adlergasse 14, 01067 Dresden, Tel. 0351/ 86 60 20

13 *Kunstverein »Alte Feuerwache Loschwitz« e.V.* | Fidelio-F-.-Finke-Str. 4, 01326 Dresden, Tel. 0351/ 2 67 86 26

14 *Mari* | Altenberger Str. 87, 01279 Dresden, Tel. 0351/ 2 57 11 70

15 *Noteingang e.V.* | Altkötzschenbroda 40, 01445 Radebeul, Tel. 0351/ 4 60 98 84

16 *Passage* | Leutewitzer Ring 5, 01169 Dresden, Tel. 0351/ 4 11 26 65

17 *Scheune* | Alaunstr. 36/40, 01099 Dresden, Tel. 0351/ 8 04 55 32

18 *Star-Club* | Altbriesnitz 2a, 01157 Dresden, Tel. 0351/ 4 21 03 97

19 *Straße E* | Straße Nr.2, Industriegelände, 01099 Dresden, Tel. 0351/ 4 11 21 66

20 *Zschoner Mühle* | Zschoner Grund 2, 01462 Dresden, Tel. 0351/ 4 21 04 70

ICH LIEBE DIESE STADT

Jens-Uwe Sommerschuh

In manchen Dörfern und Städten ist gut leben, denn es ist nicht weit bis zum Bäcker. Stadt und Dorf unterschieden sich im Mittelalter und später noch nicht unbedingt nach dem Vorhandensein trutziger Mauern hier und duftender Kuhfladen da, denn es gab einerseits befestigte Dörfer, und andererseits war die Viehwirtschaft den Städtern noch bis ins vorige Jahrhundert durchaus vertraut.
Entscheidend war, ist und bleibt das Marktrecht, und die Stadt Dresden, mit ihren knapp 800 Lenzen ein junges Ding unter ihresgleichen, gefällt sich bis heute als Marktplatz der Eitelkeiten. Ich will ja keine Namen nennen, aber...

Hach, bin ich schön, seufzt die alte Jungfer und wirft keck ihr barockes Haar in den Nacken. Schütter ist es geworden, und sie weiß das wohl und trägt darum ihr barockes Haar zu einem alten Zopf gebunden. Das reicht nicht hin, und das reicht nicht her.
Wäre die Stadt Dresden dumm, hätte sie rings um den Zopf eine Glatze oder drei. Erstens eine Bombenglatze von jener unseligen Faschingsnacht. Zweitens eine Ernüchterungsglatze von vierzig Jahren Aschermittwoch, denn mangels Masse ließ die schöne Utopie nicht rote Locken sprießen, sondern reichte nur für ein schlecht sitzendes graues Betontoupet. Drittens eine Osterglatze, denn die Auferstehung des Herrn Sachsen lockte die Ablaßhändler hierher, die da sprachen: Wir vergeben euch eure Sünden, und ihr laßt uns das Aktiv abreißen, die Louisenstraße 3 und noch dies und das, damit wir dort Büros hinsetzen und unser Geschäft verrichten können. So hat also die Implantation blonder Kunsthaarbüschel in den Skalp der Dame Dresden längst begonnen.
Hach, ich werde immer schöner, trällert sie, ich bin noch immer traditionell bezopft, und doch bin ich schon modern onduliert, gefönt und gestylt, denn ich bin nicht dumm.

Hei, sind wir gut. Wir haben hier die glänzendsten Schätze und die semprigste Oper. Wichtige Leute und Institute, die von hier stammen, tragen unseren Ruhm in die Welt, schwarz-gelb Matthias Sammer, grün-weiß die Dresdner

Bank. Leute und Institute, die hingegen nicht von hier stammen, machen sich trotzdem hier wichtig und sind der Beweis dafür, daß sich in Dresden auch sehr viel Geld verdienen läßt. Wahrscheinlich sind wir reicher, als wir uns vorkommen. Und erst unser seelischer Reichtum, unser mentales Millionenkonto! Ich zähle nur mal rasch und wahllos zwei Millionen Gründe dafür auf, warum ich mit Stolz in der Stimme sagen kann: Isch bin ein Dresdner.

1. Meine vietnamesische Obsthändlerin hat mir schon dreimal eine Banane geschenkt und meine deutsche einmal drei, was auf das gleiche hinausläuft.

2. Rinkas Espresso.

3. Die Nähe zum Thüringer Wald, die in diesem Maße weder von Ostfriesland noch von der Insel Lesbos aus gegeben ist, wo man ja auch leben könnte, aber Dresden ist deutlich näher.

4. Satellitenempfang seit Sommer 1989: nie mehr allein sein.

5. Das 1990 projektierte projekttheater hat zwar »nach einer Mißwirtschaft«, wie ich in der Zeitung gelesen habe, ein wenig die Führung gewechselt, wird aber immer noch kleingeschrieben. Ich liebe kleingeschriebene Theater. Noch mehr liebe ich das Casablanca, obwohl das großgeschrieben wird und strenggenommen gar kein Theater ist. Elvivalacasablanca ist übrigens ein sehr schöner wahrer Satz, in dem fünfmal der Buchstabe a vorkommt, ein Laut, an dem Dresdner weltweit erkannt würden, wäre Dresden weltweit bekannt.

6. Seit ich in Dresden wohne, habe ich mindestens fünf gute Konzerte in Berlin erlebt, Nick Cave, Neil Young, Sonic Youth, Smashing Pumpkins, Manic S.O.X., doch hinzu kamen in Dresden und nirgendwo sonst Hunderte konzertanter Überraschungen im Star Club, in der Scheune, im Riesa efau, neuerdings sogar im Bahnhof Mitte. Es ist unglaublich, wie aufregend die sogenannten namenlosen Bands sein können. Das bringt mich zum Nachdenken über das Wort namhaft. Was für ein scheußliches, hier aber rege gebräuchliches Wort. Bei seinem Klange gerate ich ins Grübeln, ob der liebe Gott noch alle Tassen im Schrank hat, falls Sprache Teil der göttlichen Schöpfung sein sollte, oder ob wir uns das alles selbst zuzuschreiben haben.

7. Frank Stella hätte in Dresden beinahe eine Kunsthalle gebaut, was Bonn nicht von sich behaupten kann. Auch Waterloo gibt es in Bonn nicht, zu-

mindest nicht in der Dresdner, von Grosche und Gräber zu verantwortenden Ausprägung. Zwischen dem Scheitern Stellas und den Siegen von Waterloo offenbaren sich alle Möglichkeiten Dresdner Kultur.

8. Trotz eines Polizeigesetzes, das so heftig ist, daß sogar die Verfassungsrichter »na aber hallo« sagen, haben wir keine Polizeistunde, so daß all unsere lieben Szene-Wirte und -tinnen noch auf freiem Fuße sind. Aber hätten wir eine Polizeistunde, gäb's hier so viele verfahrene Verfahren, daß wir auch noch die restlichen Richter aus Bayern und Hessen herbitten müßten.

9. Im Gegensatz zu den USA hat Dresden ein Oberhaupt, das nie gekifft oder Frauengeschichten gemacht hat, sondern auch in dieser Beziehung ein recht ordentliches Oberhaupt ist. Mein lieber Herr Gesangsverein, da haben wir ganz schön Dusel gehabt.

10. In Dresden zeugte ich alle meine Kinder, und das hat entschieden mehr Spaß gemacht, als in Bielefeld und Darmstadt keine Kinder zu zeugen.

11.- 99. Menschen, deren Namen zu verschweigen ich mir vorbehalte, um sie in der klatschgierigen Öffentlichkeit nicht zu diskreditieren, aber feine Menschen gibt es in Dresden, ich hätte das früher nicht gedacht.

100.-2 000 000. Die Grashalme. Wer Walt Whitman gelesen hat, weiß um deren Wert fürs Gemüt. Und ich kenne links und rechts der Elbe nichts Schöneres als die Grashalm-Off-Szene. Wenn ich bei ihnen liege, glaube ich wieder an Freiheit, Gleichheit und Grün. Wo hingegen die Bayern Theo Waigel und Josef Höß sowie der Georg Milbradt, bei dem ich vergessen habe, wo der früher gestrichen hat, ja jedenfalls wo die ihren Rotstift hinhalten, da wächst kein Gras mehr.

Ooh, sind wir kreativ. Hier werden fünfstimmige Lieder für zwei Trompeten komponiert, so daß der Trompeter keine Hand mehr frei hat. Hier werden Kirchen wiederaufgebaut, Kirche ist gar kein Ausdruck dafür, das ist eher schon ein Wunder. Festivals und Olympiaden, Messen und Expositionen finden hier statt, da bleibt den Freitalern und Weißigern das Maul offen, ja, so etwas könnten die auch haben, wenn sie sich endlich schlucken ließen: Dixieland und Christival, Musikfestspiele und Theater der Welt, Autoausstellung, Kakteenausstellung, Gummiausstellung, Pillenausstellung, 4x1 im Albertinum, Mathematikolympiade, Kinder- und Jugendspartakiade, achnee, das war

früher. Neu aber sind spannende Fußballregionalligawettkämpfe und spannige Mißwahlen, an denen auch Männer teilnehmen dürfen, Radeberger trinkend.
Das freilich ist ein Wermutstropfen in die Schüssel unseres Selbstwertgefühls. Man trinkt ein Radeberger oder einen Bordeaux, hat einen Römer im Schrank, und den Pariser vertreiben sie in der Drogerie. Jeder kann sich ein Paar Wiener heißmachen oder sich mit einem Hamburger den Magen verkorksen. Aber eine Fabrikationsmarke »Dresdner«, die gibt es nicht. Nur in Verbindung mit »Christstollen« etwa, aber das zählt nicht.
Vielleicht ist das auch gut so. Wenn bei Tische oder im Bett von einem Dresdner die Rede ist, dann ist das auch einer, ein Dresdner Mensch, über den man ein bißchen herziehen kann, falls er nicht da ist. Schließlich sind die Sitten und Bräuche heilig. Wer noch nie einen Satz mit »Ich will ja keine Namen nennen, aber… « begonnen hat, der ist auch kein Dresdner. Ach, ich liebe dicsc Stadt.

Dieter Beckert ▌1950 in Neustrelitz geboren, Studium der Forstwissenschaft in Tharandt, Gesangsstudium an der MHS Dresden, Mitwirkung bei: Gerhard Schöne, Beckert & Schulz, Hammer-Rewüh, Karls Enkel, Bolschewistische Kurkapelle, Duo Sonnenschirm, Universal-Druckluftorchester.

Dr. phil. Olaf Bernstengel ▌1952 in Dresden geboren, Studium der Philosophie und Theaterwissenschaft, arbeitet heute als freiberuflicher Puppenspieler.

Andy Dallmann ▌1966 geboren in Dresden, gelernter Industriekaufmann, 1986 Kulturbeauftragter im Reifenwerk Gittersee/Dresden, Mitarbeiter im Studentenclub Bärenzwinger, abgebrochenes Studium der Kulturwissenschaft, freier Mitarbeiter, dann Volontär, heute Redakteur der Sächsischen Zeitung (Kulturbeilage PLUSZ).

Frank Fröhlich ▌1964 in Frankfurt/Oder geboren, gelernter Koch, Studium der Kulturwissenschaft, 1988 bis 1993 Veranstalter im Kulturzentrum »Scheune«, seit 1993 Arbeit als Musiker, Manager und Herausgeber von Kultur-Katalogen.

Gabriele Gorgas ▌1948 in München geboren, in Leipzig aufgewachsen, Studium der Theaterwissenschaft in Berlin, arbeitet als Kultur-Journalistin in Dresden, vor allem im Bereich Tanz und Schauspiel.

Sigrun Hellmich ▌geboren 1956, Studium der Kunsterziehung und Germanistik in Dresden, Gaststudium Kunstgeschichte in Leipzig, 1989–90 Arbeit im Verband Bildender Künstler und im Sächsischen Künstlerbund, Mitbegründerin der Dresdner Sezession 89, Arbeit als Kunstwissenschaftlerin, Galeristin, Kuratorin.

Grit Hanneforth ▌1964 in Roßlau geboren, Studium der Kulturwissenschaft und Kulturmanagement (M.A.), freie Projektarbeit, Veranstalterin im Klub »Müllerbrunnen«, Projektleiterin für »Stadtgespräch – Ansätze innovativer Stadtgestaltung 1994«, Geschäftsführerin der Landesarbeitsgemeinschaft Soziokultur Sachsen e.V.

Bistra Klunker ▌1959 in Sofia geboren, Studium der Germanistik in Tarnowo (Bulg.)/Rostock, seit 1981 nach Dresden verheiratet, bis 1989 u.a. Reiseleiterin, Sekretärin, Dozentin; seit 1990 freie journalistische Mitarbeit für die Monatszeitschrift SAX und seit 1992 für die Tageszeitung Dresdner Neueste Nachrichten vor allem als Theaterrezensentin; zur Zeit medienpädagogische Arbeit im Film- und Kulturzentrum Pentacon, Mitarbeit bei dem Aufbau einer Medienschule im Pentacon.

Andreas Körner ▌1962 in Dresden geboren, seit 1984 freier Mitarbeiter beim Sächsischen Tageblatt, danach bis 1994 Redakteur bei Dresdner Neuesten Nachrichten (u.a. erste Szene-Seite in Dresden). Seit 1994 freier Journalist, arbeitete für Print und Hörfunk, u.a. Film und Szene bei Radio Energy, arbeitet zur Zeit für Plusz, Dresdner Neueste Nachrichten, SAX.

Dr. phil. Klaus Nicolai ▌1954 geboren in Langensalza (Thüringen), Studium der Kulturwissenschaft, Promotion, Oberassistent (Kulturgeschichte, Kulturphilosophie, Medientheorie) an der HfBK Dresden, Mitherausgeber der Kunstzeitschrift »ReiterIN«, kulturpolitischer Berater für »Bündnis/90 Grüne«, wissenschaftlicher Mitarbeiter beim Bauhaus Dessau, Mitglied der Künstlergruppe »RU-IN«, seit Oktober 1995 Film- und Medienreferent Kulturamt Dresden.

Detlev Schneider ▌1948 geboren in Plauen, Studium der Theaterwissenschaft und Kulturwissenschaft in Leipzig, freischaffende Tätigkeit im theaterpublizistischen Bereich: Szenografie, Theaterräume, Theaterarchitektur, zahlreichen Ausstellungen zu diesen Themen im In- und Ausland, wissenschaftlicher Mitarbeiter beim Zentrum für Kunstausstellungen der DDR, Redaktionsmitglied bei tanzAKTUELL, seit 1992 Bemühungen um die Revitalisierung des Festspielhauses Hellerau, Vorsitzender des internationalen Fördervereins für dieses Projekt.

Rudolf Scholz ▌1939 geboren in Plagwitz/Schlesien, Absolvent der Zeichenschule der Porzellanmanufaktur Meißen, 1955–57 Ausbildung im Fach Violine an der Musikschule Weimar, Pädagogikstudium in Radebeul und Berlin, langjährige Tätigkeit als Fachlehrer für Musik, 1970–76 Bezirkssekretär des Schriftstellerverbandes Dresden, seit '76 freiberuflicher Autor,

Romane, Gedichte, Erzählungen; u.a.: »Dresden für Kinder«, Stadtführer 1994, »Die Schwalben der Kindheit«, 1995, Roman, »Unzeitgemäße Reverenzen«, 1996, Gedichte.

Jens-Uwe Sommerschuh ❙ 1959 in Nordhausen geboren, freischaffender Journalist und Schriftsteller, Autor zahlreicher Kunst- und Reiseführer, Prosa: » Das Buch Amasis« 1995, »Carcassonne« 1996.

Jörg Stüdemann ❙ 1958 geboren in Lübecke, Studium der Germanistik/Sozialwissenschaften, anschließend wissenschaftlicher Angestellter am germanistischen Institut Bochum, ab 1987 Leiter des soziokulturellen Zentrums »Zeche Carl« in Essen, ab 1992 im Pentacon Dresden, seit 1994 Beigeordneter für Kultur und Jugend in Dresden.

Mike Wagner ❙ 1970 in Berlin geboren, aufgewachsen in Berlin und Dresden, Schauwerbegestalter und Multimediafachmann

Norbert Weiß ❙ Jahrgang 1949, lebt in Dresden als Autor und Herausgeber des Verlags »Die Scheune«, (Schokoladenbruch) und des Hellerau-Verlages (Reihe YESS für neue Literatur); veröffentlichte bisher zwei Lyrikbände.

Andrea Werchau ❙ geboren 1963 in Freiburg (Breisgau), mehrjährige Auslandsaufenthalte, Magisterstudium Anglistik, Hispanistik (Literaturwissenschaft) und politische Wissenschaften in Freiburg, Madrid, Frankfurt am Main. Arbeit in Frankfurter Werbeagentur und beim Verlag Klaus Wagenbach in Berlin, Wechsel nach Dresden ins Sächsische Staatsministerium für Wissenschaft und Kunst. Verlegerische, redaktionelle und konzeptionelle Mitarbeit im literarischen Bereich. Seit April 1995 Geschäftsführerin des Dresdner Literaturbüro e.V., seit Ende 1995 Vorstandsmitglied des Sächsischen Literaturrates.

Peter Zacher ❙ 1939 in Berlin geboren, Studium der Theologie und Musikwissenschaften in Leipzig, Studium der Meßtechnik und Gesang in Dresden, seit 1965 freischaffend als Dolmetscher und Musikwissenschaftler, seit 1980 Arbeit auch als Journalist bei der Union, Dresdner Neueste Nachrichten, Sächsische Zeitung, Morgenpost und SAX, 1990–1994 Stadtverordneter.

Albrecht, Janette, Büchner, Matthias, Rüdiger, Manfred, Sandhauß, Bettina (Hg.), *Stattbuch Ost. adieu ddr oder Die Liebe zur Autonomie. Ein Wegweiser durch die Projektelandschaft*, Berlin 1991

Das zweite Frauenhandbuch. Ein roter Faden, hg. von Gleichstellungsstelle und Frauenbüro der Stadtverwaltung Dresden, Dresden 1995

Die Verlage in Sachsen, Sachsen-Anhalt und Thüringen, hg. vom Verband der Verlage und Buchhandlungen in Sachsen, Sachsen-Anhalt und Thüringen e.V., Leipzig 1995

Dresden, AViS – Multimedia City Book, CD ROM, Köln 1996

Durchgeblickt – Mediatheken, Videotheken, Medieninitiativen, Medienwerkstätten, Organisationen und Verbände im Überblick, (Hg.) Landeshauptstadt Dresden, 1995

Film in Sachsen, hg. vom Filmverband Sachsen e.V., 2. Aufl., Dresden 1995

Fröhlich, Frank (Hg.), *Bands in Dresden*, 4. Aufl., Dresden 1996

Fröhlich, Frank (Hg.), *off – Katalog für Freies Theater, Pantomine, Puppenspiel, Lied und Kabarett in Sachsen*, 2. Aufl., Dresden 1996

Gatermann, Brigitte, Paqué, Sabine, *Kunstführer Dresden*, Frankfurt/ Main, Berlin 1993

Hermann Glaeser, *Was bleibt – was wird. Der kulturelle Umbruch in den neuen Bundesländern*, Bonn 1994

Hiller, Doris und Michael (Hg.), *sächsmedia '95*, Dresden 1995

Muschter, Gabriele, Thomas, Rüdiger (Hg.), *Jenseits der Staatskultur. Traditionen autonomer Kunst in der DDR*, München, Wien 1992

Scholz, Rudolf, *Dresden für Kinder*, Dresden 1994

Soziokultur in Sachsen, hg. vom Sächsischen Staatsministerium für Wissenschaft und Kunst u.a., Dresden 1994

Stadtlexikon Dresden A – Z, Dresden, Basel 1994

Stattbuch Dresden, hg. von Anstiftung e.V., SAX, ColoRadio, Igeltour und Büro für Freie Kulturarbeit Dresden e.V., Dresden 1996

Woher, Wohin, hg. von der Landesarbeitsgemeinschaft kultureller Jugendbildung Sachsen e.V., Dresden 1994

Stadtmagazine:
Dresdner. Die Illustrierte der Stadt, Medien Verlags GmbH Dresden, Seminarstr. 8 HH, 01067 Dresden, Tel. 0351/ 4 94 21 21, Fax 0351/ 4 96 80 54

SAX. Das Dresdner Stadtmagazin, Moderne Zeiten Medien GmbH & Co., Sax Dresdner Journal KG, Helgolandstr. 5g, 01097 Dresden, Tel. 0351/ 8 29 39-0, Fax 0351/ 8 29 39 49

Überfall, Tharandter Str. 31, 01159 Dresden, Tel. 0351/ 4 20 32 92

Dieter Beckert (Zeichnung), S. 22, 23; *Hans-Ludwig Böhme*, S. 167; *Bernd Borchardt*, S. 147; *Erwin Döring*, S. 160; *Martin Hertrampf*, S. 49, 50; *Anna Kasten*, S. 139; *Archiv KURIOS Venne*, S. 66; *Jörg Lehmann* (Zeichnung), S. 93; *Jürgen Lösel*, S. 148; *Jens Pabst*, S. 51; *R. Scholz* (Zeichnung), S. 177; *Bettina Schöner*, S. 141; (c/o Galerie Lehmann), 142; *Steven Slowen*, S. 149; *Petra Steiner*, S. 62, 65; *S. Sturm*, S. 137; *Detlef Ulbrich*, S. 12, 14, 24, 29, 32, 35, 42, 54, 58, 72, 77, 85, 92, 95, 100, 103, 105, 109, 113, 119, 123, 126, 131, 134, 161, 169, 172, 182, 187, 189, 190, 194, 196; *Franz Zadnicek*, S. 11

Detlef Ulbrich ▌ 1965 in Radeberg geboren, Elektronikfacharbeiter mit Abitur, 1986–91Studium der Informationstechnik an der TU Dresden, seit 1985 Beschäftigung mit Fotografie, seit 1991 freischaffender Fotograf, Reportage- und Theaterfotografie, seit 1992 Studium der Fotografie an der Hochschule für Grafik und Buchkunst Leipzig.